HÉGEL.

EXPOSITION DE SA DOCTRINE.

HÉGEL.

EXPOSITION DE SA DOCTRINE.

HÉGEL.
EXPOSITION DE SA DOCTRINE,

Avec une Table analytique des matières.

> Toutes les fois que deux pôles opposés
> se touchent, il jaillit une lumière nouvelle.
> (SCHELLING.)

> Alius error fluit e nimia reverentia et quasi
> adoratione intellectus humani, unde homines
> abduxere se a contemplatione naturæ atque ab
> experientia, in propriis meditationibus et inge-
> nii commentis susque deque volutantes.
> BACON, *De augm. scient.*

TOULOUSE,
IMPRIMERIE D'AUG. DE LABOUÏSSE-ROCHEFORT,
Rue Croix-Baragnon, 9, hôtel Castellane.

—

1844.

A MONSIEUR MICHELET,

Professeur à l'Université de Berlin.

Monsieur,

En vous offrant un travail dans lequel j'ai cru devoir combattre, sur quelques points, une doctrine dont vous êtes le savant interprète, j'ai compté sur la tolérance philosophique inséparable d'une intelligence aussi élevée que la vôtre. Quelle que soit la valeur que vous accordiez à cet essai, vous oublierez, j'en suis sûr, la dissidence de nos opinions, pour ne voir dans mon offrande que l'expression de ma reconnaissance et de mes vives sympathies.

C. Prévost.

17 Mars 1844.

PRÉFACE.

Dans les circonstances ordinaires, une préface placée en tête d'une thèse serait un non-sens, puisque c'est à un tribunal spécial à juger de sa valeur, et que d'ailleurs elle s'adresse à quelques amis et non au public; mais les attaques multipliées dont l'Université est tous les jours l'objet, nous font un devoir de donner quelques mots d'explication.

Aujourd'hui, les thèses du doctorat ne sont plus un mince canevas brodé par l'argumentation; les généralités vagues, les lieux communs déguisés en paradoxe ont fait place à des études plus sévères, et l'Académie de Paris a surtout encouragé les monographies qui peuvent devenir profitables à la science, en fournissant des élémens irréprochables à l'histoire littéraire ou philosophique. Nous devions tout naturellement chercher à nous conformer à ce vœu tacite de l'Université, et pour cela nous mettre en quête d'un sujet neuf autant que possible. Sous ce rapport, nous n'avions que l'embarras du choix, et un séjour de quelques années en Allemagne appelait notre attention sur ces grandes théories, qui empruntent un vif intérêt de leur opposition tranchée avec les habitudes analytiques de la France. Le système de Hégel se présentait en première ligne, comme résumant à peu près la philosophie allemande contemporaine, et nous avons choisi Hégel. En exposant des idées que nous sommes loin de partager, et qui, nous l'espérons, ne feront jamais fortune en France, nous avions d'abord l'intention de suivre l'exemple qu'avait donné M. Berger, dans sa belle thèse sur Proclus, et de nous borner au rôle exclusif d'historien ; mais à mesure que nous avancions dans notre travail, nous avons craint qu'on ne vît une indifférence coupable dans l'absence de toute critique, ou même, qu'on ne prît pour l'approbation des doctrines de Hégel les louanges que nous donnons quelquefois à son génie. Nous avons donc senti le besoin de protester contre les principes de Hégel, surtout contre leurs conséquences morales et religieuses, et nous l'avons fait dans la *Conclusion* de notre travail.

TABLE ANALYTIQUE DES MATIÈRES.

Introduction. Page	1
Opinions différentes sur la Philosophie allemande.	2-3
Influence de Hégel sur la Direction intellectuelle de l'Allemagne contemporaine.	4
Son style.	Ibid.
Kant, analyse abrégée de son système.	6-17
Jacobi, id.	17-18
Fichte, id.	18-21
Schelling, id.	21-26
Hégel, sa biographie, et la liste de ses ouvrages	26-30
Idée générale de la Philosophie de Hégel.	30
Objet de la Philosophie.	31
Rapport de la Philosophie et de l'Expérimentation.	32
Rapport de la Philosophie et de son Histoire.	33
La Philosophie a nécessairement une forme systématique.	33-34
Division générale de la Philosophie de Hégel.	34-35
Difficultés que présente l'étude de la Logique.	35-36
Distinction entre la Logique formelle ou subjective, et la Logique substantielle ou objective.	37-40
La pensée est l'essence de toutes choses.	39-40
Le Moi est la forme absolue de la pensée.	41
La Logique est le fondement de la Philosophie toute entière.	41-42
Idée générale de la Polémique de Hégel, contre les systèmes antérieurs et contemporains.	42-43
Polémique contre l'ancienne Métaphysique et Wolf.	43-45
Polémique contre l'Empyrisme et la Philosophie critique de Kant.	45-49

LA LOGIQUE[1].

Il est très difficile de donner une analyse de la Logique de Hégel.	51-52
Hégel, identifie la Logique et la Métaphysique.	53-54
La Logique peut être considérée sous deux points de vue.	54-55
Insuffisance du principe de Contradiction et d'Identité isolément pris, par rapport aux Notions métaphysiques.	55-56
Méthode dialectique, ordre ternaire.	56-59
Quel doit être le point de départ de la Logique ?	57-58
Division de la Logique.	Ibid.

1re SECTION. — *La Qualité.*

§ I. — *L'Être.*

A. L'Être.
B. Le Non-être.
C. Le Devenir.

58-62

§ II. — *L'Être particulier.*

A. L'Être particulier, en tant que tel.
B. Le Fini.
C. L'Infini.

62-65

§ III. — *L'Être-pour-soi.*

A. L'Être-pour-soi, en tant que tel.
B. L'Unité et la Pluralité.
C. La Répulsion et l'Attraction.

2e SECTION. — *La Quantité.*

65-68

§ I. — *La Quantité.*

A. La Quantité pure.
B. La Grandeur discrète et continue.
C. La Limitation de la Quantité.

---

(1). Nous donnons ici un tableau synoptique complet de la logique de Hégel : dans notre analyse, nous avons négligé quelques-unes des subdivisions qui nous ont paru les moins importantes. La même remarque s'applique à la Philosophie de la nature.

§ II. — *Le Quantum.*

A. Le Nombre.
B. Le Quantum intensif et extensif.
C. L'Infini quantitatif.

§ III. — *Le Rapport quantitatif.*

A. Le Rapport direct.
B. Le Rapport réciproque.
C. Le Rapport potentiel.

68-69

3ᵉ SECTION. — *La Mesure.*

§ I. — *La Quantité spécifique.*

A. Le Quantum spécifique.
B. La Mesure spécifiante *(specifirend).*
C. L'Être pour soi dans la Mesure.

§ II. — *La Mesure reelle.*

A. Rapport de Mesures différentes.
B. Ligne ganglionnaire des rapports de Mesure.
C. L'Incommensurable.

68-69

§ III. *Le Devenir de l'Essence.*

A. L'Indifférence absolue.
B. L'Indifférence, en tant que rapport réciproque de deux facteurs.
C. Transition à l'Essence.

L'ESSENCE.

1ʳᵉ SECTION. — *L'Essence en tant que se réfléchissant en elle-même.*

§ I.

A. L'Essentiel et le Non-essentiel.
B. L'Apparence.
C. La Réflexion.

70-73

§ II.

A. L'Identité.
B. La Différence.
C. La Contradiction.

70-73

§ III. — *Le Fondement.* (*Grund.*)

A. Le Fondement absolu.
B. Le Fondement déterminé.
C. La Condition.

73-74

2ᵐᵉ SECTION. — *La Manifestaiton.*

§ I. — *L'Existence.*

A. La Chose et ses propriétés.
B. La Constitution élémentaire de la Chose.
C. Dissolution de la Chose.

§ II. — *La Manifestation.*

A. La Loi de Manifestation.
B. Le Monde en soi et le Monde manifesté.
C. Dissolution de la Manifestation.

74-78

§ III. — *Le Rapport essentiel.*

A. Le Rapport du tout et de ses parties.
B. . . . . . de la Force et de son expression.
C. . . . . . de l'Interne et de l'Externe.

3ᵐᵉ SECTION. — *La Réalité.*

§ I. — *L'Absolu.*

A. Explication de l'Absolu.
B. L'Attribut Absolu.
C. Mode de l'Absolu.

§ II. — *La Réalité.*

78-82

A. Le Contingent et le Nécessaire.
B. La Nécessité relative ou l'Existence réelle, Possibilité et Nécessité.
C. La Nécessité absolue.

§ III. — *Le Rapport Absolu.*

A. Rapport de Substantialité.
B. Rapport de Causalité.   } 78-82
C. Rapport d'Action réciproque.

LE CONCEPT.

1re SECTION. — *La Subjectivité.*

§ I. — *Le Concept.*

A. Le Concept général.
B. Le Concept particulier.   } 82-84
C. Le Concept individuel.

§ II. — *Le Jugement.*

A. Le Jugement d'être.
B. Le Jugement de réflexion.
C. Le Jugement de nécessité.

§ III. — *Le Raisonnement.*

A. Le raisonnement d'être.
B. . . . . . . de réflexion.
C. . . . . . . de nécessité.

2me SECTION. — *L'Objectivité.*

§ I. — *Le Mécanisme.*

A. L'Objet Mécanique.
B. Procès dialectique du Mécanisme.
C. Le Mécanisme absolu.

§ II. — *Le Chimisme.*   } 84-87

A. L'Objet Chimique.
B. Le Procès Chimique.
C. Transition du Chimisme à la Téléologie.

§ III. *La Téléologie.*

A. Le But subjectif.
B. Le Moyen.
C. Le But réalisé.

3ᵐᵉ SECTION. — *L'Idée.*

§ I. *La Vie.*

A. L'Individu vivant.
B. Procès dialectique de la vie.
C. L'Espèce.

§ II. *La Connaissance.* } 87-90

A. L'Idée du vrai.
B. L'Idée du bien.

§ III.

L'Idée absolue.

HISTOIRE DE LA PHILOSOPHIE.

Identité de la Philosophie et de son Histoire.	91-93
Définition de l'Histoire de la Philosophie.	Ibid.
L'Histoire de la Philosophie est intimement liée à l'idée qu'on se fait de la Philosophie.	94-95
Marche progressive de la Philosophie.	95-96
Examen des objections contre la Philosophie.	97-103
1° L'Histoire de la Philosophie n'est qu'un recueil d'opinions.	97-99
2° Le Néant de la Philosophie est démontré par l'Histoire de la Philosophie elle même.	99-103
L'Histoire de la Philosophie a une forme systématique.	103-106
A quelle époque commence la Philosophie chez un peuple.	106-109
Les formes particulières de la Philosophie.	109-108
Limites de la Philosophie et des autres sphères.	Ibid.
La Philosophie et les sciences particulières.	109
La Philosophie et la Religion.	110-113
La Philosophie et la Mythologie.	113-114
La Philosophie et l'Art.	115
La Philosophie et la Métaphysique subjective.	115-116
Commencement de la Philosophie et de son Histoire.	116-117
Division de l'Histoire de la Philosophie.	117-118

1ʳᵉ PARTIE. — *La Philosophie Grecque.*

PREMIÈRE SECTION.

§ I.

A. Philosophie des Ioniens.
B. Pythagore et les Pythagoriciens.
C. L'Ecole Eléatique.
D. Philosophie d'Héraclite.
E. Empédocle, Leucippe et Démocrite.
F. Philosophie d'Anaxagore.

} 117-119

§ II.

A. Philosophie des Sophistes.
B. Socrate.
C. L'Ecole Socratique.
1. Philosophie Mégarique.
2. . . . . . Cyrénaïque.
3. . . . . . Cynique.

§ III.

A. Philosophie de Platon.
B. Philosophie d'Aristote.

} 119-121

2ᵐᵉ SECTION. — *Dogmatisme et Scepticisme.*

A. Philosophie des Stoïciens.
B. Philosophie des Epicuriens.
C. Philosophie de la nouvelle académie.
D. Philosophie des Sceptiques.

3ᵐᵉ SECTION. — *Les Néoplatoniciens.*

A. Philon.
B. Kabbale et Gnosticisme.
C. Philosophie Alexandrine.

} 121-123

2me PARTIE. --- *Philosophie du moyen-âge.*

1re SECTION. — *Philosophie Arabe.*

A. Philosophie des Medabberim.
B. Commentateurs d'Aristote.
C. Philosophie Juive. — Moïse Maimonides.

2me SECTION. — *Philosophie Scolastique.*

A. Rapport de la Philosophie Scolastique au Christianisme.
B. Considérations générales, historiques. — Directions particulières de la Philosophie Scolastique.
C. Point de vue général de la Scolastique.

} 123-125

3me SECTION. — *Renaissance des Sciences.*

A. Etude des Anciens.
B. Tendances propres de la Philosophie de la Renaissance.
C. La Réformation.

3me PARTIE. — *Philosophie Moderne.*

1re SECTION.

A. Bacon de Verulam.
B. Jacob Bœhme.

2me SECTION. — *Période de l'Entendement pensant.*

§ I.

A. Direction métaphysique, Descartes et Spinosa.
B. Direction expérimentale, Locke, Hobes, etc.
C. Essai d'Ecclectisme, Leibnitz et Wolf.

} 125-128

§ II. — *Période de Transition.*

A. Idéalisme et Scepticisme, Berkeley et Hume.

B. Philosophie Écossaise, Thomas Reid.
C. Philosophie Française.

3ᵐᵉ SECTION. — *Philosophie Allemande moderne.*

A. Jacobi.
B. Kant.
C. Fichte.
D. Schelling.
E. Résultat.

} 125-128

PHILOSOPHIE DE LA NATURE.

Idée générale de la Nature.   129-130
Rôle de l'Observation dans les sciences naturelles.   Ibid.
Point de vue différent de Schelling et de Hégel dans la Philosophie de la Nature.   132 *note.*

1ʳᵉ SECTION. — *Mécanique.*

§ I. — *Mécanique mathématique.*

A. L'Espace.
1. Dimensions.
2. Figurations.
B. Le Temps.
C. Unité du Temps et de l'Espace.
1. Le Lieu.
2. Le Mouvement et la Matière.

§ II. — *La Mécanique finie. — La Pesanteur.*

A. L'Inertie.
B. Le Choc.
C. La Chute.

§ III. — *La Mécanique absolue.*

A. La Gravitation universelle.
B. Les Lois de Keppler.
C. La Totalité du Système planétaire.

} 133-138

2me section. — *La Physique.*

§ I. — *La Physique de l'individualité générale.*

A. Les Corps organiques libres.
1. Le Soleil, la Lumière et sa Réflexion.
2. Les Corps antinomiques.
3. La Planète.
B. Les Elémens.
1. L'Air.
2. Les Élémens antinomiques.
3. La Terrre.
C. La Météorologie.

§ II. — *La Physique de l'Individualité particulière.*

A. La Pesanteur spécifique.
B. La Cohésion.   } 138-140
C. Le Son.
D. La Chaleur.

§ III. — *La Physique de l'Individualité totale.*

A. La Figure.
1. La Forme indéterminée.
2. Le Magnétisme.
3. Christallographie.
B. Les Qualités particulières des Corps.
1. Rapport avec la Lumière. — Transparence, Couleur, etc.
2. Les Qualités antinomiques.
3. L'Électricité.
C. Le Procès chimique. — Le Galvanisme, la Combustion, les Affinités électives, etc.

3me section. — *L'Organique.*

§ I. — *L'Organisme terrestre.*

A. Histoire de la Terre.   } 140-142
1. Les Forces du Procès terrestre.

2. La Géognosie.
3. La Géographie physique.
B. La Géologie et l'Oryktognosie.
1. Les Terrains primaires.
2. Les Terrains secondaires.
3. Les Alluvions.
C. La Vie de la Terre.
1. L'Atmosphère.
2. La Mer.
3. La Terre ferme.

§ II. — *La Plante.*

A. Procès de formation. — Feuilles et Racines, système cellulaire, etc.
B. Procès d'Assimilation. — Assimilation de la Lumière, de l'Air, etc.   } 140-142
C. Procès de Reproduction.

§ III. — *L'Animal.*

A. La Formation. — Fonctions de l'organisme, Système nerveux, osseux, etc.
B. L'Assimilation. — Système respiratoire, digestif, excrétoire.
C. La Reproduction.
1. Rapport des Sexes.
2. Zoologie. — Vers et Mollusques, Insectes, Vertébrés, etc.
3. La Médecine. — La Nosologie, la Thérapie. — Mort naturelle de l'individu.

PHILOSOPHIE DE L'ESPRIT.

ANTROPOLOGIE.

§ I.

Les Qualités naturelles de l'Esprit.
Les Sexes.   143-145
Les Races d'homme.
Les Tempéramens.

Les différens Ages de la Vie. } 145-146
La Veille et le Sommeil.
Le Magnétisme animal.
La Physiognomie.

§ II. — *La Psychologie.*

A. La Psychologie théorique. } 146-149
1. La Sensibilité.
2. L'imagination.
3. La Pensée pure.
B. La Psychologie pratique.
1. La Volonté sensible.
2. La Volonté réfléchie.
3. La Volonté absolue.

PHILOSOPHIE DU DROIT.

Deux espèces de lois, les lois de la Nature, et les lois du Droit.   151-152
Objet de la philosophie du Droit.   152-153
Impuissance des Utopies sociales.   Ibid.
Le Droit est fondé sur la Liberté.   154
Analyse de la Liberté.   154-156
Division de la Philosophie du Droit.   ibid.

1re section. — *Le Droit abstrait.*

§ I. — *La Propriété.*

A. Prise de possession. } 156-161
B. Usage de la Chose.
C. Aliénation de la Propriété. — Transition au contrat.

§ II. — *Le Contrat.*   161-163

§ III. — *L'Injustice.*

A. L'Injustice civile. } 163-164
B. Le Dol et la Fraude.
C. La Contrainte et la Violence. — Transition à la Moralité.

2ᵐᵉ SECTION. — *La Moralité.*

§ I. — *L'Intention et l'Imputation.*

§ II.
Le Dessein et le Bien-Être.

§ III.
Le Bien et la Conscience.

Formes morales du Mal, l'Hypocrisie, le Probabilisme, etc.

} 164-168

3ᵐᵉ SECTION. — *La Sociabilité.*

§ I. — *La Famille.*

A. Le Mariage.
B. Le Patrimoine.
C. Éducation des Enfans et dissolution de la Famille.

} 168-170

§ II. — *La Société civile.*

A. Le système des Besoins.
B. L'Administration de la Justice.
C. La Police et les Corporations.

} 170-174

§ III. — *L'État.*

A. Droit public interne.
1. La Constitution.
A. Le Pouvoir royal.
B. Le Pouvoir administratif.
C. Le Pouvoir législatif.
2. Le Droit public externe.
B. Le Droit international.
C. L'Histoire générale.

} 174-178

L'ESTHÉTIQUE.

§ I.

Définition de l'Esthétique.	Ibid.
Exclusion du beau Naturel.	Ibid.
Objections contre la Philosophie de l'Art.	180-183
Deux Méthodes exclusives.	183
Méthode empyrique.	Ibid.
Méthode rationnelle.	184-185
Opinions vulgaires sur le Beau.	185
1° L'œuvre d'art, est un produit de l'activité humaine.	186-188
2° L'œuvre d'art est destinée à agir sur la sensibilité.	188-191
3° L'Art a un but.	191-194

§ II.

Quel est le véritable But de l'Art ?	194-195
L'Idéal.	Ibid.
Formes générales historiques de l'Art.	Ibid.
1. Période symbolique.	195-196
2. Période classique.	Ibid.
3. Période romantique.	196-197
Les Arts particuliers.	Ibid.
L'Architecture. — La Sculpture. — La Peinture. — La Musique.	197-198
La Poésie. — Épique, lyrique, dramatique.	199-200

PHILOSOPHIE DE LA RELIGION.

1re SECTION.

§ I.

Idée générale de la Religion.	201
La Philosophie et la Religion ont une essence commune.	202
A quoi se réduit l'opposition de la Religion et de la Philosophie.	202-205

xxiij

Rapport de la Théodicée à la Philosophie en général.	Ibid.
Méthodes théologiques. — Historique, exégétique, positive.	206-207
Objections contre la Philosophie de la Religion.	207-208

§ II.

Division de la Philosophie de la Religion. — Son objet.	209-211
La Religion peut être considérée au point de vue subjectif et objectif.	Ibid.
Forme du Sentiment. Polémique contre Jacobi.	212
Forme de la Représentation.	213
Forme de la Pensée pure.	214-217

§ III.

Les Religions particulières.	218
Opinions erronées de l'Ecole mystique sur la Religion naturelle.	218-222
Division des Religions particulières.	Ibid.

2me SECTION. — *Les Religions de la nature.*

§ I. *Religion de la Magie.*

1.
A. La Magie.
B. Forme de la Religion de la Magie.
C. Le Culte.
2. La Religion de la Concentration.
A. Idée de cette Religion.
B. Son Developpement historique.
C. Le Culte.

§ II. *La Religion de l'Imagination.*

A. Idée de cette Religion.
B. Son contenu objectif.
C. Le Culte.

222-225

§ III. *Transition des Religions de la nature à une forme plus élevée.*

1. La Religion du Bon ou de la Lumière.
A. Idée de cette Religion.
B. Son Existence historique. 225-226
C. Le Culte.
2. Religion du Symbole.
A. Idée de cette Religion.
B. Son existence historique.
C. Le Culte.

2me SECTION. — *La Religion de l'individualité spirituelle.*

§ I. *La Religion du sublime.*
A. Idée de cette Religion.
B. Quel but Dieu a assigné au monde.
C. Le Culte.

§ II. — *Religion de la Beauté.*
A. Idée de cette Religion. 226-229
B. Mode d'objectification du principe divin.
C. Culte.

§ III. *La Religion de la Finalité ou de l'Entendement.*
A. Idée de cette Religion.
B. La Religion Romaine.
C. Le Culte.

3me SECTION. — *La Religion absolue.*
A. Idée générale de cette Religion. 229-236
B. Concept métaphysique de Dieu.
C. Division.

§ I.

Dieu dans son idée éternelle. — *Le royaume du Père*.

§ II.

Dieu dans l'élément de la conscience et de la manifestation. — *Le royaume du Fils*.

§ III.

Dieu dans l'élément de l'Eglise. — *Le royaume de l'Esprit*.

} 229-236

PHILOSOPHIE DE L'HISTOIRE.

Idée générale de la Philosophie de l'Histoire.	237-239
Différentes manières d'envisager l'Histoire.	Ibid.
1. Histoire primitive.	239-241
2. Histoire réfléchie.	241-244
3. Histoire philosophique.	244 et suiv.
Définition de la Philosophie de l'Histoire.	Ibid.
Construction *à priori*. — Objection. — Réponse.	244
La Foi en la Providence.	246-248
La Liberté est l'essence de l'Histoire.	248-250
Deux éléments dans l'Histoire.	250-253
Théorie du grand homme.	254-256
Les Utopies sociales.	258-260
L'Etat de nature. Examen de cette hypothèse.	261-263
L'Etat patriarcal.	263-264
Quelle est la meilleure forme de gouvernement.	264-266
Marche générale de l'Histoire. — Ce qu'il faut entendre par Perfectibilité.	270-271
Phases principales que l'esprit doit traverser dans l'Histoire.	Ibid.
Théâtre de l'Histoire.	280

A. L'Orient.
1. L'Empire Chinois.
2. Les Mongoles et les Thibetains.   } 280-282
3. L'Inde.
4. La Perse.

B. La Grèce.
C. Le monde Romain.
D. Nations Germaniques.
1. Le Moyen-âge. — L'Eglise et l'Etat.
2. Les temps modernes. — Conscience de la Liberté.
} 282-287

CONCLUSION. 289-315
Notes. 315-320

FIN DE LA TABLE ANALYTIQUE.

INTRODUCTION.

§ 1er.

À la même époque, dans le même laps de temps, qui vit la France rompre violemment avec le passé, bouleverser de fond en comble son édifice social, et se donner de nouvelles institutions et de nouvelles lois, l'Allemagne opérait sa révolution scientifique. Le sensualisme grossier de Locke et de Condillac, le formalisme métaphysique de Wolf, étaient renversés par la critique de la raison pure, et une nouvelle ère commençait pour la philosophie.

Ce qui se passe dans le domaine des faits est visible pour tout le monde, et présente un intérêt immédiat; le travail de la pensée, au contraire, ressemble au travail du mineur; pour le connaître et l'apprécier, il faut consentir à descendre dans les entrailles de la terre, il faut du temps et de la réflexion. Or, à l'époque où s'opérait la crise philosophique en Allemagne, la France était préoccupée de trop graves intérêts, pour pouvoir la suivre dans ses développements, et en apprécier les résultats. Mais, dès que l'horizon politique se fut éclairci, et que les loisirs de la paix eurent ramené la culture des sciences et des arts, la philosophie allemande ne fut point oubliée, et l'on étudia avec ardeur les ouvrages de Kant, celui qui, le premier, avait levé l'étendard de la liberté scientifique. *L'Idéalisme subjectif* qui fesait à l'empirisme une si large part, et qui, dans ses résultats, se confondait avec la philosophie écossaise déjà popularisée en France, n'était pas en opposition assez tranchée avec la direction générale des esprits, pour produire une bien vive sensation. La *Critique de la raison pure* ne trouva ni des admirateurs enthousiastes, ni des adversaires acharnés; on loua l'esprit méthodique du philosophe de Kœnigsberg, en faveur de son génie d'observation; on lui pardonna ce qu'on appelait ses boutades idéalistes, et dès-lors la doctrine de Kant fit, avec celle de Reid et de Dugald-Stewart, le fond de l'enseignement philosophique en France. Les choses restèrent dans cet état pendant un bon nombre d'années, et l'on paraissait ne pas se douter le moins du monde, que Kant eût trouvé de dignes émules dans la route qu'il avait tracée, lorsque les leçons et les livres de M. Cousin appelèrent l'attention sur cette dernière période de la philosophie allemande qui renferme des noms si illustres. Depuis ce temps, et jusqu'à ce jour, la philosophie d'outre-Rhin a été l'objet des jugements les plus contradictoires. Tantôt c'est la science la plus profonde et la plus complète, le dernier mot sur Dieu, la nature et l'homme; tantôt ce sont des rêveries creuses, des ténèbres palpables. Les philosophes allemands sont arrivés à la découverte du *grand-œuvre* philosophique, ou bien ce sont des fous, d'ailleurs très bien intentionnés et très respectables, qui ont le malheur de ne pas se comprendre eux-mêmes, et croient naïvement pouvoir créer le monde avec des formules vides de sens.

Ces opinions si divergentes n'ont rien qui doive étonner, car, pour juger sainement, la première condition est d'avoir en main les pièces du procès; or, il faut bien l'avouer, pour le grand nombre, qui ne peut lire dans le texte, je ne dirai pas les écrivains, mais les philosophes de l'Allemagne, ces pièces du procès manquent complètement ou à-peu-près. Cependant l'enthousiasme qui règne de nos jours pour la littérature et la philosophie d'outre-Rhin, ne doit pas disparaître comme une ivresse passagère et sans avoir porté ses fruits. Il est temps, ou jamais, de faire pour la dernière période idéaliste de la philosophie allemande, ce qui a été accompli avec tant de talent et de dévouement pour le Kantianisme. Sans rien préjuger sur la vérité, la valeur absolue de ces derniers systèmes, on pourrait appliquer à la France et à l'Allemagne ce que Schelling dit de l'Orient et de l'Occident : « partout où deux pôles opposés se touchent, il jaillit une lumière nouvelle. » L'empirisme, le réel de la philosophie française en contact avec l'idéal de la philosophie allemande, doit donner nécessairement un résultat plus élevé que tout ce qu'on peut attendre de chacune de ces philosophies isolément prises.

Hégel est à la fois l'Aristote et le Proclus des temps modernes. Comme Aristote, il s'est surtout occupé de la méthode, et a laissé dans ses écrits une encyclopédie complète de la science humaine; comme Proclus, il a réuni et fondu dans son système les principes des philosophies antérieures. L'influence que Hégel a exercée sur l'Allemagne a été immense. Toutes les sphères de la connaissance, la jurisprudence surtout, ont reçu de sa doctrine une impulsion nouvelle, et les intelligences d'élite qui, pendant les treize ans qu'a duré sa carrière académique, s'étaient groupées autour de celui que Schelling appelait la *connaissance vivante et personnifiée*, expliquent et répandent, sous toutes les formes, la parole du maître. Le style de Hégel est si dur et si rocailleux, sa phraséologie si enchevêtrée et si obscure, les longueurs, les redites, les digressions dans lesquelles viennent souvent se délayer et se perdre la moëlle et la substance de sa doctrine, rendent la lecture de ses ouvrages si laborieuse, qu'il y aurait, je crois, quelque mérite à exposer son système clairement (1), dans sa

---

(1) Il est sans doute inutile d'observer, que nous ne pouvons parler ici que d'une clarté relative. On n'est clair pour tout le monde qu'à la condition d'être superficiel. La langue de la spéculation sera toujours incompréhensible pour les masses parce que les masses n'auront jamais d'idées spéculatives.

totalité; à en faire la genèse, et à montrer enfin, la place qu'il occupe dans l'histoire de la philosophie. Ce travail, je l'ai entrepris dans la mesure de mes forces. Je n'ai pas la prétention d'être complet, encore moins de porter, sur la philosophie de Hégel, un jugement définitif; j'aurais atteint le but que je me suis proposé, si mon travail quoique imparfait, ou précisément à cause de cette imperfection, fesait naître chez un plus digne l'idée de le refaire et de le compléter.

§ II.

L'axiome de Leibnitz, *natura nil facit per saltum*, est applicable au monde des esprits comme à celui des corps. Partout et toujours, le présent est solidaire du passé, et un feuillet arraché à l'histoire de la philosophie ne présente plus qu'un sens énigmatique. Dans cette grande épopée de la raison, au milieu de la diversité des détails, la règle de l'unité est observée dans toute sa rigueur, et c'est à l'ensemble qu'il faut demander la valeur, soit d'une époque, soit d'un système. Pour faire la genèse de la doctrine de Hégel, il nous faudrait donc suivre l'idée philosophique dans ses principales phases historiques. Ce travail, nous le suppposons fait pour la plus grande partie, et nous nous bornerons à envisager sommairement et à suivre, dans ses transformations successives, la dernière période de la philosophie allemande à laquelle le système de Hégel se rattache d'une manière plus intime. D'ailleurs, le caractère propre de cette période, la rend plus que toute autre susceptible d'être traitée à part. En effet, loin de n'être qu'un fragment, par rapport à l'ensemble, elle doit bien plutôt être considérée comme l'expression de la totalité, un reflet de toutes les directions philosophiques. Cette période se résume dans cinq grands noms: *Kant, Jacobi, Fichte, Schelling, Hegel.*

KANT.

Avant d'écrire les trois ouvrages qui ont immortalisé son nom : la *Critique de la raison pure, de la raison pratique*, et *du jugement*, Kant appartenait à l'école métaphysique de Wolf, comme ses premiers écrits en font foi (1). Il est curieux de lui entendre raconter comment le souvenir de David Hume interrompit son sommeil dogmatique, et changea complètement la direction de ses recherches dans le champ de la philosophie spéculative. Le criticisme fut la fusion intime de ces deux éléments: la métaphysique dogmatique d'une part, et l'empirisme sceptique de l'autre.

Avant d'exposer et de développer son système, Kant se pose d'abord cette question préjudicielle : « Comment les jugements synthétiques à priori sont-ils possibles? »

---

(1) Emmanuel Kant, collection complète de divers traités rangés par ordre de date (1767).

Un jugement synthétique se distingue d'un jugement analytique en ce que les jugements analytiques sont purement *explicatifs*, le sujet renfermant déjà implicitement tout ce qu'exprime le prédicat. Les jugements synthétiques, au contraire, sont *extensifs*, parce que, à la notion du sujet, le prédicat ajoute toujours quelque chose.

Pour faire des jugements analytiques, on n'a pas besoin de l'expérience, puisqu'il suffit de décomposer dans ses éléments la notion complexe. Au contraire, tous les jugements empiriques sont synthétiques, parce que chaque expérience faite agrandit le cercle de la notion. Cependant il est aussi des jugements synthétiques qui ne reposent pas sur l'expérience. Par exemple, dans cette proposition : tout ce qui arrive a une cause, on lie à un phénomène quelque chose qui en diffère essentiellement, et de plus, cette liaison a un caractère de nécessité et d'universalité qui ne peut relever de l'expérience. C'est sur les jugements de cette nature que repose toute notre connaissance spéculative *à priori*. Mais quelle est cette X sur laquelle s'appuie l'intelligence quand elle fait de pareilles synthèses ? Il y a là un problème, de la solution duquel dépendent les progrès réels, positifs, que nous pouvons faire dans le domaine de la connaissance rationnelle pure.

Si la métaphysique est restée dans un état d'incertitude et de contradiction, c'est qu'elle n'a pas vu clairement la différence qui existe entre les jugements analytiques et synthétiques, et qu'elle ne s'est pas même posée la question. Désireuse d'abandonner le terrain de l'expérience, elle éleva aussitôt que possible l'édifice de la spéculation, sans rechercher d'abord si les fondements étaient assez solides pour pouvoir le supporter, et les résultats auxquels elle arriva, furent sophistiques en ce que, souvent elle regarda comme une connaissance nouvelle ce qui n'était que la pure analyse d'une notion déjà existante, et mit ainsi des définitions nominales à la place des progrès de la pensée. Par là, ce dogmatisme sans fondement prêta le flanc au scepticisme qui, après avoir renversé sans beaucoup de peine des propositions *à priori* posées sans examen, alla même jusqu'à nier la possibilité de la métaphysique, et attribua à une pure illusion de l'habitude la nécessité et l'universalité qui forme le caractère propre des notions rationnelles.

La méthode critique doit nous protéger contre ces attaques du scepticisme. Une étude sérieuse de notre propre esprit nous montrera, si nous pouvons avoir l'espérance de construire le système des jugements synthétiques *à priori*, ou bien, si nous devons reconnaître les bornes de notre raison et avouer notre impuissance. Mais, dans tous les cas, les difficultés que présente la méthode critique ne doivent ni ébranler notre courage ni lasser notre persévérance. « La métaphysique est une science dont l'esprit humain ne saurait se passer; on peut, il est vrai, couper toutes les tiges qui ont poussé jusqu'à présent, mais on ne saurait arracher la racine. L'homme n'abandonnera les recherches métaphysiques, que le jour où il cessera de respirer pour ne pas respirer un air impur (1). »

Kant apprécie lui-même avec beaucoup de sagacité et de profondeur, ce que sa méthode a de révolutionnaire en philosophie. Jusqu'à présent, dit-il, on a admis que toutes nos connaissances devaient se régler sur les objets... et on est arrivé au néant.. Qu'on essaye donc si nous n'arriverions pas plus vite à la solution des problèmes métaphysiques, en admettant que les objets doivent se régler sur notre connaissance. Tout cela se réduit à la pensée de Copernic, qui ne pouvant mener à bonne fin ses explications des mouvements célestes, en adoptant que toutes les planètes tournaient autour du spectateur, prit le parti de laisser les astres en repos, et de faire tourner le spectateur autour d'eux (2).

La question de la connaissance ainsi posée, avec netteté et sans ses termes les plus généraux, nous allons essayer de montrer comment elle est résolue par Kant, en donnant une analyse rapide de son système.

Il y a deux éléments de la connaissance : 1° les im-

---

(1) *Prolégomènes de toute métaphysique à venir.* — *Critique de la raison pure*, p. xv.
(2) *Critique de la raison pure*, préface de la seconde édition — Michelet, *Geschichte der Letzten*, etc., etc.

pressions produites sur le moi par les objets : la *matière* de la connaissance ; 2° sa *forme* qui est le résultat de facultés inhérentes à la nature du moi. La matière de la connaissance est multiple, variable ; au contraire, les formes dans lesquelles les impressions fournies par les objets viennent se synthétiser, sont nécessaires et invariables. On peut ramener à trois les rapports du moi à l'objet, et par conséquent la faculté cognitive se subdivisera en trois autres facultés secondaires : la sensibilité, l'entendement et la raison.

La *sensibilité* synthétise les impressions qui lui sont immédiatement transmises par les objets, elle en fait des totalités appelées *perceptions* (anschauung) ; les formes de la sensibilité, en vertu desquelles cette synthèse s'opère, sont *l'espace* et le *temps*.

Par l'intervention de l'activité, *l'entendement* généralise à des degrés différents les perceptions qui ont été le dernier terme atteint par la sensibilité ; et à son tour il imposera certaines formes à ces perceptions. Ces formes (catégories) sont au nombre de quatre : la *quantité*, la *qualité*, la *relativité* et la *modalité*.

La *raison* continue l'œuvre de l'entendement, et, de généralisation en généralisation, elle arrive à un principe qui n'en suppose pas d'autre au-dessus de lui : c'est l'inconditionnel, l'absolu, qui par l'intermédiaire des catégories, des formes générales dont nous avons parlé, vivifie toutes les connaissances particulières.

L'absolu se révèle à nous sous trois aspects : par rapport à l'ensemble des phénomènes physiques, c'est la *nature* ; par rapport aux phénomènes qui ont pour sujet l'être sentant, c'est *l'âme* ; enfin, par rapport à la condition suprême de la possibilité des êtres, c'est Dieu (1).

Il est bon de remarquer que Kant ne sort pas du point de vue psychologique. La critique de la raison pure nous fait connaître, non les objets, mais la connaissance que nous croyons avoir des objets, et nous apprend à la coordonner. Les mots même d'absolu, de nécessaire, ont un sens tout-à-fait subjectif, et qui ne s'applique qu'à la constitution particulière de l'esprit humain. Si nous voulons sortir de nous-même, si la raison veut s'élancer au-delà de l'observation, elle devient *transcendante*, et n'enfante plus que des chimères. Dans la connaissance, la raison est seulement *régulative*, ce n'est que dans la pratique qu'elle est *constitutive*. Nous sommes condamnés à ne connaître que des phénomènes, l'essence des choses (*das Ding an sich*) nous échappe, et ces trois grandes idées, la nature, l'âme, Dieu, sont elles-mêmes des *postulats*, qui ne trouveront leur légitimation que dans la raison pratique.

---

1) Kant, *Critique de la raison pure*. 6ᵉ édition, *passim*. — Michelet, *op. cit.* — Barchon de Penhoen, *Philosophie allemande* — Hégel, *Histoire de la philosophie*.

Dans la raison théorique, l'objet de la connaissance est en dehors du moi, et ne se revèle à lui que doublement transformé par les organes et par les formes inhérentes à la nature de l'esprit humain. Au point de vue de la raison pure, la vérité ne peut donc exister pour le moi, ou, ce qui revient au même, il ne peut savoir si elle existe, puisque pour le vérifier, il faudrait se mettre en dehors de l'humanité. Au contraire, la raison pratique nous élève complètement au-dessus du monde des sens et des causes naturelles. Les volitions du moi constituent une sphère qui lui appartient en propre. La liberté nous est donnée à priori (par l'observation interne). La loi morale est absolue et indépendante de toute expérience, car la volonté est *autonomique*. Mais qu'est-ce que c'est que le devoir qui ne renferme que la notion abstraite du devoir, la volonté qui est identique avec elle-même parce qu'elle ne veut rien encore? Si nous en restions là, une critique de la raison pratique serait inutile ou même impossible, car la volonté ne pourrait jamais s'égarer, devenir *transcendante*. Mais il ne saurait en être ainsi. Comme les actes de la volonté réagissent sur la sensibilité, il doit y avoir dans la volonté même, un côté par lequel elle se rattache à la sensibilité; ce sont les inclinations, les appétits (*Triebe*). De même que l'espace, le temps, et les catégories de l'intelligence étaient vides sans les impressions, ainsi la loi générale du devoir serait vide sans la volonté empirique. Mais comme la volonté empirique puise au dehors d'elle-même les motifs des ses déterminations, elle est en opposition avec la volonté rationnelle ; elle est *hétéronomique* (1). Il y a donc combat, lutte continuelle, entre la loi du devoir, impersonnelle, absolue, et les inclinations essentiellement contingentes et individuelles, entre le principe autonomique, et le principe hétéronomique de la volonté, entre la voix de la conscience qui nous dit : « Sois vertueux, » et la voix de l'intérêt individuel qui nous dit : « Sois heureux. » Comme l'assymptote, ces deux directions se rapprochent sans jamais parvenir à se confondre, du moins dans cette vie. Aussi la loi de moralité ne peut être exprimée que sous la forme d'un *impératif catégorique* : Dégage le plus possible ta volonté de tout motif sensible, particulier ; agis de telle sorte, que ta volonté puisse devenir une règle universelle dans la législation des êtres raisonnables.

Cependant l'alliance de la vertu et du bonheur qui constitue le souverain bien, *doit* exister un jour ; un moment arrivera, où ces deux termes en apparence contradictoires, viendront se confondre et s'identifier. C'est sur la nécessité d'une réalisation finale de la moralité que repose *l'immortalité de l'âme,* comme *l'existence de Dieu*

---

(1) La contradiction que nous avons signalée dans la critique de la raison pure, entre le phénomène et la substance, se reproduit ici entre la liberté abstraite et l'acte déterminé, entre la loi générale du devoir et le devoir particulier.

découle de la nécessité d'une autre vie, dans laquelle la somme de bonheur sera proportionnelle à la somme de vertu.

Les deux facultés de l'esprit humain que nous avons examinées jusqu'ici, sont la faculté de connaître et celle de vouloir. Nous avons vu qu'elles sont régies par des lois différentes, puisque dans l'une c'est l'intelligence, dans l'autre la raison qui est constitutive ; il s'agit de savoir maintenant, s'il n'y a pas de transition possible entre la nature et la liberté, le sensible et le rationnel, ou s'il faut encore renvoyer la solution de ce problème dans un progrès, un avenir indéfini. Kant croit avoir trouvé dans le *jugement* qu'il considère comme une faculté spéciale, le médiateur souhaité, entre l'intelligence et la raison.

Le jugement est la faculté de concevoir le particulier comme renfermé dans le général. Cette unité du général et du particulier se révèle à nous dans deux espèces de produits : les œuvres de l'art et celles de la nature. La critique du jugement se divisera donc en deux parties ; l'une aura pour objet les jugements *esthétiques*, l'autre s'occupera des jugements *téléologiques*.

Dans les jugements esthétiques, l'objet est ou n'est pas pour nous ce qu'il doit être (1), si à son idée se lie

---

(1) La traduction exacte de l'expression employée par Kant Zweckmœssig) serait : *conforme à son but*. Mais nous n'avons pas

immédiatement un sentiment de plaisir ou de peine.

Ce qui caractérise les jugements esthétiques, c'est: 1° de donner lieu à un sentiment agréable ou désagréable; 2° d'être complètement désintéressés, et par conséquent les mêmes chez tous les hommes; 3° de ne procurer aucune connaissance de l'objet; 4° d'être indépendants de l'idée d'un but.

Dans les jugements téléologiques, nous considérons les objets par rapport à telle ou telle fin. L'idée téléologique la moins élevée est celle qui envisage le but et le moyen comme deux termes séparés. Ces deux termes viennent se confondre dans l'organisme. Là, toutes les parties sont ordonnées par rapport à l'ensemble, et l'ensemble lui-même par rapport aux détails. Sous la forme la plus élevée, le jugement téléologique regarde la nature comme un vaste organisme dans lequel l'idée et la réalité sont identiques.

Ici nous pourrions croire que nous avons décidément abandonné le terrain de la psychologie, pour entrer dans le domaine de la spéculation, de la vérité absolue; mais c'est une illusion que Kant ne veut pas nous laisser. « Surtout gardons-nous d'oublier, dit-il en terminant, que les jugements, soit esthétiques, soit téléo-

---

cru devoir employer cette expression, parce que nous disons un peu plus bas, avec Kant, que l'un des caractères des jugements esthétiques, c'est d'être indépendants de l'idée du but *(ohne Vorstellung eines Zwecks)*.

logiques, ne peuvent porter sur une beauté, une harmonie objectives. *Ce sont des pures conceptions de notre esprit.* » Ainsi, en réalité, la critique du jugement, bien qu'elle soit le dernier mot du criticisme, ne nous fait pas faire un pas de plus que la critique de la raison pure. C'est toujours le même travail de Pénélope ; et, après beaucoup d'efforts pour résoudre les antinomies, et sortir du dualisme, la conclusion est encore le dualisme et les antinomies.

Le grand mérite de Kant, le service essentiel qu'il a rendu à la science, c'est d'avoir reconquis le point de vue de Socrate. Après avoir nettement posé la grande question de la connaissance, et proclamé les droits de la conscience individuelle, il a mis au service de sa polémique, contre l'ancienne métaphysique, une sagacité et une profondeur d'analyse que nul peut-être n'a possédées à un degré aussi éminent. Pour les résultats positifs de sa philosophie, ils sont nuls ou à-peu-près.

Avec cet exposé, incomplet sans doute, de la philosophie de Kant, mais suffisant pour le but que nous nous sommes proposé, le point de départ de la dernière période de la philosophie allemande se trouve déterminé. Nous n'aurons plus, maintenant, qu'à indiquer en quelques mots, le caractère saillant des philosophies sorties du Kantianisme, et dont le progrès, le développement successif, a pour dernier résultat la doctrine de Hégel.

JACOBI.

Nous avons déjà vu, que le criticisme s'appuyait surtout sur la philosophie anglaise, représentée par le scepticisme de Hume ; au contraire, le système du *savoir immédiat* a son origine dans la philosophie française et la métaphysique allemande. Jacobi s'élève avec force, contre le formalisme abstrait du philosophe de Kœnigsberg, et cependant, bien que son point de départ soit opposé, il arrive aux mêmes résultats. Pour Jacobi, comprendre, c'est donner à l'objet de la connaissance la forme du médiat et du contingent ; vouloir connaître l'absolu, c'est en changer la nature, en faire quelque chose de fini. Tout ce que la raison peut connaître par l'analyse, la synthèse, le raisonnement, en un mot, par son activité, sont des choses finies, et la raison elle-même rentre dans la catégorie des choses finies. « L'intelligence isolée est matérialiste, elle nie l'esprit et Dieu ; la raison isolée est idéaliste, elle se déifie elle-même. » Dieu ne saurait être l'objet d'une connaissance médiate, il peut seulement être cru, être accepté comme une donnée, comme un fait. On voit que la foi de Kant et de Jacobi sont différentes. Pour l'un Dieu n'est qu'un postulat, le *Deus ex machina*, qui doit résoudre les antinomies de la raison, concilier la nature et l'esprit, la vertu et le bonheur : pour l'autre, c'est l'objet d'une intuition immédiate, d'une révélation qui ne diffère de la révélation dans le sens théologique, qu'en ce qu'elle est donnée directement à chaque individu, dans le témoignage de sa conscience. De cette manière, la réalité objective est restituée aux idées du monde suprasensible, et l'organe qui la perçoit étant l'intuition immédiate, une grande importance est acquise dès-lors aux faits primitifs de la conscience. Chez Kant, la connaissance est le résultat de la réflexion subjective ; chez Jacobi, au contraire, elle est révélée ; pour l'un c'est *l'intelligence abstraite*, pour l'autre la *raison abstraite* qui est le principe fondamental. Cependant l'esprit tend à l'unité de conscience, et ce besoin de l'esprit donne lieu à des recherches plus profondes.

FICHTE.

Fichte réalise au sein de la subjectivité cette unité de conscience, en développant et amenant à sa maturité l'idéalisme subjectif.

Nous avons vu que, chez Kant, *l'unité transcendantale du moi* était restée à l'état d'abstraction, et que tous ses efforts, pour concilier la matière et la forme de la pensée, étaient restés impuissants. Fichte a vu l'abîme et il essaie de le combler. Or, cela pouvait avoir lieu de deux manières : 1° en admettant que le moi n'est qu'une manifestation d'une force universelle ; 2° en considérant l'univers comme un produit, une forme de l'esprit humain. Fichte s'arrête à cette dernière hypothèse. Pour lui, le moi est la pensée de soi-même, la conscience pure, moi = moi. La connaissance elle-même n'est pas autre chose que le moi, et tous les efforts de la philosophie tendent à savoir ce savoir. Elle est donc la science de la science, la doctrine de la science (wissenschaftlehre). Le moi est à lui-même sa cause, son commencement et sa fin. Il est donc absolu et libre, il est la seule et vraie réalité.

Sans sortir de son identité, le moi se pose à la fois come sujet et comme objet, comme *moi* et comme *non moi*. Enfin, outre le moi et le non moi sous leurs formes propres, il y a encore un troisième principe, la limitation, dans lequel coexistent le positif et le négatif, le moi et le non moi. De cette limitation ou réciprocité d'action du moi sur le non moi, résulte la conscience, la connaissance.

Dans le moi, les choses (le non moi), sont posées idéalement. Le moi est l'identité de l'idéal et du réel. Borné par le non moi il est fini, et le non moi ou l'univers infini ; au contraire, en tant que le non moi est déterminé par le moi, le moi est infini, et le non moi ou le monde fini.

Le non moi, le monde objectif est une barrière qui

n'existe que pour être progressivement renversée. Appliquant sa théorie à l'Etat, Fichte ne voit dans le développement des institutions sociales, qu'une restriction toujours croissante de la liberté individuelle : la prison devient sans cesse plus étroite et les fers plus lourds. L'opposition du moi et du non moi est donc considérée comme irréductible. La contradiction qui se trouve entre la liberté du moi et la nécessité du non moi revient sans cesse sous toutes les formes, et ne trouve enfin sa solution que dans *la foi en un ordre moral de l'univers.* Un jour viendra enfin où ce qui *devait être* sera (impératif catégorique de Kant), où la raison établira sa domination sur l'irrationnel, la force aveugle de la nature. Ainsi, en dernière analyse, on arrive à *l'effort*, au désir dans toute sa plénitude, désir qui trouve sa satisfaction dans l'amour infini, la religion. Dans la philosophie de Fichte, le monde du fini est considéré comme un fantôme trompeur, une masse inerte, un obstacle pour la vie spirituelle. La destination unique du monde, c'est de succomber sous le moi pour conserver à la conscience son unité qui est le divin. Mais, quoiqu'il ait tout sacrifié à l'activité du moi, Fichte n'a pas pu réussir à en faire quelque chose de libre, de spontané, puisque cette activité n'est excitée que par un choc venu du dehors, et que ce n'est que dans la réaction que le moi arrive à la conscience de lui-même. La nature de ce choc, de cette limitation, que Fichte admet *a priori*, est d'ailleurs un mystère impénétrable. C'est sous un autre nom le substrat mystérieux (*das ding un sich*) de Kant. Enfin, nous nous contenterons d'indiquer la contradiction qui consiste, d'une part, à assigner comme but final de l'activité du moi l'anéantissement progressif du non moi, tandis que, d'un autre côté, le non moi est considéré comme la condition *sine qua non* de la conscience et de la liberté. Si la philosophie de Spinosa qui abime le fini, l'individuel, dans la substance divine, inspire une sorte de terreur mêlée d'admiration, la philosophie de Fichte, au contraire, repousse par cet égoïsme dédaigneux, qui, déifiant le moi, en fait la vérité absolue qui doit imprimer son caractère à tout l'univers. La forme subjective est arrivée à son apogée dans ce système, et le dualisme s'y montre dans toute sa crudité. Le premier besoin de la philosophie était de recouvrer l'objectivité qu'elle avait perdue, et c'est vers ce but que Schelling dirigea ses efforts.

SCHELLING.

Les transformations successives qu'a subies, et que subit encore la philosophie de Schelling, rendent impossible une exposition systématique de sa doctrine. Les nombreux ouvrages de Schelling sont le reflet de périodes différentes, et aucun d'eux, comme l'auteur l'avoue lui-même (1), ne donne de l'unité à ces matériaux épars. Nous nous bornerons, en conséquence, à indiquer les caractères généraux de *l'idéalisme transcendental* (2).

Toute connaissance repose sur l'unité de l'objectif et du subjectif, du concept et de la réalité. L'identité parfaite, l'indifférence absolue du sujet et de l'objet, du fini et de l'infini, de l'être et de la pensée, c'est la raison, c'est Dieu. Dans les choses finies, l'identité est le fondement de l'existence, mais il y a un moment de non identité, de différence entre le subjectif et l'objectif. La somme de tout l'objectif que nous connaissons, nous pouvons l'appeler *nature*, comme nous appelons *moi*, intelligence, la somme de tout le subjectif. Puisque l'absolu a deux pôles, il doit y avoir deux sciences fondamentales qui s'attirent et se complètent réciproquement, et il est impossible de partir d'un pôle sans être poussé vers l'autre. Ainsi, les sciences naturelles tendent à se généraliser de plus en plus, et, en dernière analyse, à s'identifier avec les lois de l'intelligence humaine, et réciproquement le moi tend à

---

1) *Nouvelles annales de physique*, 1re série, p 682.

2 Comme dans cette esquisse rapide des philosophies antérieures à Hégel, notre but est seulement de montrer l'influence qu'elles ont exercé sur son système, nous n'avons pas à nous occuper ici de la nouvelle doctrine que Schelling développe actuellement à l'université de Berlin.

se répandre dans le monde extérieur et à s'y objectifier.

Dans la nature, l'essence est incarnée dans la forme, l'infini dans le fini, et c'est par là, que la forme devient la virtualité (potentia), *le fondement de la réalité*. Mais, comme le fini est de nouveau absorbé dans l'infini, la forme dans l'essence, la forme elle-même devient absolue. *C'est l'activité absolue, la cause positive de la réalité.*

Le monde naturel et spirituel ne sont pas opposés par l'essence, mais seulement par la puissance (potens). Dans l'un, c'est le réel qui domine; l'indifférence (essence) est absorbée dans la différence (la pluralité). Dans l'autre, c'est l'idéal; le fini est absorbé dans l'infini. Les deux sphères offrent donc l'identité de l'idéal et du réel, avec la prédominance de l'un ou de l'autre élément. La différence n'est pas qualitative, mais seulement *quantitative*. Ce sont des manifestations différentes de l'indifférence absolue, au sein de laquelle la prédominance relative d'aucun élément ne peut avoir lieu. Cette pénétration absolue de l'idéal et du réel ne se montre d'une manière complète ni dans le monde de la nature ni dans celui de l'esprit. *L'art seul est l'éternelle manifestation de Dieu dans l'esprit humain.* C'est un prodige qui, s'il ne s'était produit qu'une fois, aurait suffi pour nous convaincre de la réalité absolue de l'Être suprême. *L'imagination (einbildungskraft)* est la troisième et dernière puissance de l'être naturel (1); et chez l'homme elle arrive à l'état de conscience parfaite, à *l'apperception intellectuelle* de l'identité absolue. Cette apperception intellectuelle est pour Schelling une espèce d'organe spécial qu'on ne peut acquérir, et sans lequel on ne saurait philosopher. Ce que l'on peut avoir, on peut aussi ne pas l'avoir, et la philosophie devient ainsi le partage de quelques êtres privilégiés. Comme Platon et les Alexandrins, Schelling semble faire consister la science dans une intuition des idées éternelles, mais avec cette différence essentielle, que chez Platon, la dialectique vient s'associer à ce savoir immédiat, ce qui n'arrive pas chez Schelling.

Avec le système de l'idéalisme transcendental se trouve résolue cette question vitale de toute philoso-

---

(1) Le pôle réel et le pôle idéal ont chacun trois *puissances*. Les puissances du pôle réel sont :

A^1 La gravitation. — Le magnétisme.
A^2 L'électricité.
A^3 L'organisme, la vie (transition au pôle idéal).

Les puissances du pôle idéal sont :

A^1 L'idée, la connaissance. — Science
A^2 La volonté, l'action. — Société, histoire.
A^3 L'imagination. — L'art.

Remarque. — Le mot français imagination, ne rend que très imparfaitement le mot allemand *eindildungskraft*, qui est pris ici dans un sens étymologique, *in eins bildung*, réunion de deux choses en une seule.

phie que Kant s'était posée avec tant d'originalité et de profondeur. Le vrai n'est pas l'abstraction : ce n'est ni l'être, ni la pensée, ni la matière de la connaissance, ni sa forme ; c'est la synthèse vivante des deux. La philosophie de Schelling est essentiellement la doctrine de *l'identité*, et en tant qu'il a surtout montré cette identité dans le domaine du réel, il est le créateur de la philosophie de la nature dans les temps modernes. Sa doctrine de l'esprit est contenue en germe dans une dissertation intitulée : *De l'essence de la liberté humaine* (Landshut, 1809).

Le rôle de Hégel était tracé d'avance par ce qui précède : le génie de Schelling avait triomphé du dualisme, et reconquis l'objectivité à la philosophie ; mais, cette conquête, il fallait la légitimer, cette identité admise comme hypothèse, il fallait la démontrer ; l'inspiration demandait la méthode, Platon appelait Aristote. Dans quelques passages de ses ouvrages, et notamment dans la *Phénoménologie*, Hégel a montré qu'il avait une conscience claire de sa mission philosophique : « la forme absolue de la vérité, dit-il, ne peut être que la forme systématique. Le but vers lequel tendent tous mes efforts, c'est d'amener la philosophie à n'être plus seulement l'amour de la science, mais bien la science elle-même [1]. » Ce grand problème, Hégel l'a-t-il résolu ?

---

[1] Voyez *Phénoménologie*, p. 2 6 38. 41

La réponse à cette question ne peut être cherchée que dans une étude sérieuse de sa doctrine, et c'est ce que nous allons essayer de faire maintenant.

§ III.

HÉGEL.

Dans l'antiquité, les philosophes étaient en même temps législateurs, guerriers, hommes d'état; leur vie, leur personnalité tout entière était la réalisation, et, pour ainsi dire, la plastique de leurs doctrines. Aujourd'hui, au contraire, le penseur s'éloigne du monde pour mieux agir sur lui, et c'est à l'idée pure qu'il emprunte toute l'influence qu'il doit exercer sur la société. Aussi, à part quelques rares exceptions (1), la biographie des philosophes modernes ne présente guère d'autres événements que des événements scientifiques, et c'est le cas pour la biographie de Hégel.

Hégel naquit à Stuttgard, le 27 août 1770. A l'âge de dix-huit ans, il alla à l'université de Tubingue, et se voua d'abord à l'étude de la théologie. C'est là qu'il vit Schelling pour la première fois, et les relations les plus

---

(1 Voyez mon travail sur Fichte, *Revue de Paris*, janvier 1840.

intimes ne tardèrent pas à s'établir entre ces deux génies, qui s'étaient mutuellement devinés. Il est intéressant de voir réunis, dans une pauvre chambrette d'etudiant, ces deux hommes dont l'Allemagne ne peut plus contenir la gloire, d'assister à ce commerce de tous les instans, à ces luttes fécondes d'où devait sortir ce système colossal de l'idéalisme absolu. Ardent, impétueux, Schelling ne pouvait, comme il l'avoue lui-même (1), résister à l'inspiration qui l'emportait. A peine âgé de vingt ans, il entassait volume sur volume, et cette éducation philosophique faite ainsi devant le public, explique les révolutions qu'a subies, et que subit encore le système d'identité. Hégel, au contraire, savait contenir les pensées qui s'agitaient dans son sein; il attendait que la fermentation eût cessé, pour livrer aux amis de la philosophie le vin pur de la science, et ce ne fut qu'en 1801, à l'époque où Schelling avait déjà, pour ainsi dire, épuisé son activité d'écrivain, qu'il publia ses deux premiers ouvrages: *de orbitis planetarum.* — *Différence du système de Fichte et de Schelling*, en même tems qu'il rédigeait, avec ce dernier, le journal critique de philosophie (1802-1803).

Les écrits de Hégel qui appartiennent à cette période peuvent se diviser en deux classes. La première qui renferme: *de l'essence de la critique philosophique — sa-*

---

(1) *Du moi considéré comme principe de la philosophie*

voir et croire, etc., etc., est presque exclusivement polémique. La seconde classe dans laquelle viennent se ranger les écrits intitulés : *rapports du scepticisme à la philosophie, — rapports de la philosophie de la nature à la philosophie en général, — sur les différentes manières dont on a envisagé le droit naturel au point de vue scientifique*, renferme au contraire le germe de la philosophie de Hégel, mais noyé, en quelque sorte, dans la philosophie de Schelling.

Les leçons que Hégel fit à l'académie, après s'être *habilité* (1) par la dissertation latine déjà citée, eurent si peu de succès, que, la première année, son auditoire se composait de quatre personnes seulement. De ce nombre était Troxler, qui plus tard s'est séparé violemment de son maître. Nous citons cet exemple parce qu'il a été rare dans l'école. Au sein de la méthode si large de Hégel, les dissidences des détails peuvent se manifester assez librement, sans qu'il soit besoin d'en venir à une rupture ouverte.

Cependant, en 1806, Hégel occupait à Jéna la chaire que Schelling venait d'abandonner, et c'est au bruit de cette bataille qui occupe une place si brillante dans nos fastes militaires, qu'il mettait sa dernière main à l'ouvrage qui couronne les écrits de cette période : la *Phé-*

---

(1) S'habiliter, c'est acquérir, par une thèse soutenue solennellement, le droit d'ouvrir dans une des salles de l'Université, un cours rétribué par les auditeurs.

noménologie de l'esprit. Nous aurons plus tard l'occasion de dire quel est le sens et la portée de ce livre.

Par suite des événements dont l'Allemagne était le théâtre, Hégel ne tarda pas à perdre la chaire de philosophie qu'il venait d'obtenir à Jéna. Dépourvu de tout moyen d'existence, il alla à Bamberg, et pendant deux ans il y rédigea un journal politique. Enfin, dans l'automne de l'année 1808, il fut nommé recteur du gymnase de Nuremberg, et c'est précisément au milieu de ces fonctions administratives, qui semblent incompatibles avec le calme et le recueillement que demande la spéculation, qu'Hégel écrivit le livre qui fait sa gloire, et lui assigne une place distinguée parmi les héros de la science : *la Logique*. 1812-1816.

Cet ouvrage, qui produisit la plus grande sensation dans le monde savant, ne tarda pas à étendre la réputation de Hégel : trois chaires lui furent simultanément offertes par différentes universités. Il opta pour celle d'Heidelberg, et c'est là qu'il écrivit en 1819, son *Encyclopédie des sciences philosophiques*. Mais la Prusse qui, par Kant, Fichte, Schleiermacher, Solger, etc., semblait être devenue la terre classique de la philosophie, devait bientôt offrir un plus grand théâtre aux travaux et à la gloire de Hégel, et le premier acte du baron d'Alstentein, à son entrée au ministère de l'instruction publique, fut d'appeler Hégel à Berlin 1818. Entouré de disciples nombreux, devenus aujourd'hui pour la plupart des professeurs distingués, Hégel, pendant les treize ans que dura sa carrière académique, parcourut successivement, dans ses leçons, toutes les branches des sciences philosophiques : *la logique, — la philosophie de la nature, — le droit naturel et les sciences sociales, — l'esthétique, — la théodicée, l'histoire de la philosophie, et enfin, la philosophie de l'histoire.* En 1829, Hégel fut nommé recteur de l'université de Berlin. Il mourut du choléra le 14 novembre 1831.

§ IV.

IDÉE GÉNÉRALE DE LA PHILOSOPHIE DE HÉGEL.

Avant de soumettre successivement à une analyse détaillée, chacune des parties du système de Hégel, il est bon d'accoutumer le lecteur à l'atmosphère de la spéculation, en embrassant dans une vue générale l'ensemble de sa doctrine. Autant que possible, c'est Hégel lui-même que nous laisserons parler.

Les sciences, autres que la philosophie, n'ont à s'enquérir, ni de leur objet, ni de leur méthode ; elles considèrent l'un et l'autre comme un fait. Au contraire, la philosophie ne doit reposer sur aucune donnée extérieure, elle est la science qui se prouve elle-même ; son point de départ et sa méthode doivent être légitimés.

La philosophie pourrait être définie en général : « *la connaissance des objets par la pensée pure.* » Tous les hommes pensent, il est vrai, et c'est là, comme on l'a dit de tout temps, ce qui les distingue des animaux, mais la conscience n'a pas directement, immédiatement la forme philosophique, et la pensée revêt d'abord la forme du sentiment, de l'intuition (1), de l'imagination (2). (Vors tellung).

La philosophie consiste à dégager la pensée pure des éléments hétérogènes, avec lesquels elle se trouve mêlée, confondue dans la conscience, à traduire par des *catégories*, des *idées*, les images qui en sont les métaphores. Une partie des difficultés que présente l'étude de la philosophie, et le reproche d'obscurité qu'on lui adresse si souvent, viennent de ce qu'on n'est pas familiarisé avec les abstractions. On dirait qu'en enlevant à la conscience les images sensibles, le terrain manque sous ses pieds, et qu'elle ne sait plus s'orienter dans la région pure de l'idée.

Il est essentiel de bien déterminer la différence formelle qui existe entre la pensée en général, et la pensée

---

(1) C'est là une différence essentielle dans les idées et, par suite, dans la terminologie de Schelling et de Hégel. L'intuition (anschauung) qui est pour Schelling le point culminant de la philosophie, est au contraire pour Hégel un degré inférieur de la connaissance.

(2) Imagination a ici le sens étymologique, c'est un concept dont les éléments sont empruntés à la sensibilité.

philosophique en particulier, car c'est faute d'avoir conscience de cette différence, que tout le monde se croit en état de porter, sans études préalables, un jugement sur les matières philosophiques ; mais il est tout aussi important de constater, qu'il n'y a rien dans la philosophie qui n'existe dans la réalité, et dans la conscience de tous les hommes. Il suit de là que la philosophie doit nécessairement être d'accord avec les faits, et que l'expérience peut être considérée comme la pierre de touche de la vérité d'une philosophie (1). Il n'y a pas de mur, de barrière qui sépare l'idée de la réalité ; sans la réalité l'idée n'est qu'une abstraction, sans l'idée la réalité n'est qu'un phénomène. « *Tout ce qui est rationnel est réel, et réciproquement tout ce qui est réel est rationnel* (2). »

---

(1) M. Michelet exprime la même pensée dans son *Examen critique de la métaphysique d'Aristote*, couronné par l'Académie des sciences morales et politiques. « Si le résultat de nos pensées, trouvé indépendamment de l'expérience, s'accorde avec ce que celle-ci nous présente, nous voyons que nous n'avons été que les vases purs qui ont recueilli l'or de la pensée absolue, sans l'avoir souillé de leur substance terrestre. Si l'expérience nous désavoue, au contraire, nous avons substitué, à la marche mesurée de la pensée absolue, les saillies inconsidérées de l'imagination et de l'entendement humain. P. 303-306.

(2) « Was vernunftig ist das ist virklich, und was ist wirklich das ist vernunftig. » Il suffit d'avoir fait une connaissance, même superficielle, avec les idées de Hégel, pour ne pouvoir se méprendre sur le sens de cette phrase, qui a suscité une polémique des plus acharnées. Elle pourrait se traduire ainsi : conformément à sa na-

La forme extérieure que revêt la philosophie, est *l'histoire de la philosophie*. Cette forme donne aux différentes phases de développement de l'idée philosophique, l'apparence d'une succession purement contingente de principes différents, et même contradictoires; cependant l'histoire de la philosophie tout entière, est animée par un seul et même esprit, qui conserve son identité, au milieu des transformations diverses qu'il subit, pour arriver à la conscience de lui-même. La philosophie offre le même développement que nous constatons dans son histoire, avec cette différence, qu'il est purement logique, et affranchi des conditions du temps.

La philosophie, la science de l'idée (1), concrète (2), absolue, a nécessairement une forme systématique, non dans l'acception vulgaire d'exclusif et par conséquent de faux, mais dans ce sens, que la science étant la forme

---

ture ce qui est vraiment rationnel, s'incarne, s'objectifie dans le monde, et ce qui dans le monde existe réellement, c'est-à-dire, n'est pas un phénomène passager, trouve sa légitimation dans une raison immanente.

Voyez Ganz, Préface de la *Philosophie du droit*.

(1) Ce mot *idée* (*die idée*) représente ici le dernier terme de la philosophie, l'absolu à la fois sujet et objet ayant conscience de lui-même.

(2) Nous aurions aussi à déterminer le sens que donne Hégel à ce mot de *concret*, qui joue un si grand rôle dans sa langue; mais nous croyons, que plus tard, ce mot s'expliquera de lui-même, beaucoup mieux que nous ne pourrions le faire dans une note.

par excellence de l'absolu, doit être adéquate à l'absolu lui-même, et montrer dans leur liaison nécessaire les divers éléments, ou, pour nous servir du langage de Hégel, les différentes déterminations de l'absolu. Chaque partie de la philosophie reproduit toujours l'idée absolue, mais sous une détermination particulière, de sorte que la philosophie tout entière, pourrait être représentée comme un grand cercle, dont la périphérie serait elle-même formée de cercles plus petits.

Nous disions en commençant, que la philosophie ne reposait pas, comme les autres sciences, sur des données axiomatiques, et ici, nous semblons être en contradiction avec nous-même, car si la philosophie commence par la pensée, elle suppose la pensée, comme les mathématiques, le nombre et l'étendue; la physique, les corps, etc., etc. Mais cette contradiction est plus apparente que réelle, car la pensée qui est le *point de départ*, est en même-temps le *résultat* de la science philosophique; en elle, le commencement et la fin viennent se confondre, et le développement tout entier de la science, est destiné à prouver, ou, si l'on veut, à médiatiser ce qui d'abord a été accepté comme immédiat. La philosophie ne commence pas dans le sens rigoureux du mot, c'est le sujet, tel ou tel individu, qui commence à philosopher.

On peut diviser en trois moments principaux le développement total de l'absolu.

D'abord, l'idée n'aura que des déterminations abstraites, et non encore réalisées, elle sera *en soi* et non *pour soi*, elle n'aura pas conscience d'elle-même. (Logique.)

Elle apparaîtra morcelée, dans le temps et l'espace, elle sera monde extérieur, nature. (Philosophie de la nature.)

Enfin, se relevant de sa chute, et triomphant de ce qui n'est pas elle, elle arrivera à la conscience d'elle-même, elle sera esprit. (Philosophie de l'esprit.)

La logique est la science de l'idée pure, de l'idée, telle qu'elle se manifeste dans l'élément abstrait de la pensée. Ne conservant aucun élément sensible, comme la géométrie, par exemple, elle demande un long exercice, une grande force de concentration, et peut à ce titre être considérée comme la science la plus difficile. Sous un autre point de vue, au contraire, elle pourrait être considérée comme la plus aisée, puisqu'elle a pour objet la pensée dans ses éléments, ses déterminations (1) les plus simples et les plus connues, telles que: être, non-être, un, multiple, etc., etc. Mais, en réalité, cela

---

(1) A l'avenir, nous nous servirons du mot détermination (bestimmung), qui nous paraît plus exact que celui d'élément. Le mot élément réveille l'idée d'existence indépendante par opposition à un composé, un alliage qui ne constitue qu'une pure relation. Ainsi, par exemple, si l'on dit que les éléments du bronze sont le cuivre et l'étain, ce mot bronze n'exprime que le rapport particulier de deux corps existans en dehors de ce rapport.

ne fait que rendre plus laborieuse l'étude de la logique, car si, triomphant d'une sorte de répugnance, on consent à s'occuper de choses qu'on appellerait volontiers des banalités, on ne tarde pas à s'apercevoir que les résultats donnés par la logique, sont quelquefois en contradiction avec l'opinion commune. Le plus ou moins d'importance qu'on attache à la logique, qui est la science de la pensée, n'est qu'une conséquence de l'opinion que l'on a sur la pensée elle-même. Or cette opinion peut être fort élevée ou fort mesquine. Ainsi, quand on dit : « Ce n'est qu'une idée, » la pensée est considérée comme quelque chose de subjectif, de contingent, qui n'a rien de commun avec son objet. Quand on dit au contraire que, « Dieu est esprit et qu'il veut être adoré en esprit et en vérité, » on regarde la pensée comme ce qu'il y a au monde de plus élevé, la seule chose qui nous fasse connaître Dieu, lorsque les sens et le sentiment, qui nous sont communs avec les animaux, ne peuvent l'atteindre.

Quand on prononce le mot de pensée, l'image que ce mot réveille, est celle d'une faculté spéciale placée à côté d'autres facultés : la mémoire, la volonté, etc. Et, alors on est en droit de demander pourquoi, si l'on fait de la pensée l'objet d'une science particulière, il n'en serait pas de même de la sensation de l'imagination, etc. Même à ce point de vue, on pourrait répondre que, si la pensée est jugée digne de cet honneur, c'est qu'elle est ce qu'il y a de plus noble dans l'homme, le caractère qui le distingue des êtres inférieurs; considérée uniquement comme activité de l'esprit individuel, la pensée est encore intéressante à étudier. Les règles, les principes généraux, tirés de l'observation de l'esprit subjectif, ont formé jusqu'à ce jour le contenu de la logique, et c'est Aristote qui, le premier, a fondé cette science. Nous sommes loin de contester l'utilité de cette logique formelle, elle exerce l'esprit à l'abstraction, et lui donne de l'énergie et de la vigueur en le concentrant sur un seul point; enfin, la connaissance des formes de l'esprit humain que donne la logique subjective, peut être appliquée, avec beaucoup de succès, à l'étude des sciences empiriques. Mais il ne faut pas non plus se dissimuler, que ce point de vue de l'utile est quelque chose de tout-à-fait subordonné. Ce qui est bon et vrai par excellence, est aussi, sans doute, fécond en résultats pratiques, mais ces résultats ne doivent pas nous préoccuper.

La réflexion est l'instrument de la philosophie. Il est de croyance générale, que, pour connaître un objet, un événement, il ne faut pas se borner à ce qui s'offre à nous immédiatement, à la première vue, mais qu'il faut *réfléchir*. Dans le domaine des sciences physiques, par exemple, nous ne nous contentons pas d'observer les phénomènes, mais nous voulons savoir en quoi ils consistent, les comprendre. Quand nous voyons un éclair, que nous entendons le tonnerre, nous divisons, pour ainsi dire, ce phénomène en deux parties, l'une interne, l'autre externe, et nous nommons l'une force, cause, l'autre manifestation, effet. Les sens nous donnent ce qu'il y a de particulier, de transitoire dans le phénomène ; ce qu'il y a en lui de général et de durable, nous le connaissons par la réflexion. Envisagé ainsi, le général est l'interne, le médiat, par rapport (1) au particulier, à l'immédiat, à l'externe. Le général n'existe pas pour la sensibilité, les sens ne perçoivent que l'individu soumis aux conditions du temps et de l'espace : l'œil n'a jamais vu une espèce, pas plus que les lois du système planétaire. C'est aussi ce que nous dit la religion. Celui qui a tout créé, les choses visibles et invisibles, n'existe que pour l'esprit.

Le résultat que nous obtenons au moyen de la réflexion, est un produit de *notre* pensée, et cependant nous regardons le général, les lois, comme le contraire de ce qui est purement subjectif. Cette contradiction apparente a fait naître le doute dans les temps modernes, et explique cette opposition, que le criticisme établit

---

(1) Dans la phrase allemande que nous avons traduite littéralement (Hégel, 6e vol., p. 39-42), se trouve un mot (gegensatz) qui revient très souvent dans les ouvrages de Hégel. Quelquefois, ce mot n'emporte que l'idée d'un simple rapport, d'une corrélation, et c'est ici le cas ; d'autres fois, au contraire, il exprime l'opposition la plus tranchée, et nous le rendons alors par opposition ou par antinomie.

entre les résultats de la pensée et la nature des choses. La croyance naturelle à l'homme, est que cette opposition n'a rien de réel, et tous les actes de la vie commune supposent une foi instinctive dans l'harmonie des choses avec la pensée. La maladie de notre temps, c'est d'être arrivé à désespérer de la vérité, de considérer la connaissance comme quelque chose de subjectif, et de faire de cette subjectivité, une prison dont nous ne pouvons jamais sortir. Reconquérir, en la légitimant, en l'amenant à l'état de conscience, cette foi primitive en la pensée, voilà la mission de la philosophie. Elle ne se propose donc rien de nouveau, elle veut seulement fonder sur la raison ce qui existe chez tous les hommes à l'état de préjugé.

La pensée est l'activité du général, et non du particulier, l'activité du moi, dégagée de tout caractère individuel, de la conscience abstraite, est par conséquent identique chez tous les hommes. Quand elle réunit ces conditions, la pensée peut être nommée objective, et dèslors, la logique se confond avec la métaphysique, et exprime comme elle l'essence des choses.

De ce que nous affirmons, dit Hégel, que la pensée en tant qu'objective est la substance de l'univers (*das innere der welt*), on pourrait en conclure, vu l'habitude où on est de considérer la pensée comme l'attribut exclusif du moi, que, douant de conscience les choses matérielles, nous dépouillons l'homme du caractère distinctif qui l'élève au-dessus de la nature. Mais nous n'entendons parler ici que d'un système de pensées sans conscience, d'une intelligence pétrifiée, pour nous servir de l'expression de Schelling.

Il suit de ce qui précède, que la logique est un système de *déterminations rationnelles*, dans lequel disparaît tout d'abord, l'opposition d'objectif et de subjectif, du moins dans l'acception vulgaire (1). C'est ce que les anciens exprimaient, en disant que l'intelligence, le νοῦς gouverne le monde, et nous affirmons comme eux, dit Hégel, que la raison est l'âme du monde, qu'elle est son principe immanent, sa nature la plus intime.

Si la pensée est la substance des choses sensibles, elle est aussi celle des choses spirituelles. L'imagination, le souvenir, la volonté, toutes les facultés de l'esprit humain, ne sont que des déterminations diverses des formes de la pensée. Considérée ainsi comme l'essence de la nature et de l'esprit, la pensée s'élève au-dessus de ces deux sphères, en même temps qu'elle est leur principe commun.

Chez l'homme, la pensée arrive à la conscience d'elle-

---

(1) Cette opposition vulgaire, c'est la conscience d'une part et le monde extérieur de l'autre. Dans le sens de Hégel, au contraire, la pensée, en tant que telle, peut être subjective ou objective, suivant qu'elle est ou non dégagée de tout élément contingent, individuel.

même. *Le moi est la forme absolue de la pensée* (1). L'animal ne peut pas dire : moi. Il n'a que des sensations, des perceptions isolées, l'homme seul pense le général. Le moi est la généralité par excellence; il est l'abstraction de toutes les déterminations particulières, et les renferme toutes en germe.

Dans la logique, nous avons à considérer la pensée dégagée de tout mélange hétérogène. Or, ce n'est qu'au sein de la pensée pure qu'il y a liberté réelle, car alors l'esprit ne sort pas de lui-même, n'est pas déterminé par quelque chose qui n'est pas lui. « Philosopher, c'est se dépouiller de tout élément subjectif, et s'abandonner à l'éther pur de la conscience, sans nous inquiéter de la côte où nous irons aborder ; c'est assister, en spectateur désintéressé, au développement de l'absolu.

Dans la philosophie de la nature, et dans celle de l'esprit, qui embrassent toutes les sciences philosophiques, nous retrouvons encore les catégories logiques, mais sous une forme particulière. La nature n'est autre chose que l'idée affectée d'une forme extérieure. Le point le plus élevé qu'il soit donné à la nature d'atteindre, c'est l'organisme. Encore confondu avec la vie, l'organisme, l'esprit est d'abord *âme* (individu); par sa réflexion sur lui-même il devient *moi*,

---

(1) Kant avait dit déjà que le moi est la synthèse primitive, l'unité transcendentale de la conscience.

sujet; enfin, par une série de transformations successives, il arrive à la connaissance de *l'idée absolue* de Dieu. Dieu est l'esprit infini, immanent à la fois à l'esprit et à la matière, qu'il pose éternellement hors de lui, pour les absorber de nouveau dans son sein.

C'est en vertu de son activité propre, que l'être qui est d'abord l'abstraction la plus vide, arrive à l'absolu concret. Cette activité se déploie selon un rythme déterminé, et ce rythme, immanent à l'être, est la méthode dialectique. Nous verrons plus tard en quoi consiste cette méthode qui est la clef de toute la doctrine de Hégel.

§ V.

Tout grand système de philosophie renferme deux parties bien distinctes : 1° une partie négative ou critique, dans laquelle on montre l'insuffisance des philosophies antérieures ; 2° une partie positive, ou l'exposition de la doctrine destinée à combler le vide, à rectifier les erreurs qui ont été signalées. La manière dont Hégel envisage l'histoire, et qui consiste à voir dans chaque philosophie une phase nécessaire du développement de l'esprit à une époque déterminée, donne à sa polémique une physionomie toute particulière. Il argumente beaucoup moins qu'il ne raconte, et c'est avec la conviction calme d'un homme qui croit désormais l'humanité sur la route du vrai, que, jetant un coup-d'œil sur les erreurs qu'elle a eu à traverser pour arriver au port, il juge un passé qui ne doit plus revenir.

Nous allons donner, aussi brièvement que possible, une idée générale de cette polémique; quand nous serons arrivés à l'exposition méthodique du système de Hégel, nous aurons occasion de la compléter en montrant en quoi chacune de ses idées fondamentales, se rapproche ou diffère des philosophies antérieures.

Hégel ramène à trois les directions, que jusqu'à lui, la philosophie a suivies pour arriver à la vérité. Ces directions sont représentées: 1° par l'ancienne métaphysique (Wolf); 2° par l'empirisme et la philosophie critique (Kant); 3° par le système du savoir immédiat (Jacobi).

Le point de vue de l'ancienne métaphysique est le contrepied des résultats auxquels est arrivé le Kantianisme. D'un côté, elle est placée plus haut que la philosophie critique qui lui a succédé, dans ce sens qu'elle a pour point de départ la conformité des choses avec la pensée; d'un autre côté, elle est bien inférieure au criticisme en ce qu'elle est basée sur le principe de contradiction, et qu'elle s'en tient à des déterminations isolées, abstraites. Quand il s'agit de la pensée, on doit distinguer soigneusement la pensée finie *intellectuelle* de la pensée infinie *rationnelle* (1). Comme le mot lui-même le dit, fini, c'est ce qui a une limite, c'est ce qui finit là où un autre commence, qui trouve dans un autre sa négation. Mais la pensée ne sort pas d'elle-même, n'a de rapport qu'avec elle-même, elle est à elle-même son objet, et par conséquent, en elle le sujet et l'objet sont identiques. La pensée pure n'a donc pas de bornes en soi, et elle ne devient finie que lorsqu'on s'en tient exclusivement à des déterminations abstraites. C'est là ce qui distingue la philosophie spéculative de celle qui ne l'est pas. La philosophie spéculative ne s'arrête pas à une identité absolue qui serait le vide absolu, elle détermine aussi; seulement, ces déterminations ne sont pas pour elles quelque chose de fixe, d'arrêté, d'exclusif. Un exemple nous fera mieux comprendre. Parmi les questions que se pose l'ancienne métaphysique, se trouve celle-ci : Le monde est-il fini ou infini ? il est facile de voir que, si l'on oppose ainsi le fini à l'infini, l'infini qui doit être la totalité, n'apparaît plus que comme une partie, et qu'il est borné par le fini. Or, un infini qui est borné, est un infini qui est fini.

Les objets dont s'occupait l'ancienne métaphysique

---

(1) Il est presque inutile de justifier cette terminologie, qui est aujourd'hui à-peu-près généralement adoptée en France. Nous disons, comme Hégel, que l'intelligence ne nous donne que des idées de rapport et les idées collectives qui en sont la synthèse: les idées nécessaires, absolues, nous sont données par la raison.

étaient bien, à la vérité, des idées absolues, concrètes, appartenant en soi au domaine de la raison, mais elle prenait ces notions dans la conscience immédiate, l'imagination (*vorstellung*), et sa méthode consistait ensuite dans l'emploi du principe de contradiction, qui devait montrer les prédicats qui convenaient, et ceux qui ne convenaient pas à ces notions. Or, dans cette manière de procéder, il y a deux vices essentiels : le premier, c'est de prendre pour point de départ les données de l'imagination, qui ne peuvent former une base scientifique ; le second, c'est d'apporter dans le domaine de l'infini, le principe de contradiction qui n'a de valeur que pour les choses finies.

La métaphysique resta donc emprisonnée dans des formules abstraites, sans pouvoir descendre au particulier, et le besoin d'une connaissance concrète donna naissance à l'empirisme qui cherche la vérité, non dans la pensée, mais dans l'expérience. On doit reconnaître dans l'empirisme deux principes de la plus grande importance : le premier, c'est que la vérité n'est pas reléguée dans je ne sais quel monde que nous n'entrevoyons que dans un lointain obscur, mais qu'au contraire, elle est présente, réalisée, et que nous ne pouvons, pour ainsi dire, la voir de nos yeux, la toucher de nos mains. Le second principe qui découle du premier, c'est la liberté d'investigation qui n'accepte pour vrai que ce qui est présent pour le moi, ce qui lui est donné par le témoignage de la conscience. Mais, par cela seul, que l'empirisme se renferme dans le domaine du fini, il doit, s'il est conséquent, nier le suprasensible ou du moins la possibilité de le connaître. L'erreur principale dans laquelle tombe l'empirisme scientifique, c'est qu'à son insu il se sert de catégories métaphysiques, telles que : matière, force, infini, etc., etc., et que, mêlant et combinant ces catégories sans aucune critique, sans même en avoir conscience, en s'élevant contre la métaphysique, il fait lui-même de la mauvaise métaphysique.

Dans l'empirisme, il y a deux éléments bien distincts : la perception des phénomènes, et les lois générales nécessaires de ces phénomènes. Or, comme l'empirisme donne pour fondement à la vérité la perception qui est contingente, transitoire, il ne peut légitimer le second élément, et alors il prend le parti de le nier, ou de le considérer comme le résultat d'une disposition subjective de l'habitude.

Comparons maintenant le point de vue de l'empirisme à celui de l'ancienne métaphysique. Comme nous l'avons vu, cette dernière avait pour objet Dieu, l'âme, le monde, et son travail consistait à ramener à des prédicats abstraits, ces notions puisées dans l'imagination. L'objet de l'empirisme est d'une toute autre nature, c'est les phénomènes sensibles du monde extérieur, et les phénomènes internes de l'esprit fini (les faits de conscience de l'école écossaise). Ainsi donc, l'objet de l'ancienne métaphysique est infini, sa forme seule est finie. Chez l'empirisme, au contraire, l'objet est fini aussi bien que la forme. Du reste, ces deux manières de philosopher ont une méthode commune, toutes deux acceptent hypothétiquement leur objet, et pour l'empirisme, cet objet est la matière considérée comme substrat de tous les faits sensibles. Mais, la matière est déjà une abstraction. On pourrait dire que, si elle existe, elle existe toujours à l'état de corps particulier déterminé. Au moyen de l'analyse, l'empirisme sépare les divers éléments de la perception concrète immédiate ; il obtient ainsi des déterminations abstraites, et comme la métaphysique, au lieu de reconstruire ce qui a été dissout, il s'en tient à ces abstractions ; il ne voit pas le lien spirituel qui réunit les éléments divers dans une harmonie vivante.

Comme l'empirisme, la philosophie critique renferme la connaissance dans le domaine de l'observation. Seulement cette connaissance n'a pas pour elle une valeur absolue mais seulement phénoménale. Son point de départ, c'est la distinction que nous avons déjà établie, entre l'élément contingent et l'élément nécessaire de la connaissance. Ne pouvant faire sortir ce second élément du premier, le criticisme admet qu'il est *a priori*, c'est-à-dire, qu'il appartient à la spontanéité de l'esprit ; ensuite il soumet à la critique ces formes de la pensée et il se demande jusqu'à quel point elles peuvent arriver à la vérité. Par là, il s'élève au-dessus de l'ancienne métaphysique, qui employait ces catégories sans s'inquiéter de leur valeur et de leur légitimité. L'erreur de Kant, c'est d'avoir cru qu'on pouvait et devait étudier la pensée avant d'en faire usage. La critique de la pensée ne peut être séparée de son activité. Pour juger l'instrument, il faut le voir à l'œuvre.

Kant a, le premier, nettement formulé la différence qui existe entre l'intelligence et la raison. Il a montré que l'une avait pour objet le fini, le variable; l'autre l'infini, l'absolu. Mais, en réduisant la raison à une identité abstraite, il lui a enlevé son caractère infini, car le véritable infini n'est pas en dehors du fini, mais le renferme dans son sein.

Au point de vue de l'ancienne métaphysique, la contradiction, les *antinomies*, dans lesquelles tombe la connaissance qui veut atteindre l'infini, étaient quelque chose de contingent, de subjectif; un des grands services de Kant, c'est d'avoir montré que c'est là un résultat nécessaire de la pensée, et que, si on se borne à adopter un des termes de la contradiction, cette affirmation appelle légitimement ou, pour mieux dire, renferme déjà l'affirmation contraire. Mais Kant n'est pas arrivé à la solution de ces antinomies par la dialectique, il est resté dans le scepticisme.

Le criticisme n'a pu échapper à l'écueil contre lequel vient se heurter inévitablement tout système dualiste. Après avoir accordé aux deux éléments de la connaissance une valeur absolue, indépendante, il fait tous ses efforts pour les identifier, et par là, il avoue implicitement qu'ils n'ont qu'une valeur relative, et que la vérité est dans leur synthèse. Au premier abord, le criticisme semble se séparer complétement de l'empirisme, en ce que l'empirisme conséquent, nie la pensée, le monde spirituel, devient matérialisme, naturalisme, tandis qu'au contraire, la philosophie critique met en regard de l'expérience la raison et la liberté. Mais cette différence est loin d'être aussi grande qu'on pourrait le penser, puisque dans le criticisme, la raison réduite à l'identité abstraite, se trouve dépouillée de toute autorité. Cependant, il faut reconnaître, que si Kant n'a pu faire sortir de la raison abstraite ni système de connaissance, ni loi morale, cette indépendance absolue de la raison n'en reste pas moins un grand principe qu'il a légué à la philosophie.

Nous nous bornons à donner ainsi les résultats généraux de la critique de Hégel, en mettant de côté des détails que ne comporte pas la nature de notre travail, et que d'ailleurs, on peut facilement déduire en s'aidant de la courte exposition que nous avons donnée du système de Kant. Il nous resterait à donner un aperçu de la polémique de Hégel contre le savoir immédiat représenté par Jacobi; mais comme ce qui domine dans ce système, c'est le point de vue religieux, nous renvoyons, pour ne pas faire double emploi, à l'exposé de la philosophie de la religion (1).

---

(1) Hégel, *Encyclopadie der philosophischen vissenschaften*, 1ᵉʳ vol. logik. pref. et introd. glanben und vissen, 1ᵉʳ vol. des œuvres complètes.

LA LOGIQUE.

La logique de Hégel est son œuvre capitale, le pivot sur lequel roule son système tout entier. A son apparition dans le monde savant, elle produisit l'impression la plus profonde, et on peut dire qu'il n'y eut qu'une voix pour proclamer son originalité et sa profondeur. Mais, par ces qualités même, elle est destinée à faire le tourment de ceux qui voudraient la faire passer dans une langue étrangère, ou qui tenteraient d'en présenter une analyse. La logique de Hégel est l'algèbre de sa doctrine. Des trois gros volumes qu'elle renferme, il est bien difficile de détacher quelque chose, sans nuire à l'économie de l'ensemble; ôtez une pierre peu nécessaire en apparence et l'édifice croule à l'instant. Pour donner une idée de la logique, il n'y avait que deux partis à prendre : ou bien, après s'être assimilé autant que possible les idées de Hégel, il fallait les transformer en les francisant, enfermer ces abstractions dans des images plus ou moins saisissables; mais, à part la difficulté de poétiser des chiffres, et en supposant le problême résolu, il y avait toujours à cela un inconvénient grave, et auquel il était impossible de remédier. Une image est nécessairement impuissante pour rendre une idée abstraite, elle dit à la fois trop et trop peu, et l'on perd toujours en exactitude ce qu'on gagne en clarté. Enfin nous pouvions nous contenter de donner de la logique une analyse sèche, anatomique, en retranchant autant que possible les bizarreries terminologiques toutes les fois que nous croyons trouver un synonyme exact; c'est à ce dernier parti que nous nous sommes arrêté, en essayant d'atténuer par quelques explications, les inconvénients qu'entraîne nécessairement cette manière de procéder.

Dans sa *Critique de la raison pure*, Kant avait donné une liste des idées nécessaires, mais sans montrer entre elles d'autre relation que leur coexistence dans le moi, l'unité transcendentale de la conscience. Déjà Fichte avait senti ce qu'il y avait d'arbitraire dans un pareil dénombrement; il appartenait à Hégel de déduire rigoureusement nos concepts les uns des autres, de faire, pour ainsi dire, l'embryologie de la pensée. Mais jusque-là, nous ne pourrions voir dans la logique de Hégel qu'un perfectionnement, non une révolution, et cependant la révolution est si réelle, que la première condition pour comprendre la logique de Hégel, c'est de nous dépouiller de toutes les idées généralement adoptées, sur le but et l'objet de cette science.

Le mot logique ne s'entend ordinairement que de certaines règles appliquées à nos jugements, à nos raisonnements, en un mot, à *nos* idées, et nos idées ne sont que l'ensemble des notions, des représentations qui sont dans l'intelligence humaine : pour Hégel, au contraire, la loi de développement de l'idée est aussi la loi de développement du réel, et c'est ce qu'il exprime en disant que « la logique est la science de la pensée en tant qu'elle est aussi la chose, ou de la chose en tant qu'elle est aussi la pensée. »

La logique exclusivement subjective, repose sur l'hypothèse devenue vulgaire d'une scission entre le contenu de la connaissance et sa forme, ou, ce qui revient au même, entre la vérité et la certitude. On suppose, que la matière de la connaissance a une existence propre en dehors de la pensée, et que cette pensée, vide de sa nature, absorbe cette matière, acquiert ainsi un contenu, et devient connaissance réelle. « Envisagée ainsi, la connaissance est un composé mécanique, ou tout au plus une combinaison chimique, et voici la relation qu'on établit entre les deux éléments : l'objet se suffit à lui-même, sa réalité ne relève en rien de la pensée ; au contraire, la pensée est quelque chose de défectueux, qui ne peut se compléter que par l'objet. La vérité est la concordance entre l'un et l'autre : mais pour produire cette concordance qui n'existe pas en soi et pour soi, il faut que la pensée s'accommode à l'objet

Enfin, si au lieu de laisser cette différence de la matière et de la forme dans un vague nuageux, on veut la déterminer, la préciser, on arrive à une séparationn complète de ces deux sphères. En donnant une forme à la matière de la connaissance, la pensée reste toujours subjective. Elle se modifie, elle se plie, pour recevoir ce qui n'est pas elle, mais elle ne s'identifie jamais à l'objet qui demeure toujours en dehors de la pensée. »

« Cette théorie de la connaissance qui appartient à l'intelligence subjective (*verstand*) (1), est un préjugé qui ne doit pas être apporté dans le domaine de la raison ; c'est une erreur qui s'est glissée dans toutes les fibres de l'univers spirituel et matériel, et que la philosophie doit s'attacher surtout à détruire, parce qu'elle forme l'entrée de la philosophie (2).

Au point de vue de l'individu, la logique comme la grammaire, peut être envisagée sous deux faces différentes. Celui qui commence à apprendre la grammaire, trouve dans ses lois et ses formes des abstractions sé-

---

(1) Il est important de déterminer le sens de ces mots, *verstand*, *réflexion*, employés par Hégel, tantôt en bonne et tantôt en mauvaise part. Par rapport à la connaissance primitive, immédiate, la réflexion (le principe de contradiction) est un progrès ; mais, d'un autre côté, la réflexion qui n'est pour l'esprit humain qu'une période de crise, devient mauvaise et fausse si, persévérant dans l'abstraction, elle s'obstine à tenir isolés les termes qu'elle a désunis, en un mot, si elle n'abdique pas entre les mains de la raison

(2) Hégel. *Logique*. t. 1. p 38 et pass

ches, des règles arbitraires, tandis qu'au contraire, celui qui connaît parfaitement une langue et qui peut la comparer à d'autres, voit le génie d'un peuple se révéler dans sa grammaire. De même, celui qui, pour la première fois, fait connaissance avec la logique, ne voit en elle qu'un système d'abstraction, formant une sphère isolée qui n'a rien à faire avec les autres sciences, ou du moins n'a sur elles qu'une influence toute formelle. Mais, lorsque la logique vient couronner des études sérieuses, elle se révèle à l'esprit non comme une connaissance particulière à côté d'autres connaissances, mais comme la vérité absolue et la vie de toutes les autres sciences (1).

Nous avons déjà essayé de montrer avec Hégel l'insuffisance du principe de contradiction et d'identité isolément pris. Le principe de contradiction suppose des termes qui s'excluent et entre lesquels il faut choisir. Mais, ces deux termes, par cela seul qu'ils s'excluent, sont nécessairement tous deux limités, finis, et le fini ne peut se concevoir par lui-même. Ainsi donc, le principe de contradiction qui conserve sa valeur dans le domaine de l'observation, du phénomène, devient impuissant, quand on le porte dans le domaine de l'infini. Appliqué aux notions métaphysiques, le principe de contradiction les dénature, car il les suppose contradictoires,

---

(1) Hégel. *Logique*, t. 1. p. 35-36 39 47

tandis qu'elles ne sont que contraires, et s'attirent comme les pôles opposés d'un aimant, ou comme les électricités de nom différent.

. . . . *Alterius sic*
Altera poscit opem res, et conjurat amice.

Si le contraire dérive du contraire et non le même du même, il est évident que le principe d'identité ne sera pas plus applicable à la métaphysique que le principe de contradiction (1).

Dans la méthode dialectique qui est celle de Hégel, viennent se réunir et se fondre, l'intelligence et la raison, le principe de contradiction et celui d'identité. Le premier moment logique consiste à poser une détermination et à la maintenir par opposition à une autre. Si on s'arrête là, on est *dogmatique* (les stoïciens, les épicuriens, Locke, Condillac, etc.). Mais, la réflexion ne tarde pas à montrer, que chaque détermination renferme dans son sein la détermination opposée. Si on en reste à ce point de vue purement négatif, on est *sceptique* ou *sophiste* (Zénon, les antinomies de Kant, etc.). Le résultat positif que donne la spéculation consiste dans la synthèse des deux contraires, synthèse qui est unité en même temps que triade, identité en même temps que différence. Ainsi, chez Hégel comme chez Proclus, l'idée dans ses déterminations diverses affecte

---

1 Lèbre, *Revue des deux mondes.*

l'ordre ternaire; mais, pour lui, cet ordre n'est pas arbitraire, il est dans la nature même des choses. Le symbole de la trinité chrétienne est, dit Hégel, la forme de toute vérité (1).

La synthèse qui résulte des deux termes contraires, renferme une nouvelle contradiction, qui pousse à un nouveau développement, et ainsi de suite, jusqu'à ce qu'en traversant toutes ses phases d'évolutions successives, la pensée s'élève du concept le plus pauvre, jusqu'à celui qui les renferme et les identifie tous dans son sein, jusqu'à l'absolu qui a conscience de lui-même : Dieu.

Le commencement de la science est donc ce qu'il y a de plus pauvre, de moins concret. Le principe, créateur par excellence, le *prius dignitate*, est le dernier auquel nous arrivons dans l'ordre de progression logique. La vérité est le point d'arrivée et non le point de départ; ce n'est qu'en parcourant les différentes phases de la dialectique, que le principe divin se révèle graduellement, et il ne brille de toute sa splendeur, que, lorsque parvenus à la fin, nous voyons le véritable com-

---

(1) Sans compter Pythagore, Proclus et les alexandrins, Philon et les gnostiques, qui avaient déjà entrevu l'ordre ternaire dans le développement de l'idée, Fichte avait adopté cet ordre, et en avait désigné les termes sous les noms de thèse, antithèse et synthèse. Schelling les avait nommés les puissances de la réflexion de subsumtion et de la raison.

mencement. Si nous débutions par le meilleur, le plus riche, le plus concret, le point de départ ne serait rien moins que prouvé, et toutes les déductions tirées d'une hypothèse, seraient elles-mêmes hypothétiques. Mais en commençant par l'abstraction pure, nous n'avons besoin de rien démontrer puisque toute démonstration porterait sur une détermination qui n'existe pas encore.

La logique se divise en trois parties : 1° la doctrine de *l'être*, 2° la doctrine de *l'essence*, 3° la doctrine du *concept* (1). On comprend que cette division, comme tout ce que nous avons dit jusqu'à présent, dans l'introduction générale, n'est qu'une anticipation, et doit trouver dans la logique elle-même, sa légitimation et sa preuve.

L'ÊTRE (SEYN).

La logique commence par l'être, le concept de l'être pur, qui est à la fois et dans une unité indiscernable, l'être et la pensée.

L'être pur est ce qu'il y a au monde de plus vide, et en même temps de plus général. On ne peut pas plus montrer à quelqu'un l'être pur, qu'on ne peut penser sans penser quelque chose. L'être pur et la pensée pure

---

(1) Voir, pour les subdivisions, la table analytique à la fin du volume.

sont une abstraction de notre esprit, à laquelle manque toute réalité.

Chaque phase de développement logique, se reproduit dans l'histoire de la philosophie, sous la forme de systèmes successifs, dont chacun a pour fondement une définition de l'absolu, de Dieu.

L'être indéterminé, dont l'intelligence fait une catégorie en regard de toutes les autres, est la première pensée que nous rencontrions dans l'histoire de la philosophie, et en tant que les déterminations logiques peuvent être envisagées comme des définitions métaphysiques, l'être abstrait donné pour prédicat à l'absolu, sera la première définition de Dieu.

En mettant de côté les ioniens, qui donnent encore à l'absolu la forme d'un élément matériel, et les pythagoriciens qui le comprennent comme nombre, quantité matérialisée, c'est avec l'école éléatique, que commence le véritable idéalisme en philosophie. Le point de départ de la logique, se trouve dans ces mots de Parménide : « tout est l'être, et l'être et la pensée sont identiques. »

L'être pur étant l'abstraction absolue, on ne peut l'obtenir que par la négation absolue. Pour penser l'être, je ne dois penser ni ceci ni cela, ni cela encore, et ainsi de suite à l'infini. Que pensais-je donc, quand je pense l'être? en réalité, *rien*. L'être renferme en soi la pensée du non-être, mais cette pensée n'est qu'une nouvelle abstraction, à laquelle l'intelligence s'arrête, et qu'elle oppose à l'être (1) (Zenon).

En s'appliquant au néant, comme elle s'est appliquée à l'être, la dialectique va donner naisssance à la première pensée spéculative. Le non-être est, car c'est une pensée, non pas seulement une pensée quelconque, mais la même pensée que l'être pur; tout ce qu'on peut dire, pour faire comprendre l'être, convient également au non-être. L'être et le non-être, sont donc identiques (2). Il n'y a pas d'opposition plus tranchée, que

---

(1) Quand nous parlons de différence, nous avons en vue deux choses, à l'une desquelles appartient un attribut qui manque à l'autre. Or, l'être pur est l'absence absolue de toute détermination, et le néant est aussi l'indétermination absolue; la différence entre les deux est donc abstraite, c'est une différence qui n'en est pas une. Dans toutes les autres différences, nous avons toujours quelque chose de commun qui leur sert de substrat. Quand nous disons, par exemple : il y a des essences spirituelles et matérielles, l'essence est le genre qui appartient à la fois aux deux termes; mais nous n'avons rien de pareil pour l'être pur et le non-être.

On se représente ordinairement l'être comme ce qu'il y a de plus riche, et le néant, au contraire, comme ce qu'il y a de plus pauvre; mais, si on considère le monde en se contentant de dire de chaque chose qu'elle *est*, sans tenir compte de ses attributs, nous aurons, au lieu de la plénitude absolue, le vide absolu. Ces résultats sont confirmés par l'histoire de la philosophie. Les définitions de Dieu, qui ont pour fondement la catégorie de l'être et du non-être, peuvent être rangées sur la même ligne. L'être suprême du théisme et le dieu néant du buddhisme se confondent.

(2) La répugnance qu'on a à accepter cette conclusion, vient de ce qu'on confond trop facilement un être déterminé avec l'être abstrait, et aussi de ce que la conclusion est incomplète dans sa

celle de l'être et du néant, et cependant on ne peut exprimer la différence qui les sépare, parce que chacun des deux termes est indéterminé. La solution de cette contradiction, et en même temps la vérité, c'est que l'être et le non-être sont dans un *procès* réciproque (1), et qu'ils posent leur identité pour la détruire, et y retourner sans cesse. La pensée qui renferme l'être et le non-être, dans leur mouvement dialectique est le *devenir*. Ce qui devient est et n'est pas en même temps; être et non-être n'ont plus une valeur absolue, ils ne sont que des moments du devenir.

Plus nous avancerons dans le développement des catégories, et plus le résultat obtenu sera concret, puisque la dialectique ne repousse pas les deux termes de l'anti-

---

forme. En effet, l'accent porte sur l'identité, et on pourrait penser qu'on nie la différence, qui cependant est renfermée immédiatement dans la définition, puisqu'elle énonce séparément les deux termes. Essayer de remédier à cet inconvénient, en fesant suivre le jugement d'identité de celui de contradiction « l'être et le non-être ne sont pas identiques », serait au contraire aggraver la difficulté, car alors ces deux propositions ne seraient reliées par rien, et nous aurions l'antinomie au lieu de l'unité.

(1) Le mot *procès*, qui, emprunté à la chimie, est passé dans la langue philosophique de l'Allemagne, nous a paru si heureusement trouvé, que nous le laissons subsister dans notre analyse, en fesant des vœux pour, qu'appuyé sur une autorité plus imposante que la nôtre, il obtienne en France le droit de bourgeoisie.

nomie, mais qu'elle les absorbe, c'est-à-dire qu'elle les détruit et les conserve tout à la fois (1).

Dans l'histoire de la philosophie, c'est le système d'Héraclite, qui répond au concept du devenir; en disant que tout est dans un état de fluctuation (πάντα ῥεῖ), Héraclite fait du devenir la détermination essentielle de toute chose, et réunit ainsi le principe de Parménide à celui de Zénon. Héraclite est le premier philosophe spéculatif, aussi le vulgaire l'a-t-il gratifié de l'épithète d'obscur (σκοτεινός) (2).

Le devenir est l'unité inquiète et mobile, le passage continuel de l'être au non-être et réciproquement; mais lorsque l'être et le non-être se sont confondus l'un dans l'autre, l'opposition d'où naissait leur mouvement a cessé, et ils restent dans une identité inerte. Le produit du devenir est le *devenu*. La paisible unité de l'être et du non-être, c'est l'être affecté d'une négation, l'être particulier, déterminé (*dasein*). *Omnis determinatio est negatio*, avait déjà dit Spinosa.

Une chose ne peut être ceci, qu'à la condition de n'être pas cela, à la condition d'être limitée. La *limite* ne doit

---

(1) C'est là ce qu'exprime le mot *aufheben*, très bien rendu par *absorber*.

(2) Hégel ne laisse jamais passer l'occasion d'exprimer toute son admiration pour Héraclite : « En arrivant à son système, la philosophie peut crier terre; il n'est pas une seule proposition d'Héraclite que je n'aie admis dans ma logique »

pas être considérée comme une détermination purement extérieure de l'être particulier, un milieu existant entre une chose et une autre ; une chose n'est ce qu'elle est, que dans sa limite et par sa limite.

Quand on considère la limite, comme quelque chose d'uniquement externe, c'est qu'on confond la limite quantitative avec la limite qualitative, et c'est seulement de cette dernière qu'il s'agit maintenant. Trois hectares sont, par exemple, la limite quantitative de cette prairie, mais ce qui forme son caractère particulier, son ὄρος, c'est de n'être pas vigne, bois, etc. Cette négation est le principe de l'être particulier. Envisagée ainsi, la limite est donc la *qualité* circonscrite, exclusive, à laquelle une chose est liée et avec laquelle elle s'évanouit (1) ; c'est pour cela que Pythagore, Platon et Proclus regardèrent le πέρας comme le principe déterminant des choses.

La qualité rouge n'est qu'une négation du jaune, du bleu, du vert, etc. Et toutes ces qualités sont, d'après l'expression d'Aristote, *privativement* dans le rouge. Mais, ces négations deviennent à leur tour affirmations ; la qualité actuellement existante ne peut se garder du non-être, et la qualité qui se trouvait en

---

(1) La qualité est une catégorie qui appartient essentiellement au fini, et qui conséquemment trouve surtout sa place dans la nature, tandis qu'elle n'a, par rapport à l'esprit, qu'une position subordonnée.

privation dans le rouge, tend à se faire jour. L'être particulier ne peut échapper au *changement*, parce que le néant qu'il recèle dans son sein, doit nécessairement passer à l'état d'être. Le changement est la manifestation de la nature finie des choses. L'être parfait est immuable. Mais d'un autre côté, le changement est le premier pas fait pour sortir des bornes étroites de l'être particulier. Quelque chose qui devient autre, fait passer son non-être à l'état d'être ; mais cet être nouveau est encore affecté d'une négation qui provoque encore un changement, etc., etc., etc. De cette manière, le fini est le sujet d'une infinité de changements dont la série n'est jamais close. Comme le remarque Aristote, le fini, par son éternel changement, est une imitation de l'infini. Le fini, ne pouvant comme l'infini, posséder simultanément toutes les qualités, cherche à les posséder successivement. Le principe métaphysique : tout est dans tout, tout peut sortir de tout, énoncé par Anaxagore, Giordano, Bruno, etc., etc., trouve ici son application : on peut aussi ramener à ce principe l'affirmation de Leibnitz, que virtuellement chaque monade est l'univers tout entier.

Comme, dans ces transformations incessantes, le fini n'atteint jamais une détermination absolue, invariable, la manière d'être actuelle est regardée comme une *borne*, un *obstacle*, par rapport à celle qui doit suivre, et cet obstacle renversé est toujours remplacé par un autre. La morale de Kant, le système de Fichte, s'arrêtent à cette catégorie. Cependant, il suffit pour sortir du fini, de joindre ensemble les deux notions qui sont renfermées dans le concept de limite. La négation qui s'attache à l'être est un obstacle, mais la négation de cette négation donne l'affirmation absolue (1). L'infini passe d'une manière d'être à une autre, mais en se transformant, il ne sort pas de lui-même. L'infini n'est pas un être qui a au-dehors de lui d'autres êtres : tout le reste n'est en lui qu'un moment. L'infini est la vie qui refleurit sans cesse de l'anéantissement du fini. C'est de ce principe fondamental de la philosophie que découlent les déterminations ultérieures.

---

(1) Le véritable infini n'est pas quelque chose d'immédiat, c'est la synthèse du fini et de l'infini, c'est un mouvement, un procès pareil à celui que nous avons déjà constaté dans le devenir. Dans le progrès indéfini (*), l'infini est considéré comme la négation du fini posé comme réel (c'est-à-dire, qui n'est pas déjà affecté d'une négation), de telle sorte que l'infini devient la négation pure qu'il est impossible d'atteindre. L'image du progrès indéfini c'est la ligne droite qui se fuit sans cesse elle-même; le véritable infini, au contraire, c'est le cercle qui s'est atteint lui-même, et qui est sans commencement et sans fin.

Par là, nous avons indirectement répondu à cette question qui revient si souvent : comment l'infini devient-il fini ? Il n'y a pas d'infini qui d'abord ait été infini pour devenir ensuite fini ; de toute éternité, il a été l'un et l'autre, et l'on peut ajouter que l'opposition des deux termes serait bien plus incompréhensible que leur synthèse.

(*) C'est ce que Hégel nomme *die schlechte unendlichkeit*, le mauvais infini

L'infini qui n'est pas en dehors du fini, mais qui se retrouve et se reconnaît dans un autre que lui, est *l'être-pour-soi* (*fürsichsein*). Le déploiement de l'être particulier s'est évanoui, mais sa richesse infinie est en même temps conservée, absorbée dans la simplicité.

La réalité de l'être est passée maintenant à *l'idéalité*. La série indéfinie des manifestations est condensée dans une unité idéale (1). C'est là le point de vue de Xénophanes et après lui de tous les éléates : Dieu est un ; mais un n'est plus un en regard d'un autre, donc, tout est renfermé dans une unité qui seule est l'être. L'idéalité est aussi un des caractères principaux de la philosophie de Leibnitz. D'après lui, Dieu est la monade des monades, dans laquelle se réfléchit tout l'univers, c'est-à-dire, dans laquelle l'univers est idéalement renfermé.

L'un se pose lui-même comme multiple. Le multiple n'a pas avec l'un une différence réelle, ce n'est que sa reproduction infinie. Ainsi Proclus dit, que la négation de l'unité n'est pas une négation privative, mais créatrice.

La multiplicité a été posée comme principe absolu, par Leucippe, Démocrite, Épicure, et toute l'école ato-

---

(1) L'exemple le plus propre à faire comprendre ce que Hégel entend par être-pour-soi (fürsichsein), c'est le moi qui, sous la forme simple de la personnalité, de la conscience, renferme, idéalement, la totalité de ses déterminations.

mistique. Leibnitz lui aussi est atomiste, quoique d'une manière plus raffinée. L'unité des monades n'est que perceptive, c'est-à-dire idéale, tandis que l'existence indépendante de chacune d'elles est réelle. Chaque monade est ce qu'est l'autre, elles sont donc une. Ce retour de la multiplicité à l'unité, est la totalité (*allheit*). Celui qui considère cette catégorie comme la dernière définition métaphysique de Dieu, peut, à juste titre, être accusé de panthéisme.

La multiplicité, loin d'être détruite dans la totalité, acquiert au contraire en elle une existence absolue. La totalité n'est pas encore l'universalité (*allgemeinheit*), elle n'est que la somme des unités multiples: la *quantité*. Dans la quantité, chaque unité est indifférente par rapport à l'autre; elle borne la multiplicité, qui s'élance toujours au-delà de cette borne. La limite et la négation de la limite, sont les deux moments inséparables de la quantité. La quantité est donc virtuellement infinie; mais dans la réalité, elle n'est qu'une grandeur déterminée, un *quantum* qui peut toujours être dépassé (1).

---

(1) Il faut bien distinguer la quantité pure du *quantum*. La quantité pure est infinie, unique, indivisible, comme le dit Spinosa. Exemple : le temps, l'espace, la lumière, la nature en général. Le *quantum*, au contraire, est la quantité finie, divisible, composée de parties. C'est au *quantum* que s'applique la définition reçue en mathématiques : la grandeur ou la quantité est ce qui est susceptible d'augmentation ou de diminution. Hégel, *Logique*. t. 1

La quantité n'est pas seulement indifférente par rapport à elle-même, mais aussi par rapport à la qualité, car la quantité variant, la qualité reste la même (1).

L'égalité des unités, ce par quoi chacune d'elles est en connexion avec l'autre, est la *continuité*, mais cette connexion peut être partout interrompue, et bornée par l'unité: la *discrétion*. La grandeur continue est une continuité de discrèts, la grandeur discrete, une discrétion de continus.

Comme toute différence disparaît dans la quantité, ce que nous avons dit de la qualité s'applique *a fortiori* à la quantité; la limite la fait ce qu'elle est. La limite de cent pieds est le centième pied, et c'est seulement dans cette limite qu'ils sont ce qu'ils sont. Considérée à ce point de vue, la limite constitue le *degré* ou la *grandeur intensive* (2). Dans le degré, la quantité a atteint

---

(1) Nous verrons tout-à-l'heure, que cette indifférence n'est pas absolue.

(2) Hégel ajoute, que la grandeur extensive et intensive se trouvent réunies dans tous les objets, et les exemples qu'il donne remédient à l'obscurité de ses formules. Le nombre lui-même a nécessairement cette double forme; il est l'addition succesive d'unités en dehors les unes des autres (*anzahl*), et à ce point de vue, il est grandeur extensive; mais il est aussi grandeur intensive, dans ce sens, que le multiple se confond dans une unité simple, qui représente un nombre arbitraire de parties.

Une masse est une grandeur extensive en tant qu'elle représente un nombre déterminé de kilos, elle est grandeur intensive en tant qu'elle exerce une pression. La grandeur de la pression est quelque

sa perfection, elle est retournée à l'idéalité. Le degré est le *quantum qualitatif*, il n'est ce qu'il est que par son rapport à la quantité, mais en même temps, il est une détermination tout-à-fait simple.

Nous appelons *mesure* cette identité de la qualité et de la quantité de l'intensif et de l'extensif. La quantité est indifférente jusqu'à un certain point, elle peut varier dans de certaines limites sans nuire à la qualité, mais cette limite outrepassée, la qualité se métamorphose en une autre (1). La doctrine morale d'Aristote rentre dans la catégorie de la mesure. L'école de Mégare avait aussi très bien vu, comme le prouvent les sophismes conservés par Aristote, la transition de la quantité à la qualité (2).

---

chose de simple qui n'a qu'une mesure extérieure ou échelle de proportion..... 10, 20 degrés de chaleur, sont quelque chose de qualitatif, d'intensif, qui n'existe que par rapport à une grandeur précédente et une grandeur suivante, et cette grandeur intensive a pour expression une grandeur extensive : la longueur de la colonne de mercure dans le thermomètre.

(1) Par exemple, l'eau congelée à la température de 10 degrés au-dessous de 0, reste glace, bien que la température s'élève graduellement jusqu'à 0, mais alors elle devient liquide. Qu'on élève encore la température, elle reste liquide, mais une certaine limite dépassée, elle change de qualité, elle devient vapeur.

(2) Voyez, dans le *Traité des sophismes*, l'argument du chauve, etc.

L'ESSENCE (WESEN).

L'essence est ce qui demeure indifférent et identique avec soi-même au sein de la variété des phénomènes. Ce qui n'est pas en soi et qui est seulement le signe d'un autre que soi c'est *l'apparence* (*schein*). Faire disparaître l'essence dans le phénomène, et tenir le domaine de l'apparence pour la sphère tout entière de l'essence, c'est le point de vue des *sophistes*. Dans l'essence, la pensée de l'être s'est brisée en deux ; l'être se reflète dans un autre que lui ; mais, en tant que cet autre est lui-même réfléchi dans l'essence, ils paraissent ne faire qu'un. En soi ils sont une seule et même chose, et c'est à la dialectique à montrer le procès et l'unité de ces éléments (1).

Dans l'être tout est immédiat ; dans l'essence, au con-

---

(1) Le point de vue de l'essence, dit Hégel, est aussi celui de la *réflexion*. Lorsque la lumière rencontre une surface polie, elle se double. Il y a la lumière immédiate et la lumière réfléchie, *médiatisée* par le miroir. C'est absolument le même phénomène qui se produit quand nous réfléchissons à un objet. Les catégories de l'*essence* sont les mêmes que celles de l'être, mais sous forme réfléchie.

traire, l'essence et l'apparence se posent, se médiatisent réciproquement, et en tant qu'ils perdent chacun leur existence propre, ils deviennent identiques (1). Le νοῦς d'Anaxagore est l'essence pure qui persiste dans le phénomène; ses *homéomeries* ne sont autre chose que ce qu'il y a d'essentiel dans les êtres, se maintenant dans ce qui est hétérogène en apparence.

Nous avons maintenant à considérer l'essence en elle-même; et ici, arrivés sur le terrain de l'antinomie, nous rencontrons les catégories de l'intelligence dans toute leur crudité. Il n'est que plus intéressant de les changer en déterminations rationnelles.

L'essence est la pure identité avec soi-même, l'identité spéculative de toutes choses. Dieu est l'essence de toutes choses, et en lui elles sont identiques. Le principe d'identité $A = A$ que Wolf place en tête de sa métaphysique est la première loi de l'intelligence (verstand), mais elle n'a que la valeur d'une vide tautologie. Pour nous aussi, l'infini est l'essence des

---

(1) L'idée fondamentale de tout ce qui précède, c'est que l'essence et le phénomène n'ont qu'une valeur corrélative, et se supposent mutuellement. Nous ne saurions nous dissimuler que presque toutes ces formules, qu'il est presque impossible de faire passer dans notre langue, auraient besoin de longs commentaires que ne comportent pas le plan de notre travail, mais nous espérons que l'examen des autres parties de la philosophie de Hégel, qui ne sont que des applications de sa logique, donneront à ces abstractions plus de clarté.

choses finies, mais cette identité n'est pas une identité creuse, et l'infinie variété des phénomènes existe dans son sein sans la troubler. *L'identité* (vraie concrète) *est l'identité de l'identité et de la non-identité*, et c'est là le sens du système de Schelling.

La *différence* n'est donc pas en dehors de l'identité, mais elle est renfermée en elle. Le principe de différence (contradiction) est la seconde loi de l'intelligence (*verstand*), mais elle est tout aussi exclusive que la première. Précédemment chaque chose devait être identique avec elle-même, maintenant elle est différenciée de toutes les autres. C'est là-dessus, que repose le *principium identitatis indiscernibilium* de Leibnitz. Tantôt c'est l'identité, tantôt c'est la différence qu'on attribue aux choses, et c'est ainsi que l'intelligence se contredit elle-même. En réalité, une chose n'est pas seulement différente des autres, mais elle porte en elle-même la différence, le rapport du positif et du négatif (1). En essence, elle est l'infini des détermina-

---

1) Positif et négatif sont des termes corrélatifs qui ne sont rien l'un sans l'autre, et qu'on peut renverser sans en altérer la valeur. Une lieue vers l'est n'est pas plus positive qu'une lieue vers l'ouest, et ces deux directions, indifférentes en elles-mêmes, ne deviennent positive ou négative, que par rapport à certaines considérations particulières. Une même lettre de change est un bien positif pour le créancier et un bien négatif pour le débiteur, etc., etc. (Hégel. *Logique*. 2e vol. 52 53.

tions, mais cette totalité n'existe pas actuellement, et c'est cette contradiction qui la pousse à se délivrer de l'existence phénoménale, et à développer l'essence au dehors. La contradiction n'est donc rien de mauvais, elle ne doit pas, comme chez Zénon, avoir le néant pour résultat, mais elle est, au contraire, la source d'une vie plus élevée.

L'unité qui se montre toujours au sein de la variété, cet éternel développement de l'identité en différence, est le *principe*, le fondement (*grund*), ou l'essence active. L'essence n'est ni une identité pure qui serait la mort, ni une différence pure qui serait le cahos. Ces deux extrêmes viennent se réunir dans le principe, et cette troisième loi de l'intelligence, Leibnitz la met en tête de sa philosophie sous la dénomination de *principe suffisant*. Mais ici encore on tient séparé le principe de ce qu'il fonde, de sorte que le principe reviendrait à l'identité abstraite et ce qui en découle à la différence, tandis qu'au contraire le principe est immanent à ce qu'il fonde qui n'en est que la manifestation. Cette identité du principe et de ce qui en découle, est le point de vue de la *doctrine des émanations*, que nous trouvons chez Philon, les kabbalistes, les gnostiques, et les néoplatoniciens. C'est avoir de Dieu une idée élevée que de le considérer comme principe dans lequel est enveloppé, ce qui est développé dans le monde, mais le monde, en tant que Dieu développé, paraît toujours occuper une place plus élevée, que l'essence divine qui n'existe qu'implicitement, et c'est là le vice essentiel de toutes les doctrines qui admettent les émanations.

Comme le principe n'est ce qu'il est que dans ce qu'il fonde, il est absorbé dans la manifestation, en s'identifiant avec elle. A cause de cette identité du principe et de sa manifestation, le principe doit représenter la totalité des déterminations de l'essence, et non la face seule de l'identité. Identité et différence ne sont que des moments posés dans le principe. Le principe en tant qu'identité dans laquelle est renfermée cependant la possibilité de toutes les différences, est le *substrat* ou la *matière*. Posée comme un moment de la matière, la différence est la *forme*. La matière est susceptible de forme, et les formes sont des moments transitoires qui n'ont leur existence que dans la matière. Cependant, la matière n'est pas la véritable essence, elle est le *principe indéterminé*. L'essence déterminée n'existe réellement que dans la forme, et conséquemment, la totalité des formes est l'essence elle-même tout entière. C'est pour cela que Schelling définit Dieu l'identité de l'essence et de la forme, et qu'Aristote distinguant dans sa métaphysique quatre principes des choses, donne le premier et le second rang à la matière et à la forme. Forme et matière sont des abstractions qui n'ont de vérité que dans leur synthèse, et c'est ce qu'affirmait déjà Averroës en s'appuyant sur la doctrine aristotélicienne.

Devenue la totalité des formes, l'essence est la *manifestation* (*erscheinung*). La manifestation n'est pas une apparence sans valeur, mais tout le contenu de l'essence a revêtu cette forme phénoménale. Par là, l'essence s'est repliée sur elle-même, elle est devenue l'essence active. Avant que le principe eut la puissance de se manifester, il n'était pas la véritable essence. Dans la manifestation, nous avons de nouveau recouvré l'être particulier dans toute sa richesse et sa variété, mais avec cette différence qu'il est maintenant médiatisé par l'essence.

La manifestation comme retour vers l'être, doit se poser aussi comme être immédiat, et oublier qu'elle a son origine dans l'essence. Ainsi considérée, la manifestation est *existence*. L'existence est un être, un être particulier, mais affranchi de la limite qualitative. Malgré sa simplicité et son identité, elle renferme une totalité de différences; les moments de l'existence sont par conséquent les mêmes que ceux du principe. L'existence est un fondement (*grundlage*) dans lequel les différences ne sont pas seulement renfermées en soi virtuellement, mais comme totalité réelle. La chose, l'identité considérée en elle-même, et abstraction faite de la différence, serait la *chosëité* (dingheit). La chose renferme en soi toutes ses formes. Ces formes ou qualités, qui ont dépouillé leur incompatibilité (*schroffheit*), les unes par rapport aux autres, et qui se pénètrent dans chaque point de la chose, sont les *propriétés*. La totalité des propriétés constitue la chose elle-même, et séparées d'elle, la chose ne serait que la choséité vide. Chaque qualité est elle-même la fusion de la forme et de la matière. Si, prises ensemble, les qualités constituent la chose, chacune d'elles prise à part n'en est qu'un moment. Séparées les unes des autres et considérées isolément, ces moments sont les conditions (*bedingungen*) de la chose. Le rouge est une qualité de ce vêtement, mais envisagée en elle-même, la couleur est une des conditions de son existence. Les conditions précèdent la chose, et ce n'est que lorsque la série des conditions est close, que la chose arrive à l'existence. Dans ce sens, la chose est le conditionnel (*das bedingte*), par rapport aux qualités qui sont les conditions (*bedingende*), mais en réalité, la chose est bien plutôt la totalité de ses conditions ; elle existe déjà dans cette totalité, et le passage à l'existence est une pure différence de forme. La philosophie du 18ᵐᵉ siècle, les abus du clergé, la corruption de la cour, la dette énorme de l'état, sont les conditions de la révolution française, et elle est déjà renfermée dans ces conditions. Une vue saine de l'histoire ne doit pas expliquer les événements par leurs causes occasionnelles, mais les causes occasionnelles par les événements.

L'opposition du conditionnel et des conditions a disparu maintenant. La chose qui pose elle-même les conditions de son existence, est *l'inconditionnel*, ce qui existe avec la plénitude de l'essence et manifeste l'activité de l'essence. La catégorie des conditions séparées de la chose, et non identifiées avec elle, par la spéculation, est le point de départ, l'idée mère du système de Jacobi.

L'existence sait maintenant que, dans son sein, elle recèle l'essence, qu'elle est le signe d'une autre qu'elle-même. L'essence existant dans la manifestation est la *chose-en-soi*; la variété appartient à la manifestation (catégorie fondamentale de la philosophie de Kant). Ici, l'entendement a atteint le plus haut point de séparation et de déchirement. Dieu, l'être-suprême, a été relégué au-delà de l'univers, et une opposition invincible a été posée entre le monde réel, et le monde suprasensible : nous ne pouvons connaître que des phénomènes et non la chose-en-soi. L'école de Kant augmente encore s'il est possible cette scission, en la transportant à chaque chose individuelle, et avec la multiplicité des *choses-en-soi*, elle introduit dans le domaine du suprasensible, l'infinie variété de la manifestation. La manifestation n'est pourtant pas une pure apparence; la manifestation et la chose-en-soi sont identiques. L'essence de la chose conservée ainsi dans la manifestation, constitue *les lois de la manifestation*, et l'ensemble de ces lois, est la vraie chose-en-soi existante et révélée.

L'essence a donné lieu à une double totalité ; chacune d'elles renferme l'essence tout entière et par conséquent l'existence complète. Cependant elles sont encore antinomiques, et c'est là, ce qui provoque un nouveau développement. L'essence qui est arrivée à l'existence, en concentrant dans un point simple l'infinie variété de la manifestation, est le *tout* : au contraire, la multiplicité, la diversité, sont les *parties*. Le tout n'est que la collection des parties, et les parties ne sont telles que comme moments du tout. Les parties sont absolument externes, les unes par rapport aux autres, en même temps qu'elles sont avec le tout dans un rapport d'identité parfaite. C'est sur la catégorie du tout et des parties que le panthéisme repose principalement. En tant qu'il pose la manifestation, le *tout* est la *force*, et la complète manifestation de la force, est son *expression* (*ausserung*). La force se mesure seulement dans son expression. *Interne* et *externe* sont donc identiques, et les deux totalités de l'essence ne forment plus qu'une seule existence.

Cette identité de l'être et de la manifestation, est la *réalité* (*werklichkeit*). Nous revenons pour la troisième fois à l'être, mais, à présent, il est adéquat à son essence, et la parfaite identité des deux s'offrira bientôt à nous dans le concept.

Comme totalité, la réalité a en elle-même les moments *d'interne* et *d'externe*. Ce qu'il y a d'interne dans la réalité, est la *possibilité*, la force d'engendrer, de produire toute la richesse de la réalité. La possibilité est une *possibilité réelle*, et renferme déjà dans son sein tout le contenu de la réalité. L'activité nécessaire pour passer de la possibilité à la réalité, en triomphant de ses formes d'interne et d'externe, est donc immanente à la *possibilité*. Cette *énergie* de la possibilité est un des caractères les plus saillants du système d'Aristote par opposition à la possibilité inerte des idées de Platon. La manifestation n'est plus maintenant en dehors de la réalité, mais elle est toujours le milieu dans lequel la réalité déploie son énergie. Les moments de la manifestation sont donc aussi les moments de la réalité, et c'est ce que nous avons maintenant à examinner de plus près. La réalité est l'existence de l'inconditionnel, la possibilité lui est donc adéquate. Mais, comme d'un autre côté, cette possibilité existe aussi pour elle-même, elle se développe comme ensemble de conditions sans lesquelles la chose ne peut pas exister. La chose et ses conditions ont une existence extérieure, l'une par rapport à l'autre. Dans ses conditions, la chose apparaît *seulement* comme *possible*, et n'a aucune réalité avant que la série des conditions ne soit remplie. Ce qui est seulement possible, est ce qui peut être ou n'être pas : le *contingent*. Possibilité et contingence sont donc les moments abstraits de la réalité manifestée; mais tous les deux sont absolument identiques. Ce qui est seulement possible, a une existence contingente et réciproquement. Le contingent est l'association de l'être à ce qui est seulement possible, comme aussi ce qui est seulement possible est une contingence à laquelle l'être manque encore. Cependant ces deux termes n'ont que l'apparence de la contingence, l'un par rapport à l'autre, car, puisque la chose que l'on sépare de l'ensemble de ses conditions les suppose et ne peut pas s'en affranchir, il n'est pas contingent que la possibilité devienne existence. Comme la série de ces existences contingentes a le même contenu que la chose elle-même, la chose est déjà renfermée dans ce semblant de contingence, c'est ce qui constitue la *nécessité*. La nécessité n'est si difficile à comprendre que parce que les deux termes qu'on tient séparés (la chose et ses conditions), semblent avoir une existence propre, et que le lien qui les unit apparaît comme un rapport mystérieux. Cette obscurité doit disparaître quand le développement dialectique nous aura amenés à l'analyse du concept.

En tant que la nécessité embrasse un autre qu'elle-même, qu'elle se reconnaît dans le contingent, le contingent devient lui-même nécessaire, et nous avons maintenant deux termes qui se trouvent dans un rapport de nécessité. La chose en tant qu'elle est le nécessaire, l'inconditionnel, le substrat de toutes les contingences qu'elle absorbe dans sa nécessité, est la *sub-*

stance. L'apparence d'existence propre que le contingent conservait encore, a disparu dans les *accidents* qui ne sont que dans la substance et par la substance. Descartes et après lui Spinosa, ont fait de la catégorie de substance, le fondement de leurs systèmes. Dans l'ordre de progression logique, le principe de Descartes et de Spinosa suit immédiatement l'ενεργεια d'Aristote, car depuis Aristote, et dans tout le moyen-âge, la philosophie ne s'enrichit pas d'un nouveau principe, et l'on se borna à commenter ce qui existait déjà. Giordano Bruno, lui-même, se sert presque exclusivement des catégories aristotéliciennes de cause formelle et matérielle, de possibilité, de réalité, etc., etc.

La substance est l'activité infinie qui pose ses accidents. La totalité des accidents renferme la substance tout entière, mais comme passive. Considérée comme active, la puissance est la *cause;* comme passive, elle est *l'effet*. Mais, la cause n'est cause que dans l'effet et par l'effet; cause et effet ont donc la même essence, et la cause, est la cause d'elle-même. C'est la définition de Dieu sur laquelle repose le système de Spinosa. Dans la totalité de ses effets, Dieu ne fait que se produire lui-même. Que, si l'on transporte cette causalité divine aux choses finies, sans doute la cause est autre chose que l'effet, la main est différente de la pierre qu'elle lance, mais comme cause et effet, elles sont seulement un *quantum* de mouvement et cela est identique dans les deux termes.

Chaque cause a une nouvelle cause, chaque effet produit un nouvel effet, et ainsi de suite à l'infini. Toute cause est en même temps effet, et tout effet en même temps cause, de telle sorte que, dans cette succession illimitée, les choses finies imitent la causalité divine par l'identité des moments corrélatifs. En tant que l'effet est devenu égal à la cause, il est actif comme elle, et la cause est en même temps passive : c'est le rapport de *réciprocité d'action*, la catégorie fondamentale du matérialisme français.

Dans cette chaîne d'actions et de réactions, cette dépendance réciproque de toutes choses, la pluralité des substances s'évanouit. Tout n'est qu'une substance qui agit et pâtit tout à la fois, se développe sous deux attributs, et laisse rayonner la substance à travers la contingence de ses modes les plus inférieurs. Spinosa et Schelling ont surtout employé cette catégorie, la plus complète de l'*essence*, et ont ainsi atteint le point culminant du réalisme.

LE CONCEPT (BEGRIFF).

Toutes les différences sont maintenant devenues transparentes pour ainsi dire, et laissent rayonner l'absolu. L'essence et l'être sont de nouveau identifiés, et il n'est plus besoin du reflet d'une sphère dans l'autre.

L'essence fait sortir tout de soi, en même temps qu'elle le comprend sous son empire (*begreiffen, intelligere* et *comprehendere*). C'est le point de vue du *concept* (*begriff*), qui est l'unité simple de toutes les déterminations. Comme le concept est l'absolu concret et en même temps la forme créatrice, son mouvement dialectique consiste uniquement à développer au-dehors de lui, ce qui est renfermé virtuellement en lui. Le *concept subjectif*, dont les moments sont encore pour ainsi dire dans un état de fluidité, est le domaine de la logique vulgaire, qui considère la pensée comme l'activité formelle de l'esprit, sans s'enquérir du contenu de la connaissance. Mais ces formes de la pensée, nous avons aussi à les considérer comme moments de la vérité, catégories objectives des choses et définitions métaphysiques de Dieu. Les systèmes de philosophie de Kant, Fichte, etc., etc., reposent sur la catégorie de *subjectivité*.

Le concept, en tant qu'essence toujours identique à elle-même au sein de toutes les différences, est le *général*. Le général n'est pas une abstraction de notre cerveau, mais ce qui existe réellement dans les choses. L'identité de l'être et de la pensée qui, au commencement, n'était qu'un mot vide de sens, est arrivée par le développement de l'absolu, à une signification déterminée, à une vérité concrète. Dans la doctrine de Platon, le général est considéré comme ce qui existe réellement et sous la dénomination d'idées *créatrices*, les stoïciens ont fait aussi du général le principe des choses. Le réalisme scolastique du moyen-âge développe encore le même point de vue.

En tant que le général a un contenu, il est le général déterminé, l'espèce ou le *particulier*. Les idées de Platon sont, à proprement parler, ce royaume des espèces. Il ne peut pas ramener dialectiquement la pluralité des universaux, à l'universel en soi et pour soi, et dans ce sens, on pourrait dire que sa théorie des idées n'est qu'une traduction philosophique du polythéisme grec.

Les alexandrins ont envisagé ce système des espèces, comme un monde intelligible, qui forme le noyau du monde sensible, et rayonne à travers l'enveloppe terrestre.

Le général, qui a traversé le particulier, pour arriver à l'existence réelle, est *l'individuel* (*einzelnheit*). C'est en même temps, et une déchéance du général, et sa perfection. L'individu est ce qu'il y a de plus riche, parce qu'il renferme en lui, la généralité et la particularité. Ces trois ne sont qu'un, et Dieu est la personnalité absolue, car il est seulement l'activité du général qui se particularise et s'individualise. Le général, le père, se développant comme lieu des idées, est le particulier, le fils; et dans l'individu, il devient réel comme esprit.

D'une part, l'individuel est la réalisation du général,

et lui est ainsi adéquat ; d'autre part, comme l'idée doit se scinder pour passer à la réalité, l'individualité, en tant qu'immédiate, n'est pas adéquate au général, et ne peut le devenir, qu'en dépouillant ce caractère, qui doit cependant être posé d'abord. C'est dans le *jugement*, qu'est renfermé cette division primitive du concept (1). Dans le jugement, le *sujet* et le *prédicat* sont unis par la copule, posés comme identiques, et cependant ils ne sont pas adéquats l'un à l'autre. Cette contradiction est la catégorie caractéristique des choses finies, ramenées (*subsumirt*) à une généralité qui est au-dehors d'elles.

Dans la *copule*, l'identité des deux termes se trouve également exprimée. La copule qui comprend à la fois l'individuel et le général, est le particulier. Les trois moments du concept ont maintenant à se développer comme une totalité. Ce rapport des trois moments dans lequel l'individuel (petit terme) rentre dans le général, (grand terme) au moyen du particulier (terme moyen) constitue le syllogisme (I—P—G). Si le jugement est la forme caractéristique par laquelle s'exprime le côté fini des choses, le syllogisme, au contraire, est l'expression de ce qu'elles ont de rationnel et d'infini. Tout ce qui est rationnel est un syllogisme : trois termes qui se confondent dans l'unité. Le syllogisme n'est donc pas seu-

---

(1) Hégel emprunte à Jacob Bæhme le jeu de mots étymologique *ur-theil*, division primitive, et *urtheil*, jugement.

lement la forme subjective, mais la forme objective de la vérité.

L'individuel et le général étant identifiés au moyen du particulier, toute différence entre les termes a disparu, chaque moment est la totalité du concept, a une existence propre, et se suffit à lui-même. Par-là, le concept s'est donné le caractère immédiat de l'être. Nous voilà revenus à l'être pour la quatrième fois, mais actuellement, il est adéquat au concept, il en découle, et n'est rien autre chose que l'objectivité du concept lui-même. Chaque terme du concept renfermant, comme nous l'avons dit, le concept tout entier, est absolument indifférent par rapport aux autres termes auxquels il n'a rien à emprunter. C'est là proprement le point de vue de Leibnitz. Chaque monade est le concept total du monde. Elle n'est déterminée par rien d'extérieur, ne reçoit rien du dehors, mais elle renferme en elle-même le principe de son développement.

Le rapport réciproque et absolument indifférent des objets, est le *mécanisme*. L'influence venue du dehors, ne peut apparaître que comme communication, action du plus fort, hasard. Le mécanisme est une des catégories fondamentales de la philosophie cartésienne. Mais, si chaque objet est le concept tout entier, il ne cède à l'action de l'autre, que parce que l'identité du concept se continue en lui.

Chaque objet renferme donc en soi l'autre objet et

se trouve attiré vers lui : le *rapport dynamique*. Obéissant à la loi du mécanisme, les objets s'opposent mutuellement leurs différences, mais comme chacun est la totalité du concept, ils tendent à se confondre l'un dans l'autre. Comme extrêmes d'un syllogisme, ils se rencontrent dans un milieu où ils se pénètrent réciproquement. Le produit du procès dynamique est la *neutralité des opposés*.

Par la négation réciproque, que subissent les objets dans le procès dynamique, le concept qui n'était *qu'en-soi*, devient *pour-soi*, passe à l'état de liberté, est *cause finale*. Le rapport téléologique n'est d'abord qu'extérieur, l'objet et le but sont deux termes en dehors l'un de l'autre (utilitairianisme); mais cette téléologie externe ne peut s'appliquer qu'aux choses finies, et devient impuissante dès qu'on l'applique à l'ensemble de l'univers. Dans le véritable rapport téléologique, au contraire, le principe d'activité finale se trouve renfermé dans l'objet lui-même. Cette *téléologie* interne qui avait été soupçonnée par Empédocle, et surtout par Anaxagore, est devenue la catégorie par excellence de la philosophie d'Aristote. Ce qu'il appelle *entelechie* est l'activité téléologique immanente à l'objet. C'est Kant qui a restitué à la philosophie cette notion vraie de la téléologie.

L'identité du sujet et de l'objet est *l'idée*, qui est à la fois la plénitude de l'être et de la pensée, la plus haute définition logique de Dieu. Ce point de vue est celui de Platon, de Schelling, de Solger, d'Aristote, bien que ce dernier ne le formule pas expressément. L'idée est le dernier résultat de nos recherches logiques, résultat dans lequel toutes les catégories antérieures ne sont plus que des moments. L'idée est comme devenir l'unité de l'être et du non-être, comme infini, l'unité de quelque chose et de son autre, etc. Essence et manifestation, forme et matière, interne et externe, virtualité et réalité, général et particulier, se sont identifiés dans son sein.

Puisque l'idée est le tout, qu'elle n'a rien au dehors d'elle, elle ne pourra pas donner lieu au mouvement antinomique que nous avons étudié dans l'être et dans l'essence ; son procès dialectique consistera seulement à développer au-dehors les éléments qu'elle renferme.

Ce développement de l'idée concrète présente trois moments : le premier est la *vie*, l'idée sous une forme immédiate ; le second est la connaissance qui revêt une double forme, la forme *théorique* et la forme *pratique* ; enfin, le troisième moment est *l'idée absolue*.

La vie possède en elle-même ses moyens de réalisation, comme éléments de son activité. L'être vivant individuel, a besoin, il est vrai, pour se conserver, d'un autre que lui, c'est-à-dire, d'une nature inorganique qu'il s'assimile ; mais l'extériorité a cessé d'être partie intégrante de l'idée, elle n'est plus par rapport à elle, qu'une expression ou un moyen.

Comme l'individu est encore en dehors du général (*gegenübersteht*), l'idée n'est encore que l'idée déterminée, finie, dans laquelle le moment subjectif et le moment objectif sont séparés. La négation du sujet en tant qu'individu a pour résultat le concept général d'espèce, l'idée dans son élément médial : la *connaissance*.

Le sujet, qui est encore une table rase, une généralité abstraite, considère successivement et absorbe en lui l'infinie variété des objets particuliers, en les ramenant à des espèces des genres : la *méthode analytique* ; ou bien, prenant pour point de départ la *définition* du général, il descend par la *division* jusqu'à l'objet particulier, dans le *théorême* : la *méthode synthétique*. Les deux méthodes tendent à se pénétrer dans le *problème*. Dans le problème, en effet, les moments de l'idée étant donnés, la réalité de la chose doit sortir de ces moments, qui déjà la renferment implicitement tout entière. De plus, le point de vue théorique s'est transformé dans le point de vue pratique, le concept subjectif est devenu la mesure sur laquelle l'objet a à se régler.

Si toute objectivité est posée seulement par le concept, nous aurons l'idée du *bien*. Pour que le bien puisse se réaliser, l'objectivité ne doit pas lui être conforme, afin que, par la négation de la réalité, cette disproportion puisse être vaincue. Mais, pour en triompher toujours, il faut qu'elle existe toujours : le progrès à l'infini de Fichte et de Kant. Cependant, en tant que le bien se réalise déjà sans cesse, l'objet est aussi adéquat à l'idée, il est redevenu le vrai. Ce vrai posé sans cesse par le sujet, non plus comme postulat, mais comme objet, est l'idée du beau. Le beau est l'unité de l'idée théorique et pratique, mais cette unité affecte encore la forme d'un être immédiat. Platon, et surtout Solger, se sont attachés de préférence à cette catégorie, que Schelling regarde aussi comme la plus élevée.

Cette unité du sujet et de l'objet, arrivant à l'état de conscience chez le sujet lui-même, est *l'idée absolue*, qui est le résultat du principe d'activité immanent à la *méthode dialectique* : — point de vue de Hégel. Dans cette méthode, l'analyse et la synthèse se pénètrent réciproquement. L'entendement (*verstand*) procède analytiquement, il sépare et tient isolé un des termes abstraits de la vérité concrète, et c'est ainsi que naît l'erreur. Par l'analyse, la dialectique fait sortir de ce terme, le terme corrélatif opposé, et détruit ainsi l'erreur par elle-même. Cette marche est en même temps synthétique, car, de cette manière, les deux termes opposés se trouvent réunis dans un troisième. La vie de l'idée absolue, c'est l'éternel déploiement des contraires dans l'analyse, et leur éternelle absorption dans la synthèse (1).

---

1 Voyez Hégel, œuvres complètes, *Logique*. — *Encyclopédie*, 1er vol., et surtout, Michelet, op. cit.

HISTOIRE DE LA PHILOSOPHIE [1].

Il n'est pas de philosophie qui soit moins individuelle que celle de Hégel; on pourrait dire que son originalité consiste à n'en point avoir. Repoussant de toutes ses forces cette opinon qui fait sortir la science de l'inspiration d'un homme de génie, comme Minerve tout armée du cerveau de Jupiter, Hégel ne voit dans la philosophie moderne, et notamment dans son propre système, que le résultat nécessaire des évolutions successives qui se sont accomplies au sein de l'esprit philosophique. « De tout temps, dit-il, il n'y a eu qu'une philosophie. Les différences qu'elle présente dans une

---

[1] Sans être infidèles à l'ordre encyclopédique adopté par Hégel, nous pouvions assigner deux places différentes à l'histoire de la philosophie. Considérée comme le point le plus élevé du développement dialectique, la philosophie devait venir en dernier lieu; mais à un autre point de vue, la philosophie n'est qu'un des éléments de la vie concrète de l'humanité, et dès-lors, c'était à la philosophie de l'histoire à clore le système. Nous avons préféré ce dernier ordre, parce qu'il permet de comparer immédiatement, et les catégories logiques pures, et leur développement dans le temps.

même période ne sont que les faces nécessaires d'un seul et même principe... Une philosophie dont la forme n'est pas absolue, identique avec le fond, doit passer, parce que sa forme n'est pas la vraie. La dernière philosophie qui concentre dans son sein tous les développements antérieurs, est aussi la conscience la plus élevée que l'esprit a de lui-même (1). »

Chaque système de philosophie est invinciblement lié à une époque déterminée, c'est une station, un point d'arrêt que l'esprit humain ne peut éviter; il ne saurait s'arrêter avant de l'avoir atteint, il ne saurait non plus passer par dessus, l'enjamber, pour ainsi dire, afin d'aller au-delà. Il arrive inévitablement à cette station, s'y installe provisoirement, développe, dans toutes les sphères de la vie, le principe qu'il a conquis, et ne l'abandonne au bout d'un certain temps que pour aller au-delà (2).

Cette identité de la philosophie et de son histoire est un des points de vue les plus féconds de la doctrine de Hégel, mais, comme on l'a déjà remarqué, ce n'est

---

(1) Déjà, en 1789, Schiller avait dit : « L'esprit philosophique a toujours préféré la vérité à un système, et il échangera volontiers une forme vieillie et défectueuse contre une forme plus riche et plus nouvelle. C'est ainsi, qu'en donnant à ses pensées une forme de plus en plus belle, la philosophie va sans cesse se perfectionnant. (Schiller, *Discours sur l'histoire universelle.*)

(2) Hégel, 15e vol., p. 684. — Barchou, 2e vol., p. 137.

pas un principe nouveau, c'est toujours le développement de l'idée apporté dans une nouvelle sphère, car c'est le propre des grandes pensées que de s'épanouir en une multitude infinie de conséquences, qui s'infiltrent dans les dernières fibres de la science et de la vie.

Nous allons d'abord exposer les pensées les plus saillantes de Hégel, sur l'histoire de la philosophie; nous donnerons ensuite une esquisse de l'histoire de la philosphie elle-même.

§ Ier.

L'histoire de la philosophie *est l'histoire du développement éternel et absolu de la pensée philosophique sous la forme du temps.*

On demande généralement qu'une histoire, quel que soit son objet, raconte les faits sans partialité et ne les fasse pas servir à un intérêt particulier. Cependant, en restant dans les limites de cette exigence, on ne saurait aller bien loin. L'histoire d'un objet est intimement liée à l'idée qu'on se fait de cet objet, et c'est en vertu de ce rapport qu'on sépare les faits importants de ceux qui ne le sont pas, et qu'on les examine sous tel ou tel point de vue. Il peut très bien se faire, par exemple, qu'un lecteur ne trouve dans l'histoire politique d'un état, rien de ce qu'il y cherche, et cela peut arriver à plus forte raison pour l'histoire de la philosophie.

L'objet des autres histoires est bien déterminé, du moins pour les points principaux ; mais la philosophie présente cette différence, ou si l'on veut ce désavantage, que, déjà, les opinions les plus divergentes ont lieu sur la nature de son objet et le but qu'elle se propose. A ce désavantage, externe pour ainsi dire, vient se joindre un inconvénient bien plus grave. Si on conçoit de différentes manières l'objet de la philosophie, il suit, que l'idée vraie, sera seule en état de comprendre les ouvrages des philosophes qui ont écrit dans le sens de cette idée ; car, lorsqu'il s'agit de spéculation, comprendre ce n'est pas saisir le sens grammatical des mots. On peut avoir connaissance des arguments, des raisonnements employés par un philosophe, s'être donné beaucoup de peine pour exposer son système, et cependant, malgré tous ces efforts, avoir laissé échapper la chose principale : l'intelligence de la doctrine elle-même. Il ne manque pas d'histoires de la philosophie très étendues, très savantes si l'on veut, auxquelles manque complètement la connaissance de l'objet qu'elles devaient traiter. Les auteurs de ces histoires peuvent être comparés à des animaux qui entendent tous les sons d'une musique, mais qui ne peuvent apprécier l'unité, l'harmonie qui en résulte.

La philosophie a cela de particulier, que l'idée de

son objet n'est son point de départ qu'en apparence, car en réalité le développement entier de la philosophie n'est que la preuve et pour ainsi dire la découverte de son idée qui est essentiellement un résultat.

Dans l'histoire politique, le caractère, les passions de l'individu acquièrent de l'importance, et ont souvent sur les événements une influence très marquée. Au contraire, les faits dont s'occupe l'histoire de la philosophie, sont d'autant plus remarquables qu'ils se séparent davantage de l'individualité, pour n'être plus que l'acte du sujet pensant, et reproduire le caractère général de l'esprit humain.

En tant qu'historiques, ces faits de la pensée paraissent appartenir au passé et non au présent; mais, dans la science et la philosophie comme dans tout le reste, ce que nous sommes, nous le devons à la tradition, et la tradition ne se borne pas à conserver fidèlement à la postérité ce qu'elle a reçu, mais, semblable à un fleuve, elle grandit à mesure qu'elle s'éloigne de la source. Il peut se faire que, chez certaines nations, les Chinois, par exemple, la civilisation, l'art, la science, restent stationnaires, mais l'esprit de l'humanité n'est jamais en repos, son essence est l'activité. Cette activité ne se borne pas à augmenter les matériaux auxquels elle s'applique, mais elle les met en œuvre et leur donne une forme; ils deviennent alors l'héritage de la génération suivante, pour laquelle ils sont une matière, un germe, qui doit être de nouveau développé et métamorphosé, et c'est ainsi que la substance de la tradition est chargée et conservée en même temps.

Cette essence de l'activité, qui consiste à s'assimiler, en le transformant, un monde intellectuel préexistant, explique le rapport de filiation qui se trouve entre la philosophie actuelle et les philosophies antérieures.

Ce qui constitue l'homme, c'est la pensée, mais elle peut avoir des objets bien divers. L'objet le plus noble de la pensée, c'est la pensée, et les différentes philosophies ne sont que les découvertes successives que la pensée a faites en elle-même depuis 3500 ans.

De sa nature, la pensée est éternelle, ce qui est vrai ne l'est pas seulement aujourd'hui et demain, mais c'est vrai en dehors du temps et par conséquent dans tous les temps. Mais alors, dit Hégel, comment le monde intellectuel peut-il avoir une histoire?

Pour détruire cette objection, il suffit de distinguer, entre l'histoire des destinées extérieures d'une religion, d'une science, et l'histoire de l'objet lui-même. Le christianisme, par exemple, a une histoire de sa propagation, des destinées de ses confesseurs, des hérésies qu'il a eu à combattre; pour ce qui est du dogme chrétien considéré en lui-même, bien qu'il ne soit pas tout-à-fait dépourvu d'histoire, il a cependant bientôt atteint son développement, est devenu une doctrine arrêtée, et son ancien symbole s'est toujours donné et se donne encore aujourd'hui pour la vérité absolue. Il en est de même de la philosophie ; elle aussi, a une histoire de son origine, de sa propagation, sa décadence, sa renaissance ; une histoire de ses docteurs et de ses adversaires, et, enfin, une histoire de ses démêlés fréquents avec la religion, et quelquefois aussi avec l'état.

Après avoir ainsi déterminé le sens qu'il faut attacher à l'histoire de la philosophie, examinons avec Hégel, les principales objections du scepticisme.

L'histoire de la philosophie n'est qu'un recueil d'opinions diverses sur Dieu, la nature, l'esprit. C'est ainsi qu'on s'exprime, quand on veut mettre de la modération dans les termes, mais si l'on veut parler avec plus de franchise, on appelle cette histoire, un recueil des folies, des aberrations, dans lesquelles ont été entraînés les hommes qui ont tenté de sonder les abîmes de la pensée. Cependant on peut retirer quelqu'avantage de cette étude des opinions d'autrui. Cela tient l'esprit en éveil et fait naître quelquefois de bonnes idées ; c'est-à-dire, qu'on est amené à avoir soi-même une opinion : et ainsi la philosophie consiste à entasser opinions sur opinions.

Si la philosophie n'était que cela, ce serait une science aussi ennuyeuse que superflue. Une opinion est quelque chose de tout-à-fait subjectif, et qui peut varier d'individu à individu : une opinion est à moi, elle n'a rien de général. La philosophie ne renferme pas d'opinions, il n'y a pas d'opinions philosophiques ; *la philosophie est la science objective, nécessaire de la vérité.*

« Mais ce mot de vérité fait détourner la tête à bien des gens, et la philosophie est ici en butte à un double antagonisme. D'un côté, il est au su de tout le monde, qu'une piété mal entendue, déclare la raison incapable d'arriver à la connaissance de la vérité ; et renonçant à la pensée pour éviter l'abime du doute, se livre pieds et poings liés à l'autorité. D'autre part, on sait aussi, qu'une prétendue raison a fait valoir ses droits, rejeté la foi en l'autorité, rationalisé le christianisme, et donné pour unique critérium de certitude, le témoignage de la conscience individuelle. Mais, chose étrange, cette déclaration des droits de la raison est aussi arrivée à ce résultat, que la raison ne pouvait atteindre la vérité (1). Cette pseudo-raison en même temps qu'elle combattait la croyance religieuse au nom de la pensée, se retournait contre la pensée elle-même, et lui opposait le sentiment, l'opinion. »

Sans doute la conviction personnelle est une condition essentielle de la connaissance, mais la philosophie distingue si la conviction repose sur des sentiments,

---

(1) Il est probable que Hégel a ici en vue, non-seulement la philosophie du 18e siècle en général, mais encore, *la religion dans les bornes de la raison*, de Kant, et les travaux d'Exégèse rationaliste, de Paulus, Bretschneider, etc., etc.

des préjugés, en un mot sur une base purement subjective, ou bien, sur l'idée, la nature même des choses.

« Cette opposition entre l'opinion et la vérité, se montre déjà au temps de Socrate et de Platon, avec la décadence de la civilisation grecque (1); elle reparait encore avec la corruption de la vie politique et sociale des Romains. Sous Auguste et après lui, l'épicuréisme, l'indifférence pour la philosophie était en honneur, et c'est dans ce sens, que Pilate répondait à Jésus-Christ, qui lui disait. « Je suis venu pour annoncer la vérité. » Qu'est-ce que c'est donc que la vérité? C'est là parler le langage du beau monde, et cela revient à dire : ce mot de vérité est usé, nous n'en avons que faire. »

Le néant de la philosophie est démontré par l'histoire de la philosophie elle-même.

En présence d'opinions si nombreuses, de systèmes philosophiques si divers, on tombe dans un embarras inextricable. On voit que, sur ces grandes questions, vers lesquelles l'homme se trouve fatalement entraîné, et que la philosophie veut résoudre, les esprits les plus éminents se sont trompés, puisqu'ils ont été réfutés par d'autres. En pareil état de cause, comment oser prendre une décision ? En accordant même que la philosophie mérite le nom de science, et qu'il y a une vraie philosophie, reste encore à se demander laquelle? A

---

(1) Δόξα. — ἐπιστήμη.

quel signe la reconnaître, chacune se dit en possession de la vérité, et donne pour la reconnaître des *criterium* différents?

Qu'il y ait eu, et qu'il naisse encore tous les jours des philosophies différentes, c'est un fait évident et qu'on ne peut nier ; or, comme la vérité est une, et qu'il ne peut y avoir par conséquent qu'une seule philosophie qui soit la vraie, on en conclut que toutes les autres sont des erreurs. C'est là un raisonnement vulgaire, une opinion spécieuse du *sens commun*.

La réponse la plus simple qu'on pourrait faire d'abord, c'est que, quelque différentes que soient les philosophies, elles ont cependant cela de commun d'être philosophies. « Ceux qui s'attachent aux différences, et ne savent ou ne veulent pas reconnaître le général dans le particulier, ressemblent à ce malade, à qui le médecin avait ordonné de manger du fruit, et qui repoussait les cerises, les prunes, les raisins qu'on lui offrait, sous prétexte que ce n'était pas du fruit, mais des prunes, des raisins, des cerises (1). »

Nous avons à montrer que, loin d'être un empêchement, cette diversité des philosophies est absolument indispensable à l'existence de la science philosophique.

---

(1) Nous n'ignorons pas combien il est choquant, pour un lecteur français, de venir se heurter, au milieu de graves préoccupations, contre une anecdote d'almanach ; mais nous l'avons accueillie à dessein, et pour servir de caractéristique au style de Hégel.

La proposition que nous avons citée tout à l'heure, savoir : que la vérité ne peut être qu'*une*, est encore abstraite et formelle; dans un sens plus profond, on peut dire que le seul but de la philosophie est de connaître cette vérité *une* qui est en même temps la source d'où découle tout le reste, et de considérer les lois de la nature, les manifestations de la vie et de la conscience comme son développement.

Ce mot de développement réveille dans l'esprit une image qui nous est familière; mais c'est le propre de la philosophie d'étudier ce que d'ailleurs on tient pour connu. L'inconnu, pour nous, quand nous n'avons pas reçu une éducation philosophique, c'est ce qui nous entoure dans la vie, nos idées de tous les instants.

Pour comprendre ce que c'est que le développement, il faut distinguer deux moments, deux termes. Le premier, c'est la puissance, la virtualité (*potentia*, δύναμις), ce que Hégel appelle *être-en-soi* (*ansichsein*). Le second, c'est l'existence réelle (*actus*, ἐνέργεια), l'*être-pour-soi* (*fur-sich-sein*) dans la terminologie de Hégel. Nous disons, par exemple, que l'homme est raisonnable de sa nature, mais cette raison, il ne l'a d'abord qu'en germe, en virtualité, elle n'existe pas encore *pour lui*; c'est comme si elle n'était pas.

« Ce qui est en-soi, doit devenir objet pour l'homme, se manifester à la conscience, et alors cela est pour l'homme. L'homme est double sans devenir un autre sa substance (*inhalt*) reste la même, mais ce changement de forme constitue un immense progrès, et c'est la seule différence qui se montre dans l'histoire et la caractérise (1). »

Passer à l'état d'existence réelle, c'est changer, et en même temps, rester un et le même. La plante, par exemple, a une tendance à se développer; cette tendance se réalise au-dehors par la production de plusieurs choses qui étaient déjà idéalement contenues dans le germe; enfin, ce développement a une conclusion, un but, et ce but déterminé d'avance, c'est le fruit, c'est-à-dire la reproduction du germe, le retour au premier état, à l'unité. Sans doute, pour les choses naturelles, le sujet qui se développe, et ce qui forme la conclusion de ce développement, le fruit, la semence, sont des individus distincts; mais, pour l'esprit, c'est autrement: chez lui le commencement et la fin ne sont pas seulement de même nature, mais absolument identiques, et c'est en cela que consiste la conscience et la liberté. Etre libre, c'est ne point se rapporter à un autre, n'être pas dépendant d'un autre; or, cela n'a lieu que dans la pensée pure. Dans l'intention, le sentiment, je ne suis pas libre bien que j'aie la conscience de la modification actuellement éprouvée; dans la volonté, on a un intérêt, un but déterminé : je suis bien libre, il est vrai, en

---

1 Voyez *Philosophie de l'histoire*, pass.

tant que ce but est le mien ; mais il renferme pourtant quelque chose qui n'est pas moi, qui se rapporte à un autre que moi : des tendances, des inclinations, etc., etc. Dans la pensée seulement, l'esprit voit s'évanouir tout ce qui lui est hétérogène, et jouit d'une liberté absolue.

La conclusion du développement, en même temps qu'elle est le dernier degré d'une station, est le point de départ d'une évolution nouvelle, et on ne doit pas se représenter ce progrès comme s'étendant dans un infini abstrait, mais comme un système organique, une totalité qui renferme en soi une richesse inépuisable de moments, de phases.

Voilà donc la nature de la philosophie vraiment digne de ce nom. Dans toutes ses parties, règne l'unité de l'idée, de la même manière que, dans un être animé, il n'y a qu'une vie, un pouls qui bat dans tous les membres.

L'histoire de la philosophie est système dans son développement comme la philosophie elle-même : ceci a besoin d'être éclairci.

La succession des différentes phases dans le développement progressif de la pensée, peut être accompagnée de la conscience de la nécessité qui les enchaîne les unes aux autres, ou bien elle peut avoir lieu sous la forme de faits contingens en apparence. Exposer le premier mode de développement, déduire logiquement les formes successives que revêt l'idée philosophique, en reconnaissant et montrant la nécessité de cette succession, c'est l'affaire de la philosophie; montrer, au contraire, les différentes phases de développement dans tel ou tel lieu, chez tel ou tel peuple, en un mot, sous une forme empirique, c'est le spectacle que nous offre l'histoire de la philosophie. Ce point de vue est le seul digne de cette science, et c'est à l'histoire de la philosophie elle-même à nous montrer qu'il est le seul vrai. « J'affirme donc, dit Hégel, que la succession des systèmes de philosophie dans l'histoire, est la même qui se montre dans la déduction logique des déterminations de l'idée; j'affirme, que si dans l'histoire de la philosophie, on dégage le principe fondamental des systèmes de leur forme extérieure, leur application particulière, etc., on obtiendra les moments de l'idée dans sa détermination logique; et réciproquement, si l'on prend la succession logique, on y trouvera les moments principaux de l'histoire de la philosophie.

Il ressort clairement de ce qui précède, qu'étudier l'histoire de la philosophie, c'est étudier la philosophie elle-même. Mais, pour reconnaître l'idée absolue sous la forme historique, il faut sans doute apporter avec soi cette idée; de la même manière, qu'un jugement porté sur les actions des hommes, suppose les notions du bien et du juste.

Quand on est arrivé à une notion claire du développement et du concret, on en finit une fois pour toutes avec les objections tirées de la différence des philosophies, et la catégorie de diversité acquiert un tout autre sens. Ceux qui tiennent la diversité pour une détermination fixe, absolue, ne connaissent ni sa nature, ni sa dialectique.

Dans le système logique de la pensée, chaque forme tire sa valeur de la place qu'elle occupe et devient un moment subordonnée par rapport au développement subséquent : il en est de même d'une philosophie par rapport à la totalité du développement philosophique. Aussi, pour rendre justice à un système, il ne faut pas le séparer de son époque et lui demander plus qu'il ne peut donner. Nous ne devons pas nous attendre à trouver chez les anciens, une réponse aux problèmes que se pose la conscience moderne. L'individu est fils de son peuple et de son siècle, il a beau faire, il ne peut pas sortir de cet esprit général qui forme son être et sa substance. La philosophie saisit par la pensée cet esprit général, elle en est la conscience; chaque philosophie est un anneau dans la chaîne totale du développement intellectuel, elle ne peut donc satisfaire que les intérêts de son époque. Les systèmes d'Aristote, de Platon vivent encore, sont actuels quant à leurs principes, et cependant la philosophie n'a pu s'arrêter au point où en étaient ces anciens systèmes, et conserver leur forme. Il ne saurait y avoir aujourd'hui, ni aristotéliciens, ni platoniciens, ni stoïciens, ni épicuriens; ressusciter ces doctrines, ce serait vouloir faire rétrograder l'esprit, anéantir les progrès; ce serait aussi insensé, que si le vieillard s'efforçait de redevenir jeune-homme, et le jeune-homme enfant, quoique cependant le vieillard, le jeune-homme, l'enfant ne soient qu'un seul et même individu.

Il nous reste maintenant à considérer plus particulièrement le rapport de la philosophie avec son entourage historique, et à indiquer les caractères qui la séparent des sphères voisines.

On dit vulgairement qu'il faut tenir compte des circonstances politiques, de la religion, etc., parce qu'elles exercent une grande influence sur la philosophie et réciproquement. Se contenter d'une telle catégorie : « *grande influence,* » c'est considérer chaque chose comme ayant une existence indépendante, et admettre seulement entre elles un rapport extérieur. La catégorie à appliquer ici n'est pas celle d'action réciproque, mais bien d'unité de ces différentes formes au sein d'un même esprit.

La philosophie se montre chez un peuple, à l'époque où les besoins de la vie de nature étant satisfaits, les intérêts passionnés et égoïstes se sont calmés. L'esprit s'élève alors de la spontanéité, à la réflexion, au raisonnement. Mais, la conséquence de ce nouvel état de choses, c'est que le mode primitif d'existence, la moralité instinctive, la foi, se trouvent ébranlés, et alors arrive la période de corruption. Lorsqu'il y a scission entre les tendances internes et la réalité, que la forme religieuse qui a régné jusqu'alors ne suffit plus, qu'une organisation sociale se dissout, l'esprit se réfugie dans le domaine de la pensée, et s'y construit un monde qu'il oppose au monde réel. C'est là un fait important, démontré par l'histoire de la philosophie elle-même. C'est ainsi qu'on a vu la philosophie ionienne surgir des ruines des villes grecques de l'Asie mineure, naître à Athènes avec la corruption du peuple athénien, et se répandre à Rome à l'époque où le despotisme des empereurs, ensevelit sous les ruines de la république, les institutions de la Rome antique. Avec la chute de l'empire romain, si grand, si riche, si brillant, mais pourri au cœur, est lié le dernier développement donné à la philosophie ancienne par l'école d'Alexandrie.

Non-seulement la conscience philosophique ne s'éveille que lorsque certaines conditions générales sont posées, mais encore la forme particulière d'une philosophie est synchronique à l'état déterminé du peuple au sein duquel elle vit; elle est liée à sa constitution, son industrie, ses progrès dans les arts et les sciences, sa civilisation en un mot. La philosophie est une des faces multiples de l'esprit d'un peuple, mais c'est la plus élevée : elle est l'idée de l'esprit dans sa totalité, le noyau spirituel de toute une époque, le foyer vers lequel viennent converger tous les rayons épars.

La constitution politique, l'art, la religion, ne produisent pas plus la philosophie qu'ils ne sont produits par elle, mais ils ont une racine commune : l'esprit du temps. C'est une organisation dont toutes les parties concourent, et ne renferment rien d'hétérogène quelque contingentes qu'elles puissent paraître au premier aspect. Montrer comment toutes les tendances d'une époque portent le cachet du principe déterminé qui l'anime, c'est l'objet de la philosophie de l'histoire.

Une philosophie ne renferme donc rien de plus que l'époque à laquelle elle appartient, seulement c'est chez elle à l'état de conscience. Mais, comme c'est la conscience qui donne à l'esprit sa réalité, cette différence formelle devient une différence positive. Cette conscience d'une époque appelle un nouveau développement qui, lui-même, donne lieu à une philosophie nouvelle, et c'est ainsi, que la philosophie est l'atelier souterrain, où s'élaborent les formes de l'esprit, qui doivent se réaliser plus tard.

Sous le rapport de son objet, l'histoire de la philosophie présente, avec l'histoire des autres sciences et notamment avec l'histoire de la religion, des analogies frappantes qui peuvent jeter dans l'embarras celui qui veut écrire l'histoire de la philosophie ; car, s'il embrasse l'histoire de la civilisation en général, et de la culture scientifique en particulier, les mythes des peuples et les rudiments rationnels qu'ils peuvent renfermer, l'idée religieuse et la spéculation qui commence à s'y faire jour, l'histoire de la philosophie n'a pas de bornes. Il est donc essentiel, d'indiquer d'une manière rigoureuse, la ligne de démarcation qui sépare la philosophie de ce qui n'est pas elle, et c'est ce que nous allons faire sommairement pour les trois sphères qui présentent avec elle le plus de rapport: 1° la culture scientifique en général; 2° la mythologie et la religion; 3° la métaphysique subjective.

Les sciences particulières, ont, il est vrai, la pensée pour élément, mais elles s'occupent du fini. Lors même qu'elles ont une organisation systématique, et qu'elles s'appuient sur des lois, des principes généraux, le cercle de leur objet est toujours restreint. De plus, les principes qui forment leur point de départ, sont posés axiomatiquement (*vorausgestzt*), et dans leur méthode elles présupposent la logique, la loi de développement de la pensée abstraite (1).

---

(1) En Allemagne, on confond rarement la philosophie et la culture scientifique en général; mais en Angleterre, le nom de philosophie est consacré pour les sciences naturelles. On appelle philosophique le journal de Thomson, qui traite de la chimie, de l'agriculture, etc., et Newton est encore aujourd'hui le philosophe par excellence. Au commencement de la civilisation, on rencontre bien plus fréquemment encore cette confusion de la philosophie

Le rapport de la philosophie à la religion, est tout juste le contrepied de celui qu'elle présente avec les sciences particulières. Si les sciences particulières et la philosophie ont un objet différent, les unes s'occupant du contingent du fini, l'autre de l'infini de l'absolu (1), elles ont une forme commune, car pour elles la connaissance est le résultat de l'activité libre de l'esprit; au contraire, la philosophie et la religion, indentiques dans leur objet, sont tout-à-fait différentes dans leur forme. La religion cherche dans le sentiment, l'intuition, le culte, le moyen de faire tomber les barrières qui nous séparent de l'intelligence infinie, et la philosophie veut arriver au même résultat par l'activité de l'esprit, la pensée ayant conscience d'elle-même (2). Cette différence de forme explique les démêlés fréquents de la religion et de la philosophie.

Pour la religion comme pour la philosophie, il y a

---

avec les autres sphères de la connaissance. Ainsi, au début de la période grecque, nous trouvons les sept sages et les philosophes ioniens, auxquels on attribue une foule de découvertes, qui viennent prendre place à côté de leurs principes philosophiques. C'est Thalès qui trouve la cause des éclipses, c'est Pythagore qui découvre le principe des accords et de l'harmonie, etc.; alors on appelait cela un *philosophême*. (Voy. Hégel, *Histoire de la philosophie*, t. 1, p 67-70.)

(1) Ou, si la philosophie s'occupe des objets finis, c'est comme le dit Spinosa : *sub specie œterni*.

(2) Voy. *Philosophie de la religion*.

deux moments distincts ; dans le premier, elles font route commune. La contemplation religieuse (*andacht*), et l'intuition immédiate, absorbent la conscience individuelle dans l'objet. Mais, dans le second moment, celui de l'objectification, la philosophie et la religion se séparent. Ce que la religion présente sous la forme d'une création de l'imagination, ou d'une existence historique, en un mot, sous une image plus ou moins sensible, la philosophie le montre sous la forme de pensée pure. Ce sont ces deux formes qui entrent en lutte, et il est naturel que la philosophie et la religion, n'ayant d'abord conscience que de la différence formelle qui les sépare, soient hostiles l'une à l'autre. Ce n'est que plus tard, que l'esprit se comprend d'une manière plus concrète et qu'il voit la même essence sous des phénomènes qui lui paraissaient inconciliables. Ainsi, nous voyons d'abord la philosophie captive au sein du polythéisme grec ; ensuite, reconnaissant en elle-même son fondement, elle prend une attitude hostile à la religion populaire, jusqu'à ce qu'elle se soit reconnue en elle, et lui ait rendu justice. Les plus anciens philosophes grecs rendaient hommage à la religion de l'état ; mais déjà, avec Xénophanes, on les voit attaquer avec acharnement les croyances populaires, et alors se montrent beaucoup de prétendus athées. Lorsque la philosophie grecque est plus avancée, la tradition religieuse et la pensée abstraite, subsistent tranquillement à côté l'une de l'autre, et l'on voit les philosophes de cette époque, associer loyalement, sans hypocrisie à leurs recherches spéculatives, l'exercice du culte, les sacrifices, etc. Platon recommença la lutte par ses attaques contre les poètes et leurs dieux, et ce n'est que très tard, et avec la dernière période de la philosophie grecque, que les néoplatoniciens surent apprécier ce qu'il y avait de vrai, de substantiel, dans cette mythologie qu'on avait d'abord rejetée, et s'en servirent comme d'une langue symbolique pour traduire leurs spéculations philosophiques.

Le moyen-âge nous offre le même spectacle. D'abord la pensée, qui n'a pas encore d'existence propre, a pour fondement le dogme chrétien, et se renferme dans cette forme religieuse; plus tard, la pensée a senti croître ses ailes, et alors se formule l'opposition de la raison et de la foi; le jeune aigle prend son vol vers le soleil de la vérité, mais en même temps il se retourne contre la religion, et la déchire de ses serres. Ce qui doit arriver en dernier lieu, c'est que, parvenue à l'idée spéculative, la philosophie rende justice à la religion, devant le tribunal de la pensée elle-même. La philosophie moderne est née au sein du christianisme, et ne peut avoir d'autre contenu que l'esprit de son époque. Si cet esprit se comprend dans la philosophie, qui est une de ses manifestations, il doit aussi se reconnaître dans toutes les autres.

Nous avons exclu la religion en général de l'histoire de la philosophie, mais cette exclusion devra-t-elle aussi s'étendre à la mythologie?

Avec un fond rationnel, sans doute, la mythologie n'a encore d'autre organe que l'imagination, la représentation sensible. Il faudrait que, sans s'arrêter à l'enveloppe, l'esprit philosophique creusât jusqu'à la pensée qu'elle renferme. Cette manière de traiter la mythologie, qui était celle des néoplatoniciens, et qui, dans les temps modernes, a produit la symbolique de Kreuzer, compte beaucoup d'adversaires. On doit, dit-on, procéder historiquement, et rien n'est moins historique, que de mettre sous un mythe, une idée à laquelle les anciens n'ont jamais songé, et qui sert ensuite à l'expliquer. Sous un point de vue, cela est parfaitement vrai; il est certain que les anciens n'ont pas compris leurs mythes comme Kreuzer ou les alexandrins; mais, il est absurde de prétendre, que la pensée, arrivée chez ces derniers à l'état de conscience, ne se trouve pas *implicitement* renfermée sous le symbole; car, quelque naïves, quelque puériles qu'elles puissent paraître, les mythologies ont pour fondement une raison instinctive. Il est vrai aussi de dire, qu'il peut se glisser une foule d'erreurs dans ce mode d'interprétation, surtout quand on descend aux détails. Dans l'idée exprimée par des symboles, il y a toujours disproportion entre le fond et la forme, et l'imagination incapable de traduire rigoureusement la pensée, y mêle une foule d'éléments arbitraires.

La mythologie doit être exclue de l'histoire de la philosophie, car la philosophie n'a pas à s'occuper des pensées qui sont enveloppées, déguisées sous un voile quelconque, mais seulement des pensées qui sont à découvert, nettement formulées. On pourrait objecter que des philosophes même ont adopté la forme symbolique pour mettre leurs idées à la portée de l'imagination; ainsi, Platon a emprunté de beaux mythes au polythéisme grec, et c'est en cela, dit-on, qu'il a montré beaucoup plus de génie que tous les philosophes. On ne peut nier que cette forme ait, chez Platon, une très grande beauté artistique, mais quand on y regarde de près, on s'aperçoit qu'elle prend sa source dans l'impuissance de s'exprimer sous la forme abstraite : la valeur de Platon n'est pas dans ses mythes. Dès que la pensée est assez forte pour trouver son expression dans son propre élément, le mythe devient une parure superflue, qui ne fait qu'embarrasser la philosophie dans sa marche.

Enfin, nous éliminerons encore de l'histoire de la philosophie l'art et la religion positive. On peut trouver dans la dogmatique, dans la poésie, des pensées grandes, profondes et nettement exprimées, mais elles ne se présentent qu'accidentellement. Il n'existe de philosophie réelle que là où la pensée est considérée comme le fondement absolu, la racine de tout le reste.

Des deux sphères, qui présentaient avec la philosophie les plus grandes ressemblances, l'une, bien qu'elle eût de commun avec la philosophie le moment subjectif (la réflexion, le libre examen), se séparait d'elle par la nature finie de son objet; l'autre qui, au contraire, s'identifiait avec la philosophie au point de vue objectif, en a été retranchée, parce qu'elle n'admet pas la réflexion comme moment intégrant, essentiel, et que son objet revêt toujours la forme mythique, historique. La philosophie demande l'unité, la pénétration réciproque de ces deux moments, et cette condition semble, au premier abord, être réalisée par ce que nous appellerons volontiers *métaphysique subjective* (1). En effet, d'une part, elle s'occupe d'objets généraux, Dieu, le monde; et d'autre part, sa méthode est celle de l'investigation. Cependant, nous retrancherons encore de l'idée qu'on doit se faire de la philosophie, cette philosophie prétendue. En effet, le dernier mot de cette doctrine, sa réponse à toutes les questions, c'est que ceci ou cela est inné à l'homme, que c'est un fait de conscience; Cicéron est très libéral sur ce point, et on ne

---

(1) Hégel désigne, par ce nom de métaphysique subjective ou de philosophie populaire, la doctrine du savoir immédiat de Jacobi, et la philosophie écossaise du sens commun.

l'est pas moins dans les temps modernes ; on ne parle que d'instinct moral, de sentiment moral, et le sentiment pris ainsi pour base, on élève un échafaudage de raisonnements, qui toujours, en dernière analyse, en appellent à quelque chose d'immédiat. Sans doute, tout nous est donné dans le sentiment, comme nous pouvons trouver tout dans une mythologie, mais cette forme n'est pas la vraie, et à l'or pur de l'absolu, se trouve encore mêlé le vil plomb des opinions individuelles.

§ II.

Nous avons déjà dit que la philosophie ne commence, à proprement parler, que lorsque l'absolu n'existe pas seulement à l'état d'image, d'allégorie, mais à l'état de pensée; lorsque l'homme a rompu avec la vie de nature et qu'il est arrivé à la conscience de sa personnalité, de sa liberté. Maintenant la question historique est de savoir dans quel temps et dans quel lieu ces conditions ont été réalisées. Ce ne sera pas dans l'Orient, le pays du symbole en religion, du despotisme et de l'esclavage en politique. Les premières lueurs de la pensée se montrent sans doute dans l'Inde, mais c'est dans la Grèce que la philosophie se lève dans tout son éclat. Pour la philosophie comme pour l'art, il n'y a en réalité que deux époques bien distinctes, la philosophie grecque et la philosophie germanique, entre lesquelles vient se placer une époque de fermentation où la philosophie est absorbée dans la théologie. La philosophie germanique est née du christianisme, et les peuples chrétiens de l'Europe, en tant qu'ils appartiennent au monde de la science, participent à une civilisation qui leur est commune ; car, c'est par les nations germaniques, que l'Italie, l'Espagne, la France et l'Angleterre, ont reçu avec le christianisme une nouvelle forme.

La civilisation grecque s'étend dans le monde romain, mais les Romains n'ont donné naissance à aucune philosophie originale, pas plus qu'ils n'ont de poëtes originaux. Ils se sont bornés à recevoir, à imiter, et il faut avouer qu'ils l'ont fait quelquefois avec un rare talent.

L'histoire de la philosophie se divise donc en trois grandes époques :

La philosophie grecque et romaine.

La philosophie du moyen-âge.

La philosophie germanique ou moderne.

A son tour, la philosophie grecque et romaine se subdivise en trois périodes. La première commence à Thalès et finit à Anaxagore ; la deuxième comprend les sophistes, Socrate et ses disciples immédiats ; la troisième, Platon, Aristote et les alexandrins.

Dans la philosophie du moyen-âge, nous aurons aussi trois moments distincts : 1° la philosophie juive et arabe ; 2° la philosophie scolastique ; 3° la renaissance.

Enfin la philosophie moderne nous offrira aussi une triple division : 1° Bacon et Bœhme ; 2° la période de *l'entendement pensant (verstandes métaphysik)* : Descartes, Malebranche, Spinosa, le sensualisme français, Leibnitz et Wolf ; 3° la philosophie moderne de l'Allemagne.

A. 1. Thalès et l'école ionienne s'efforcent de déterminer l'absolu, l'essence de toutes choses, mais ils lui donnent une forme immédiate, sensible. Cependant le principe matériel va s'épurant sans cesse, et Anaximène, en fesant de l'absolu un fluide subtil qu'il assimile à l'âme, forme la transition à l'école pythagoricienne, qui donne à l'absolu la forme idéale du nombre.

Mais, chez les pythagoriciens, cette forme n'est pas encore complétement dégagée de l'élément sensible. Avec l'école d'Elée, l'absolu devient la généralité pure ; Il n'y a que *l'un* qui existe ; la multiplicité, le mouvement, ne sont que des apparences sans valeur. La dialectique prend naissance chez les éléates, mais elle est encore subjective, et ne donne lieu qu'à des résultats sceptiques ; ce n'est qu'avec Héraclite, qu'elle devient objective, immanente à l'être.

Tout ce qui précède Anaxagore, n'est encore que le crépuscule de la philosophie ; avec lui la lumière commence à paraître. Pour Anaxagore, la pensée pure, le νοῦς est la substance infinie qui comprend tout en soi.

Ce principe est de la plus grande importance, mais il reste encore à l'état d'abstraction ; Anaxagore n'a pas su tirer le particulier du général, déduire de son principe idéal le monde réel (1).

Le νοῦς d'Anaxagore est la négation pure, dans laquelle viennent se dissoudre tous les êtres particuliers ; l'absolu sans prédicat, en regard duquel tout devient changeant et mobile, croyances, lois, mœurs, institutions. Ce point de vue négatif est celui des sophistes. On a dit beaucoup de mal des sophistes, et leur nom même est devenu une injure ; cependant, ils ont rendu de grands services. En vulgarisant la science, et en développant le côté subjectif de l'esprit humain, ils ont préparé l'affranchissement de la conscience individuelle, et l'avènement de Socrate.

2. Socrate n'est pas seulement un philosophe, c'est un des héros de l'histoire de l'humanité, et sa grande figure domine à la fois et le monde antique et le monde moderne. En opposant la subjectivité à l'objectivité, les sophistes les avaient détruites l'une par l'autre ; le principe de Socrate, c'est que le vrai, l'objectif, est l'essence même de la subjectivité, et que l'homme n'a qu'à se replier sur lui-même pour entrer en possession de l'absolu (γνῶτι σεαυτόν). Socrate n'a pas développé

---

(1) Voyez plus loin *Philosophie de l'histoire*.

systématiquement son principe, il s'est borné à en déduire les conséquences morales et à les appliquer.

Les écoles qui se rattachent immédiatement à Socrate ont une direction presqu'exclusivement morale ; elles cherchent à déterminer exactement le principe du bien.

Pour l'école de Mégare, le bien est l'un, le général, et elle applique à ses recherches, la dialectique des éléates.

L'école cyrénaïque fait consister le bien dans le plaisir; cette doctrine fut développée plus tard par Epicure et ses disciples.

Pour les cyniques, le bien gît dans la satisfaction des besoins immédiats. L'homme doit s'en tenir à la nature s'il veut conserver sa liberté.

3. Avec Platon et Aristote, la philosophie revêt la forme scientifique, et le principe de Socrate est systématiquement organisé.

La doctrine de Platon est la philosophie de l'idéal. Et ici, idéal ne doit pas être pris dans le sens de pensée subjective, opposée au monde réel ; l'idéal, pour Platon, est l'identification de la pensée et de la réalité. Par sa doctrine des idées, Platon nous a ouvert les portes du monde suprasensible, et sa philosophie a eu la plus grande influence sur le christianisme et le monde moderne. Platon est le premier qui ait su s'approprier et fondre ensemble les principes des systèmes antérieurs.

D'après une opinion généralement répandue, Aristote

et Platon seraient deux pôles opposés ; l'un représentant l'idéalisme, et l'autre le réalisme, dans le sens le plus trivial du mot. Il n'en est rien cependant ; la spéculation d'Aristote surpasse encore en profondeur celle de Platon, et les principes métaphysiques ne l'abandonnent jamais au milieu de ses recherches expérimentales (1).

La période qui sépare la philosophie péripatéticienne de l'école d'Alexandrie, est remplie par le dogmatisme et le scepticisme.

On était arrivé à reconnaître un principe général ; il s'agissait maintenant de déterminer ce principe et de montrer comment on pouvait en déduire le particulier (question du criterium de certitude). De ce point de vue sortirent trois doctrines, le stoïcisme, l'épicuréisme, et le scepticisme.

Les doctrines stoïciennes et épicuriennes sont également fausses, parce qu'elles sont également exclusives. Pour l'une, le criterium de la certitude est la raison abstraite ; pour l'autre, c'est la perception immédiate. La même opposition se manifeste dans la morale des deux écoles. Pour les stoïciens, le criterium du bien est la négation de tout ce qui n'est pas la loi morale absolue ; pour les épicuriens, c'est le contingent, l'individuel : la sensation.

---

(1) Pour les principes de la philosophie d'Aristote, voy. *Logique*, pass.

Le scepticisme sortit de la lutte de ces deux principes formels. Pour le scepticisme, il n'y a pas de vérité objective; tout se réduit pour l'homme, à des vraisemblances, à des probabilités. Il ne faut pas confondre le scepticisme ancien et le scepticisme moderne; le scepticisme ancien est encore du dogmatisme, car il ne doute pas, il affirme que l'objectivité n'est qu'une illusion.

Le scepticisme était le retour de la conscience sur elle-même, la subjectivité infinie sans objectivité, la négation absolue, dans laquelle les contradictoires n'avaient plus d'existence réelle, et devenaient des moments de la subjectivité. Le besoin de l'esprit est de remplacer le monde intérieur qu'il a perdu par un univers, à la fois objectif et interne, et c'est ce que réalise la philosophie alexandrine. Les rudiments de cette philosophie existent déjà dans la kabbale et le gnosticisme, mais c'est avec les néoplatoniciens qu'elle atteint son développement complet.

Ainsi, en résumé, la philosophie grecque a commencé par l'absolu abstrait, et après avoir traversé une série de transformations, qui trouvent leurs analogues dans la logique, elle est arrivée, avec le néoplatonisme qui la termine et la couronne, à une totalité concrète. Mais, ce monde intellectuel est tout-à-fait en dehors de la réalité, parce que, n'ayant ses racines que dans le général, il ne tient pas compte de la subjectivité qui est un moment essentiel de l'idée.

C'est au monde germanique qu'il appartient de combler ce vide, en restituant à la subjectivité sa valeur absolue. Ce principe est déjà proclamé par le christianisme, qui destine l'homme à une félicité éternelle, et le fait l'objet de la protection spéciale de Dieu. L'œuvre de la philosophie est de donner une valeur scientifique, à ce qui est surtout, pour la religion, un pressentiment, une croyance, et de réaliser dans le présent, et pour l'humanité tout entière, le dogme de l'unité de la nature divine et de la nature humaine, révélée aux hommes dans le Christ.

B (1). Le moyen âge est une époque de halte. Les progrès de la philosophie durent cesser, jusqu'à ce que la révolution religieuse, commencée par le christianisme, fut accomplie.

1. Les travaux des Juifs et des Arabes n'enrichirent la philosophie d'aucun principe nouveau; ils se bornèrent à commenter Aristote, et à reproduire le mysticisme des néoplatoniciens.

2. Le mot *scolastique* ne désigne pas une doctrine particulière, c'est un nom commun donné aux éléments les plus hétérogènes; cependant, il est un fait général qui domine la période scolastique, c'est l'asservissement

---

(1) Dans les trois énormes volumes de son *Histoire de la philosophie*, Hégel consacre à peine quelques pages à la philosophie du moyen-âge. Dès-lors, on comprend que notre analyse devait se borner à bien peu de chose.

de la philosophie aux dogmes de l'église. La vraie philosophie est la vraie religion, et la vraie religion est la vraie philosophie, dit Scott Erigène. La pensée cessant d'être libre, toute son activité se borne à créer la dogmatique chrétienne, en appliquant aux principes du christianisme la logique formelle d'Aristote.

Les différentes directions particulières à la philosophie scolastique, peuvent se réduire aux suivantes :

1° Tendance à fonder le dogme chrétien sur des principes métaphysiques (Anselme, Abailard).

2° Systématisation de la doctrine de l'église (Pierre Lombard, Thomas d'Aquin, Dunns Scott).

3° Influence dominante d'Aristote (Alexandre de Hales, Albert-le-Grand).

4° Lutte du nominalisme et du réalisme (Roscelin, Valther de Montagne, etc., etc.).

5° Dialectique formelle (Julien de Tolède, Paschase Radbert).

6° Mysticisme (Jean de Charlier, Raymond de Sabonde, Roger Bacon, Raymond Lulle).

La philosophie du moyen-âge ne peut présenter aujourd'hui aucun intérêt. C'est une forme vide, un assemblage incohérent de principes et de catégories. Parmi les scolastiques, il est sans doute des hommes doués d'un esprit noble et profond, mais, en somme, cette philosophie est grossière et barbare au dernier degré.

3. L'esprit humain, qui, depuis plusieurs siècles, avait

abandonné la spéculation pour se perdre dans les arguties, devait enfin faire un retour sur lui-même, secouer sa torpeur, et marcher à de nouvelles conquêtes scientifiques. Mais, avant de songer à conquérir de nouveaux trésors, il fallait s'assurer de ceux qu'on possédait déjà, et l'étude sérieuse des anciens précède les tentatives hardies de Cardan, Campanella, Jordano Bruno. Enfin, l'opposition de la raison et de la foi, représentée surtout par Vanini, termine le moyen-âge, et sert de prélude à la réformation et à la philosophie moderne.

C. L'esprit nouveau reprend la philosophie au point où l'avait laissée l'école d'Alexandrie.

L'opposition qui domine dans la philosophie moderne, est celle de la pensée et de l'être. Deux voies sont ouvertes pour arriver à la solution du problème : partir de la pensée pour arriver à l'être, et *vice versâ*. La première route est suivie par la métaphysique, depuis Bœhme jusqu'à Wolf; la seconde, par l'empirisme, depuis Bacon et Locke, jusqu'au matérialisme français inclusivement.

1. Bacon et Bœhme sont des génies les plus dissemblables, et cependant leurs efforts aboutissent au même résultat. Bacon, par les lois données à l'expérimentation, Bœhme, par ses déductions profondément spéculatives, ont préparé tous deux la conciliation du monde et de la pensée.

2. Les principales directions métaphysiques qui résolurent le problème d'une manière encore incomplète, sont représentées par les noms de Descartes, Spinosa, Leibnitz et Wolf.

Descartes pose de prime-abord, et comme une donnée de l'intelligence, l'identité de l'être et de la pensée : *cogito, ergo sum*. Mais quand il faut déduire les conséquences de ce principe, il abandonne la méthode spéculative, et revient aux hypothèses que son doute méthodique avait renversées.

Spinosa s'attache à tirer les conséquences spéculatives du principe de Descartes, mais il s'arrête à la catégorie de substance, et l'élément subjectif est complètement annihilé. Malebranche donne au spinosisme une forme mystique.

Hugo Grotius, Hobbes, Cudworth, Puffendorf, Newton, sont les représentans de la direction expérimentale, dont Bacon est le chef, et Locke le métaphysicien.

La philosophie de Leibnitz systématisée par Wolf, est un essai de synthèse des deux directions opposées, mais la doctrine de Leibnitz, basée sur l'hypothèse incompréhensible de l'harmonie préétablie, ne pouvait résister à une critique sérieuse.

Jusqu'à présent, les deux moments abstraits du concept total ont été développés isolément. C'est à l'Allemagne qu'il est donné de les identifier ; mais, auparavant, il fallait traverser une période de crise : le scepticisme de Hume, et le matérialisme français.

Hume s'est borné à déduire les conséquences légitimes de l'empirisme de Locke ; sa polémique sceptique est surtout dirigée contre les catégories d'universalité et de nécessité.

Pour échapper aux conséquences funestes qu'on pouvait tirer de cette doctrine, les philosophes écossais cherchèrent un refuge dans des faits de conscience primitifs, indémontrés. Les principes religieux et moraux avaient leur source dans un sentiment inné, qui les élevait au-dessus de tous les doutes. Par là, l'empirisme externe est seulement transformé en empirisme interne.

Au contraire, le matérialisme français dont le père est Condillac, ne recula point devant ces conséquences. Sans crainte et sans retenue, il osa renverser ce fantôme d'idéalisme, que Hume avait encore laissé subsister, et proclamer que tout est matière, ou modification de la matière. Mais, au milieu des erreurs graves dans lesquelles elle tomba, la philosophie française déploya une énergie et une indépendance, qui ne contribua pas peu à frayer la route aux derniers systèmes philosophiques de l'Allemagne.

3. Le caractère commun de tous ces systèmes, c'est de ne point se borner à une fusion intime de l'être et de la pensée, du sujet et de l'objet, mais encore d'assi-

gner à l'idée le premier rang, de la reconnaître comme principe; leur caractère spécial, c'est d'être telle ou telle forme de l'idéalisme.

Si l'objet recule devant la pensée, et que toute existence soit concentrée en elle, nous aurons l'idéalisme subjectif de Kant et de Fichte; si, au contraire, on considère la pensée elle-même comme objective, et les objets, comme des déterminations rationnelles, nous aurons l'idéalisme objectif de Schelling. Ce qui reste à faire à l'époque actuelle, c'est de fondre le plus profondément possible ces deux doctrines, et d'arriver ainsi au savoir absolu.

PHILOSOPHIE
DE LA NATURE.

—◆—

Après avoir parcouru la série tout entière de ses déterminations logiques, l'idée revêt la forme de l'extériorité, elle apparaît comme nature.

La manière dont Hégel envisage la philosophie de la nature, se déduit rigoureusement du principe qui vivifie toute sa doctrine. De ce que l'idée est l'existence absolue, l'identité de l'idéal et du réel, le principe et la fin de toute chose, il suit que tout ce qu'il y a de vrai, d'essentiel dans le monde sensible, appartient à l'idée, et que la nature doit nous présenter dans un parallélisme parfait, les mêmes déterminations que nous avons trouvées dans la logique. Seulement, tandis que, dans la logique, ces déterminations n'existaient qu'à l'état de moments, elles ont acquis dans la nature une existence propre. Le travail de la nature qui s'élève des formes les plus simples aux plus compliquées, n'a pas d'autre but que de triompher du morcellement de l'idée, pour retourner à l'unité. Comme la nature est enchaînée par la nécessité, elle ne peut présenter qu'une gradation en dignité et non un développement successif dans le temps. A proprement parler, la nature n'a pas d'histoire. La nature est tout en même temps, et comme elle ne s'est pas développée peu à peu, elle n'a pu se perfectionner : elle est éternellement la même.

La philosophie de la nature consiste à prendre l'idée pour point de départ, et à *reconnaître* ses catégories, au sein de la multiplicité des formes matérielles qu'elle peut revêtir. L'observation n'est pas rejetée, mais elle se trouve placée sur le second plan ; elle n'est pas le point de départ, mais une pierre de touche qui sert à montrer si l'esprit a été fidèle à la méthode absolue, ou bien, s'il a cédé à des suggestions personnelles, subjectives. Dans ce dernier cas, il faut jeter de nouveau le système dans le creuset de la dialectique, jusqu'à ce qu'il en sorte en harmonie complète avec la réalité. La philosophie de la nature part du centre, pour arriver à la circonférence; l'observation part de la circonférence, pour arriver au centre : elles peuvent et doivent même se rencontrer, mais pour cela il faut que la philosophie ne s'arrête pas à l'identité abstraite, et que le physicien, ne se perdant pas dans l'infinie variété des phénomènes, remonte aux lois stables et générales, qui seules ont une valeur dans les sciences. Si la physique se bornait à des apperceptions immédiates, elle consisterait dans l'exercice des sens ; à voir, ouïr, sentir, et à ce compte, les animaux aussi seraient physiciens. Mais le propre de l'intelligence, c'est de transformer l'immédiat en médial, l'individuel en général, le φαινόμενον en νοούμενον. Ce n'est qu'en fesant violence au vieux Protée, c'est-à-dire, en ne s'arrêtant pas à son apparence sensible, qu'on l'oblige à révéler la vérité. Hamann a dit avec beaucoup d'esprit et de raison, que la nature était un mot hébreux écrit seulement avec des consonnes, et auquel l'intelligence doit ajouter les voyelles.

Ce n'est que pour ne pas laisser une trop grande lacune dans l'exposition du système de Hégel, que nous donnerons un canevas de sa philosophie de la nature, mais des motifs de plusieurs ordres nous empêcheront d'entrer dans des détails. Sans tenir compte de nos habitudes françaises, qui concentrent dans la sphère de l'esprit l'ensemble des sciences philosophiques ; sans parler de la somme immense de connaissances spéciales qu'il faudrait posséder pour interpréter convenablement les idées de Hégel, en astronomie, chimie, physiologie, etc., etc., il est une raison intrinsèque, qui suffit à elle seule, pour justifier notre brièveté, et nous dispenser d'un aveu d'impuissance.

Dans les temps modernes, Schelling et Hégel se sont partagé l'empire de la philosophie. Schelling en a développé surtout le côté objectif, et en cela il ne fesait qu'obéir à la tendance générale des esprits, qui avaient hâte d'échapper à l'idéalisme hardi, mais froidement abstrait de Fichte. La philosophie de la nature, que Schelling avait créée ou plutôt reconquise, occupa dans son système une place presqu'exclusive, et provoqua, dans la foule des penseurs, une tendance exclusive aussi ; la réaction avait dépassé le but et appelait une réaction nouvelle. Hégel se préoccupa surtout de la philosophie de l'esprit, et de la forme à donner à la science. Pour la philosophie de la nature, il n'est que le fidèle continuateur de Schelling (1), et sa part de gloire consiste surtout à avoir apporté la rigueur des formules logiques, là où Schelling n'avait vu qu'une poésie sublime (2). En passant rapidement sur la philosophie

---

(1) Il est bon pourtant de signaler une différence essentielle dans la manière dont Hégel et Schelling envisagent la nature, différence qui résulte du principe qui domine leurs systèmes. Pour Schelling, dont le point de départ est le savoir immédiat, *l'intuition intellectuelle*, et qui s'attache surtout à l'identité, la nature devait se révéler dans toute sa beauté et sa poésie, et ce qu'il devait faire ressortir, c'était l'harmonie de la nature et de l'esprit. Au contraire, l'esprit étant pour Hégel le dernier terme de développement, que l'idée ne peut atteindre qu'à travers une déchéance nécessaire, il devait s'attacher surtout à mettre en relief ce que la nature renferme d'infériorité et de contradiction.

(2) On ne saurait se faire une idée des rêveries bizarres dans lesquelles les disciples de Schelling ont été entraînés par l'absence de toute marche méthodique. Pour Oken, par exemple, le siège des pressentiments est le foie. La pensée, dont le cerveau est l'organe, trouve un écho dans le foie ; en lui, l'esprit sommeille sans conscience

de la nature, pour nous arrêter davantage à la logique et à la philosophie de l'esprit, nous n'aurons donc fait qu'obéir à la nature même des choses, dans un travail spécialement destiné à Hégel.

Dans la sphère de la nature, l'idée subit d'abord trois déterminations principales : elle apparaît comme *nature mécanique*, comme *nature physique*, comme *nature organique*.

1. *La nature mécanique.*

L'idée apparaît brisée, éparpillée, les choses sont en dehors les unes des autres, agissent extérieurement les unes sur les autres, et n'ont pas de principe immanent de détermination.

A. La nature mécanique dans laquelle règne exclusivement la catégorie de quantité, et qui n'est pas encore l'être réel, est la nature *mathématique*.

Comme la logique, la nature commence par l'abstrait, l'indéterminé : *l'espace*. L'espace est le morcellement absolu (*das absolute aussereinander*), chacun de ses points est en dehors de l'autre, et cependant ils sont ab-

---

des années entières.... Schubert trouve un parallélisme exact entre les parties du système planétaire et celles du corps humain. Les quatre planètes les plus proches du soleil représentent la tête ; les astéroïdes, le cou ; Jupiter, la poitrine et les bras ; Saturne, l'estomac ou le foie ; Uranus, les parties génitales, etc... etc.

solument identiques. Dans l'espace, la discrétion est absorbée dans la continuité. Comme totalité de l'idée, l'espace a nécessairement trois dimensions (longueur, largeur et profondeur), qui ne présentent pas de différences essentielles, et ne se distinguent que par des signes relatifs. La discrétion considérée dans l'espace, abstraction faite de la continuité, est le *point*. La continuité du point en longueur est la *ligne*, la continuité de la ligne en largeur est la *surface*, la continuité de la surface en profondeur est le *solide*, le *corps*.

La discrétion n'étant dans l'espace qu'un moment transitoire, le point n'a pas en lui d'existence, mais bien dans le *temps*. Les moments du temps ne sont pas indifférents les uns aux autres comme ceux de l'espace, mais ils s'excluent nécessairement : Saturne dévore ses enfants. La discrétion est ce qui domine dans le temps, cependant chacun de ses moments est enchaîné à l'autre, et la continuité est une de ses déterminations nécessaires. Dans l'absolue continuité du temps git l'impossibilité qu'il ait jamais commencé et qu'il puisse jamais finir ; le commencement du temps demanderait un *instant* dans lequel il aurait commencé, c'est-à-dire, que le temps suppose toujours son existence antérieure. Comme l'espace, le temps reproduit le rhythme dialectique de l'idée ; le *passé* et *l'avenir* qui, considérés en eux-mêmes, sont des abstractions, acquièrent de la réalité en venant se confondre dans le *présent*.

La série des moments qui se succèdent dans le présent, constitue la *durée*. Comme les instants de la durée sont identiques, en passant de l'un à l'autre, le temps ne sort pas de lui-même, et c'est en cela que consiste l'idée de *l'éternité*, qui est le présent absolu. Le présent étant le résultat du passé tout entier, et le germe d'un avenir infini, chaque moment de la durée renferme en soi l'éternité.

Ces deux déterminations contraires d'espace et de temps, viennent s'absorber dans une troisième détermination qui est leur synthèse : *le mouvement* ; de la même manière qu'en logique, nous avons vu l'être et le non-être s'identifier dans le devenir : le produit du mouvement est la *matière* (1). Dans son aggrégation, la matière possède la continuité de l'espace, et dans son *impénétrabilité*, la discrétion du temps. Par l'aggrégation, tous les points sont enchaînés l'un à l'autre : *l'attraction* ; par l'impénétrabilité, ils tendent à se diviser : la *répul-*

---

1) L'entendement peut avoir quelque répugnance à admettre, que des éléments purement idéaux, tels que l'espace et le temps produisent la matière ; et cependant, cette identité de l'idéal et du réel est admise de fait dans les sciences. Dans le levier, par exemple, on remplace la masse par la longueur, une quantité réelle par une quantité idéale. Une tuile qui, par elle seule, n'est pas capable de tuer un homme, le tue cependant quand elle a une certaine vitesse. Or, la vitesse n'est que le rapport de l'espace au temps : il est donc vrai de dire qu'un homme peut être tué par du temps et de l'espace combinés.

sion. Ces deux forces viennent se combiner dans la *gravitation*, qui est l'idée totale de la matière. Le supplice auquel est condamnée la matière, c'est de chercher éternellement l'unité sans jamais pouvoir l'atteindre.

B. Par l'attraction et la répulsion, la matière se divise en plusieurs êtres particuliers, qui sont indifférents les uns aux autres, et ne se limitent que par des différences quantitatives : les masses ou les *corps*. Les rapports purement extérieurs qui existent entre eux constituent la MÉCANIQUE PARTICULIÈRE ou finie. Soumis à la loi d'inertie, les corps ne sont en mouvement ou en repos, que par une cause externe. La cause du mouvement est le *choc*, celle du repos, la *pression*. Par la pression ou la suspension, le corps est tenu éloigné du centre de la terre. Cet obstacle est-il détruit, le corps obéit à son impulsion interne, et cherche le point central. Dans le jugement de gravitation, la chute est la copule logique qui fait rentrer le corps particulier comme sujet, dans le centre général comme prédicat (1).

Le *jet* (*wurf*) est une réunion contingente du choc et de la chute; mais la ligne courbe, la *parabole*, qui résulte de ces facteurs contraires, ne peut pas encore se

---

(1) On se rappelle que, pour Hégel, tout se fait, se maintient, se développe par jugement et par syllogisme.

replier infiniment sur elle-même et réunir l'extrémité de ses branches.

C. C'est ce qui arrive dans la MÉCANIQUE ABSOLUE ou *l'astronomie*. Dans le mouvement des corps planétaires, l'attraction et la répulsion sont dans une identité absolue, et la ligne qu'ils décrivent est une courbe dont les extrémités se confondent. C'est faussement qu'on donne à la force centripète et centrifuge une existence indépendante. La force centripète est assimilée au mouvement qui a lieu dans la chute; et, comme si elle existait seule, la terre serait attirée vers le soleil dans la direction du rayon, on suppose un choc primitif, qui a poussé les corps planétaires dans la direction de la tangente, de telle sorte que, sollicités à la fois, et par la tangente et par le rayon, ils décrivent une courbe comme moyenne proportionnelle entre les deux directions. Nous avons vu tout à l'heure à l'encontre de cette théorie, que le choc et la chute réunis, ne peuvent donner lieu qu'à une parabole dont les deux branches se fuient indéfiniment. Il est au reste tout-à-fait faux d'appliquer, à la mécanique absolue, les catégories de la mécanique particulière; le choc et la chute ont un terme *a quo* et *ad quem*, ils relèvent de quelque chose d'extérieur; dans la mécanique céleste, au contraire, nous avons une force immanente (*trieb*), un mouvement libre, absolu, c'est-à-dire, qui a sa source en lui-même. Ce qui se meut soi-même est éternel; la courbe, qui confond ses deux extrémités, n'a ni commencement ni fin; ces deux moments sont identifiés dans chacun de ses points.

De ces prémisses, Hégel déduit les lois des mouvements célestes découvertes par Keppler. Nous nous dispenserons de le suivre dans cet examen par les raisons que nous avons données plus haut.

2. *La nature physique.*

A. Les formes générales de la matière, sont les corps célestes envisagés au point de vue de la qualité. Le soleil et les étoiles sont les corps lumineux; or, la *lumière* est simple, dénuée de pesanteur, elle est la pure identité avec soi-même. Les corps qui représentent les termes contraires, sont la comète, masse de vapeur sans noyau, et la lune, compacte et combustible; l'une est virtuellement l'eau, l'autre, le feu. Enfin, le globe terrestre est le corps qui présente la synthèse des deux autres en renfermant en lui, à l'état de moments, leurs qualités contraires.

Ainsi rabaissées à l'état de moments, ces qualités sont les éléments physiques, et la planète n'est vivante et active que parce qu'elle renferme dans son sein une totalité de différences. *L'air* est l'élément de l'identité, mais non plus d'une identité passive (comme celle de la lumière), il agit négativement et comme dissolvant.

Les éléments contraires qui, maintenant, ne sont plus une généralité abstraite, mais qui se sont individualisés, sont : le *feu*, l'élément qui, en dévorant ce qui n'est pas lui, se dévore lui-même ; et *l'eau*, l'élément de la neutralité ; enfin, la terre est le théâtre du procès de ces différences, et c'est là le principe de sa vie et de son activité.

B. La terre possède en soi comme substrat (*grund*) la totalité des formes. Ce rapport de la matière pesante avec la forme, constitue la lutte de *l'individualité et de la pesanteur*.

Dans la *pesanteur spécifique*, la forme détermine la masse ; le rapport du poids au volume, varie avec l'intensité (la densité). L'or, qui est dix-neuf fois plus pesant que l'eau, n'a pas pour cela dix-neuf fois plus d'atomes, l'eau dix-neuf fois plus de pores ; c'est dynamiquement que ce rapport doit être compris. A cause de la loi de continuité, l'espace est absolument plein dans chaque corps, seulement cette plénitude est plus ou moins intensive ; c'est ainsi, que de l'eau faiblement ou fortement colorée, n'en a pas moins de la couleur dans tous ses points.

La résistance d'un corps à l'action d'un autre est la *cohésion*. Quand sa résistance est surmontée, la structure interne du corps se révèle dans sa destruction. Si, en se brisant, il présente des points, il est *cassant* ; si des lignes, il est *extensible*; si des surfaces, il est *malléable*.

Le rétablissement de la forme, après l'action mécanique d'un corps sur un autre, est l'élasticité, et les vibrations internes du corps constituent le son. Le son, est le cri d'effroi que pousse le corps, en se délivrant de la pression exercée sur lui par un autre corps. La dissolution totale de la matérialité, la forme qui s'affranchit elle-même de la forme, est le *calorique*.

C. La nature pesante, dominée par la forme, contrairement à la loi de la gravitation, même au sein de la nature inorganique, constitue *l'individualité totale* (1) ou la figure. Les trois moments qui concourent à son existence et à sa destruction, sont : *le magnétisme, l'électricité*, et le *procès chimique*.

3. *La nature organique.*

Le procès chimique est le point le plus élevé auquel la nature inorganique puisse parvenir; il forme sa transition à la sphère de l'organisme, dans laquelle la forme infinie, l'idée, arrive à sa réalité objective, et enchaîne dans l'unité les éléments contraires. Le corps vivant est toujours sur le point de devenir le théâtre

---

(1) On comprend qu'Hégel ne donne pas ici à ce mot le sens de personnalité; c'est tout simplement le corps particulier envisagé comme un *complexus* de propriétés.

d'un procès chimique; mais c'est le propre de la vie que de pouvoir maîtriser les contraires, et la combinainaison chimique ne s'opère que dans la maladie, et après la mort.

A. Le premier organisme que nous avons à considérer, c'est l'organisme terrestre ou *géologique*. Ce qui constitue son caractère propre, c'est que les forces qui ont donné lieu à sa formation, les facteurs de la vie, ont une existence propre en dehors du sujet qui apparaît comme résultat.

B. Dans l'organisme *végétal*, la vie qui se fait jour sur tous les points, s'épanche en un nombre infini d'individus; chaque partie de la plante est l'individu tout entier; la racine peut devenir rameau, et le rameau racine. Il suit de là, que la croissance dans les plantes, n'est que la production de nouveaux individus, qui s'ajoutent par juxta-position, de telle sorte que l'organisme végétal manque encore de l'unité individuelle absolue.

C. Cette unité se trouve réalisée dans l'organisme *animal*, dont les caractères distinctifs sont: l'intus-susception périodique, la locomotion, le sentiment; et dans les degrés supérieurs de l'échelle, la chaleur interne et la voix. La *formation*, l'*assimilation*, la *reproduction*, qui étaient encore confondues dans les plantes, sont des fonctions qui, chez l'animal, sont distinctes au sein de l'unité du sujet.

En tant qu'individu, l'animal ne peut jamais être adéquat à l'espèce, et c'est dans cette disproportion que gît la nécessité de la *maladie* et de la *mort*. La maladie provient de ce qu'une partie de l'organisme s'isole de la vie totale et s'efforce de se donner une vie indépendante. Alors l'organisme se sépare du monde extérieur, et se nourrit de sa propre substance. Le *remède* est un poison (φάρμακον) destiné à exciter ses forces assoupies, et le mettre de nouveau en rapport avec le monde extérieur. Dans ce cas, il faut que l'énergie de l'organisme soit doublée, pour qu'il puisse triompher à la fois et de son inertie et du remède administré; s'il n'est pas capable de ce double effort, la mort a lieu. La mort est l'acte négatif par lequel l'idée se délivre de l'individualité dans laquelle elle est captive au sein de la nature, pour revenir à l'identité, à la généralité. Le but de la nature c'est de se suicider, de briser son enveloppe matérielle, de se préparer à elle-même son propre bûcher, pour sortir de ses cendres plus belle et plus radieuse : se transfigurer en *esprit*.

PHILOSOPHIE DE L'ESPRIT.

L'UNITÉ de la nature est en dehors d'elle-même, et elle ne peut l'atteindre que par la négation de sa propre existence. L'unité idéale, non plus abstraite, mais positive, est *l'esprit*, la pensée logique ayant conscience d'elle-même, après avoir traversé la nature. Nous avons déjà dit que le caractère fondamental qui distingue l'esprit de la matière, est la liberté. Les différentes phases de l'esprit ne sont pas juxta-posées, en dehors les unes des autres; l'esprit est à lui-même son développement. En tant que libre, il n'est pas immédiatement, il n'est qu'à la condition de se faire lui-même; d'abord, en connexion intime avec la nature, il commence par être esprit individuel, pour s'élever successivement jusqu'à sa vraie substance : l'esprit universel, absolu.

L'esprit subjectif, ou *l'âme*, encore lié à la matière, et subissant son influence est l'objet de l'*anthropologie*.

La première chose à considérer, ce sont les qualités *naturelles* de l'esprit, résultant des influences cosmiques et sidérales, qui ont présidé à la naissance de l'humanité. La place qu'occupe la terre dans le système planétaire, la rend surtout propre à être l'habitation de l'esprit, et cette disposition a été favorisée encore par les grandes révolutions géologiques qui ont précédé l'apparition de l'humanité sur le globe.

Le concept général de l'humanité, subit ensuite de déterminations particulières qui existent à l'état des formes distinctes, et constituent :

1° Les sexes. Dans la femme, domine le sentiment (1); dans l'homme, l'unité spirituelle sortie de la lutte de la pensée.

2° Les différentes races d'hommes. Le *Nègre* est l'esprit *naturel* en tant que tel; dans le *Mongole* se fait jour la lutte de l'esprit et de la nature; le *Caucasien* représente l'esprit libre.

3° Ces grandes classes se subdivisent ensuite suivant les différences contingentes du sol, du climat, des institutions.

L'unité absolue de toutes les déterminations naturelles est l'individu dans lequel les différences se ma-

---

(1) Le sentiment est contingent, et dépendant à la fois de l'organisation et des objets extérieurs. La femme représente donc plus spécialement, l'élément naturel.

nifestent comme talent, génie, tempérament, etc., etc.

Le tempérament *sanguin* est encore dans une étroite union avec la nature; la concentration passive de l'esprit est le caractère dominant du tempérament *mélancolique*; le tempérament *cholérique* exprime au dehors son activité inquiète; enfin, le tempérament *phlegmatique* représente l'esprit libre et sûr de lui-même dans l'action et la conception.

Comme l'individu est une totalité, il n'est lié à aucune de ces déterminations, et montre la première lueur de liberté en passant alternativement de l'une à l'autre: *les changements naturels de l'âme.*

La succession qui se produit une fois pour toutes est celle des *différents âges* de la vie; au contraire, la succession qui revient sans cesse, et qui offre le spectacle de la vie naturelle luttant contre la vie spirituelle, est *l'alternative de la veille et du sommeil.* Enfin, ces deux états tendent à se pénétrer réciproquement, à s'identifier, dans ce que Hégel nomme *la vie magique de l'âme.* Notre individualité tout entière n'est qu'un produit de notre connexion avec la nature; ce complexus mystérieux des mille liens qui nous rattachent à elle, tend-il à passer à l'état de conscience, nous avons alors les *pressentiments,* le *magnétisme animal.* Dans ce dernier état, la vie naturelle apparaît comme conscience d'un autre personne, l'être se trouve doublé et divisé en deux personnalités. Cette maladie de la conscience, ce déchirement poussé aux dernières limites, constitue la *folie*.

Le plus haut degré de l'antinomie est en même temps le retour à l'unité. L'esprit se rend maître de la matière, le corps devient l'organe de l'âme. Les modifications du corps en tant qu'elles manifestent les manières d'être de l'âme sont décrites par la *physiognomie* et la *pathognomie* (Gall, Lavater, etc.).

En triomphant du corps auquel il est lié, et en en fesant le siége de son libre-arbitre, l'esprit s'est séparé de la nature qui acquiert aussi une existence indépendante ; ce rapport donne naissance à la première partie de la psychologie, la *psychologie théorique*, dans laquelle l'esprit a à reconquérir, à poser son identité avec la nature [1].

1. Dans la *sensibilité*, l'identification du moi et de la nature, apparaît comme produite par le monde extérieur. Dans la *sensation*, ces deux termes ne sont pas distincts ; tout est absorbé dans la subjectivité, et la qualité de la chose sentie n'est pour nous qu'une modi-

---

[1] C'est là ce qu'exprime le mot *setzen*, qui indique l'intervention de la réflexion, la médiation. La première identité avec la nature est une identité sans conscience ; la seconde, au contraire, est le résultat du développement de l'esprit, de l'idée. Pour nous servir de la langue de Hégel, cette union qui était *en soi* est devenue *pour soi*.

fication de notre esprit. La totalité des phénomènes de la matière répond à nos cinq sens, la lumière à l'œil, le son à l'ouie, etc.

La *perception* est la conscience de ce qui existait en soi dans la sensation. Dans la perception, il y a distinction entre le sujet et l'objet, entre le moi et le non-moi. Le moi est le général, la chose perçue, le particulier ; mais, en tant que la multiplicité des sensations est localisée dans une totalité qui répond aussi objectivement à la généralité du moi, la perception devient apperception (*wahrnehmung*, synthèse de perception).

2. En acquérant ce caractère de généralité, en devenant idéale comme le moi, la chose devient aussi susceptible de passer dans le domaine de l'esprit *imagination*.

Dans *l'imagination*, l'esprit n'a plus de rapport direct avec le monde extérieur, il n'a affaire qu'à lui-même, et peut diversement combiner et synthétiser les images sensibles évoquées par le *souvenir*.

Faire d'une image sensible le symbole d'une idée générale, c'est l'œuvre de la *phantaisie* imagination poétique).

L'expression sensible cesse-t-elle d'être empruntée aux objets de la nature pour devenir abstraite, nous aurons le *langage*, qui n'est autre chose qu'un système complet de signes, correspondant à la totalité de nos concepts, et conservés par la *mémoire*.

3. Dans la pensée pure, l'interne n'a plus besoin de chercher son expression au dehors, il trouve au dedans de lui-même son être et sa forme.

Comme *intelligence*, la pensée est le pouvoir de faire rentrer dans les catégories, les concepts purs, les notions empruntées à la sensibilité; de ramener à des lois, les faits obtenus par l'observation et l'expérimentation.

La perception de rapport entre le cas particulier et la loi générale, constitue le *jugement* qui, ou bien, par *subsumtion* (induction), cherche la loi générale correspondant à un fait particulier donné, ou bien, sous forme d'exemple, déduit de la loi générale, un fait particulier qui lui est adéquat. Cette identité du général et du particulier posée par la pensée, constitue la raison dont la forme est la spéculation.

La *seconde partie* de la psychologie, la *psychologie pratique*, a pour objet la pensée considérée comme la source de la réalité : la *volonté*.

1. Les choses sont avec l'esprit, dans un rapport de convenance ou de disconvenance, qui donne lieu à un plaisir ou à une peine. Le désir d'éviter l'un et de se procurer l'autre provoque la *volonté sensible*. Un désir qui domine les autres, et les absorbe tous en lui, constitue *la passion*.

2. La volonté sensible qui, dans la passion, s'est élevée jusqu'à la généralité, devient *volonté réfléchie*; l'élément sensible du désir n'a pas disparu, mais la passion

peut le faire varier à son gré. Cette faculté de choisir entre des désirs différents, loin d'être la vraie liberté est bien plutôt l'esclavage de l'homme, qui se trouve toujours sous le joug d'une affection. Essayer de classer nos désirs en les subordonnant les uns aux autres pour les satisfaire tous à la fois, c'est la généralité formelle qui est le dernier résultat de cette sphère : le *bonheur.*

3. Dans le désir, la *volonté vraiment libre* veut non réaliser le désir, mais se réaliser elle-même. La volonté qui se veut elle-même, est la *personne*, en regard de laquelle, la chose n'a pas d'existence indépendante. Cette théorie de la liberté, que nous exposerons tout à l'heure avec plus de détails, sert de fondement à la philosophie du droit, et l'on a dit avec raison, qu'un des grands mérites de Hégel, c'est d'avoir assigné au droit naturel une source dans une science qui le précède, en même temps qu'il lui donnait une embouchure dans une science qui le suit : la philosophie de l'histoire.

PHILOSOPHIE DU DROIT [1].

La valeur de la *philosophie du droit* est beaucoup moins dans le principe, l'idée fondamentale sur laquelle elle repose, et qui avait déjà été adoptée par Rousseau et Kant à la fin du dernier siècle, que dans la rigueur méthodique de l'exécution, dans cette logique de fer qui est la qualité par excellence de Hégel. La *philosophie du droit* est merveilleuse d'ordre et d'architectonique, et le professeur Ganz, dont l'Allemagne déplore la perte récente encore, la compare à une de ces cathédrales du moyen-âge, qui, souvent bâties sur des places étroites et de peu d'apparence, se détachent cependant par leur élévation de tout ce qui les environne, et grandissent pour ainsi dire au niveau de leurs tours, l'âme qui les contemple.

A part cette supériorité de forme, cette organisation savante, la *philosophie du droit* se recommande encore par la vive lumière qu'elle jete quelquefois sur de grandes questions sociales. Par exemple, la dialectique inflexible de Hégel fait bonne justice de cette différence,

---

[1] L'ouvrage de Hégel a pour titre : *Esquisse de la philosophie du droit, ou éléments du droit naturel et de la science sociale.*

ou plutôt de cette opposition, que le dix-septième siècle, notamment, avait établie entre le droit et la politique. Enfin, si l'on peut reprocher à Ganz d'avoir dépassé le but, en affirmant que le livre tout entier de Hégel est fondu du pur métal de la liberté, il faut bien convenir aussi, qu'en tenant compte du caractère circonspect de Hégel, et surtout des circonstances difficiles, dans lesquelles il se trouvait placé, il y avait du courage à réclamer, comme conforme à la raison, la publicité des tribunaux et des corps politiques, l'institution du jury, etc., etc.

Il y a deux espèces de lois, les lois de la nature et les lois du droit. Les lois de la nature sont absolues, et il ne peut y être dérogé, bien qu'on puisse se méprendre sur quelques cas particuliers. Pour apprendre ce que sont les lois de la nature, nous devons l'étudier elle-même, car ces lois sont vraies, et c'est seulement l'image que nous nous en fesons qui peut être fausse. La mesure de ces lois est au dehors de nous, et la connaissance que nous en avons peut s'agrandir et devenir plus complète, mais, nous ne pouvons les modifier en aucune façon.

Au contraire, les lois du droit, sont *des lois qui émanent de l'homme*, et la conscience peut y adhérer, ou entrer avec elles en collision. L'homme ne s'en tient pas à ce qui est, mais il affirme avoir en lui la mesure de ce qui est juste; il peut bien se courber sous le joug d'une autorité extérieure, mais sa conscience lui dit toujours ce qui devrait être.

C'est précisément dans cette opposition entre le droit en soi et pour soi, et ce que l'arbitraire voudrait donner pour tel, que gît la nécessité d'étudier le droit à fond. *Etudier le droit dans ce qu'il a de rationnel, c'est l'objet de la philosophie du droit, par opposition à la jurisprudence positive, qui souvent a affaire à des contradictions.* Le besoin de cette étude est surtout urgent pour notre époque, car dans les temps anciens il y avait encore respect et vénération pour la loi établie, mais aujourd'hui, la civilisation a pris une direction différente, et partout la théorie se place au-dessus du fait. Puisque la pensée s'est élevée à sa forme absolue, il faut bien aussi chercher à comprendre le droit sous cette forme. Cela paraît ouvrir la porte aux opinions les plus erronées et les plus contradictoires, mais la pensée vraie, l'idée, n'est pas une opinion contingente, c'est l'essence même de l'objet, et cette connaissance substantielle ne nous est pas donnée immédiatement, elle est le résultat de la méthode scientifique.

Par rapport à la morale, au droit et aux devoirs en général, les vues superficielles conduisent à ces principes des sophistes que Platon nous a si bien fait connaître, principes qui ramenant le juste à des opinions subjectives, au sentiment, à la conviction personnelle, détruisent le droit privé, les rapports de loyauté et d'amour entre les particuliers, en même temps qu'ils sapent l'ordre public, et les lois de l'état.

Une opinion très répandue de notre temps, c'est que, par rapport à l'état, la pensée ne peut prouver sa liberté qu'en fesant de l'opposition à tout ce qui est établi, en inventant une théorie nouvelle; mais, par là, on semble dire que jusqu'à présent, il n'y a eu ni état, ni organisation sociale dans le monde, et que c'est seulement maintenant (et ce *maintenant* dure toujours), que l'on va commencer à les fonder. L'œuvre de la philosophie du droit, c'est de chercher l'éternelle harmonie, la loi immanente au sein du variable et du contingent; elle doit étudier le monde tel qu'il est, et non lui enseigner ce qu'il doit être. D'ailleurs, les théories sont nécessairement impuissantes, car elles ne sont que la conscience d'une évolution déjà accomplie dans l'histoire, et cette conscience ne se fait jour que lorsqu'une forme de la vie est déjà sur son déclin, ce n'est qu'à la venue du crépuscule que l'oiseau de Minerve prend son vol (1).

La philosophie du droit a pour objet l'idée du droit et sa réalisation. Idée est pris ici dans le sens philosophique; à l'idée seule appartient la vraie réalité, et tout

---

(1) Il semblerait suivre de là, que la philosophie n'a qu'une valeur exclusivement théorique, et qu'elle est sans action sur la société.

ce qui n'est pas fondé dans l'idée, est une existence transitoire, un pur phénomène, une illusion.

Le droit naturel ou philosophique est différent du droit positif, mais ne lui est pas opposé; il est avec lui dans le rapport des institutes aux pandectes.

Le point de départ de la philosophie du droit est la volonté libre, et le système du droit est le royaume de la liberté réalisé.

La volonté renferme : 1° Le moment de *l'indétermination pure*, la possibilité absolue de toute détermination : c'est la liberté *négative*, la liberté vide, subjective. 2° Le moment de la *détermination* du fini : la liberté *positive*. Mais ce moment est aussi négatif en tant qu'il est une abstraction par rapport au premier. Non-seulement je *veux*, mais je veux *quelque chose*; la volonté générale, abstraite ne veut rien, et par cela, n'est pas volonté. En voulant un objet déterminé, la volonté se borne, mais elle n'existe qu'à la condition de se borner. Cette particularisation de la volonté est ce qu'ordinairement on nomme le fini. On tient en général le premier moment, celui de l'indétermination pour le plus élevé 1), et le second moment, au contraire, pour

---

1) Dans la doctrine de Fichte, par exemple, le moi abstrait, sans détermination, est le vrai, le positif, et la détermination est la borne extérieure, la pierre d'achoppement contre laquelle le moi vient se heurter.

une pure négation; mais, en réalité, l'un et l'autre sont impuissants et négatifs. 3° La *volonté libre* est la synthèse de ces deux moments abstraits. La liberté consiste à vouloir quelque chose de déterminé, mais en même temps à ne pas sortir d'elle-même, à rester dans le général.

La volonté dans sa détermination est but et réalisation de ce but. Le but est d'abord posé en moi idéalement, subjectivement; mais il doit aussi s'objectifier dans le monde extérieur.

Par la détermination, la volonté devient la volonté de tel ou tel individu. Dans la raison, je suis impersonnel, dans la volonté, au contraire, le général a le caractère d'être *mien*. Ceux-là comprennent peu la nature de la pensée et de la volonté, qui font l'homme infini dans la volonté, et borné dans la raison; c'est plutôt le contraire qui serait vrai.

La possibilité de choisir, de se déterminer pour ceci ou pour cela, constitue la *velléité* (*willkür*, volonté subjective). Dans la velléité, la volonté infinie dans sa forme, est finie dans sa matière, elle ne se possède pas véritablement elle-même dans aucun des objets particuliers qu'elle veut. La matière de la velléité n'est pas donnée par la nature même de la volonté, mais par le hasard. Il y a donc dépendance par rapport à ces objets, et c'est là justement la contradiction qui gît dans la velléité. Ordinairement l'homme croit être libre quand il peut agir arbitrairement, mais, c'est précisément cet arbitraire, qui est la négation de la liberté. Quand je veux le rationnel, je n'agis pas comme individu, mais d'après une loi absolue, universelle. Dans une action morale, c'est l'idée de moralité et non moi que j'ai en vue. C'est surtout quand il fait quelque chose d'absurde, que l'homme met en relief son individualité (1). Le rationnel est la route où tout le monde marche, et où personne ne se distingue; quand de grands artistes accomplissent une œuvre, leur individualité disparait complètement : Phidias n'a pas de manière.

§ Ier. — *Le droit abstrait.*

La volonté libre dans son idée abstraite, est la virtualité pure, l'activité se rapportant à elle-même et négative par rapport à la réalité; cette identité abstraite est ce qui constitue la *personne.*

La personnalité commence là où le sujet n'a pas seulement conscience de soi en tant que déterminé de telle ou telle manière, mais conscience de soi en tant que

---

(1) « *Der mensch, aber, indem er etwas verkehrtes thut, lasst seine particularität am meisten hervortreten.* » En développant et poussant à leurs dernières limites les idées de Fichte, Schleiermacher, Schlegel, Solger, ont fait, au contraire, de l'individualité, le principe de la science et de l'art (la doctrine de l'ironie).

moi abstrait, dans lequel disparaît toute détermination ou limitation. Sujet et personne sont deux choses différentes; le sujet n'est que la possibilité de la personne, car tout être vivant est un sujet.

La personnalité renferme la capacité juridique (*rechtsfähigkeit*), elle est l'idée et le fondement du droit abstrait, dont la maxime fondamentale est : *Sois une personne, et respecte les autres comme des personnes.*

Le droit abstrait n'étant, par rapport à l'action concrète, aux rapports moraux et sociaux, qu'une virtualité, ses dispositions sont uniquement négatives : ne pas léser la personnalité et ce qui en découle.

Placé en face d'une nature préexistante, et qui s'oppose à sa volonté, l'individu ne peut pas rester renfermé dans la subjectivité ; la personne doit épancher sa liberté dans une autre sphère ; cette sphère est l'extériorité en général, les choses, ce qui n'a ni droit, ni personnalité, ni liberté.

La personne a le droit de placer sa volonté dans une chose quelconque qui, par là, devient sienne : — droit d'appropriation absolue de l'homme sur les choses (1) (*zueignungsrecht*).

Comme dans l'appropriation, c'est ma volonté indivi-

---

(1) Il n'est ici question que des choses qui sont immédiatement, et non de celles qui peuvent devenir, par l'intermédiaire de la volonté.

duelle qui s'objectifie, la propriété est propriété privée, et la propriété collective qui, de sa nature, peut se diviser, reçoit le caractère d'une communauté dans laquelle je puis ou non laisser ma part (1).

En tant que personne, je vis dans un organisme que je possède comme les autres choses, seulement en tant que c'est ma volonté : l'homme peut se suicider et non l'animal (2).

La raison veut que je possède quelque chose, mais la nature et le *quantum* de la propriété tient à des circonstances purement subjectives : les besoins, l'énergie, le talent, etc., etc. (3).

La propriété a ses déterminations dans le rapport de la volonté à la chose : 1° rapport positif, *prise de possession* (*besitznahme*); 2° rapport négatif, *usage, jouissance, consommation* (*gebrauch*); 3° synthèse des deux *aliénation* (*verausserung*).

---

(1) La république de Platon, et toutes les utopies basées sur la communauté des biens, méconnaissent, en violant la personnalité, la véritable nature du droit, et la liberté de l'esprit.

(2) Ce passage a donné lieu à des malentendus : on a reproché à Hégel de vouloir justifier le suicide, tandis qu'il voulait montrer seulement que la personnalité était distincte de l'organisme, puisqu'elle pouvait se tourner contre lui (voy. t. 17, p. 160).

(3) Lors même, que l'utopie qui veut l'égalité des biens ne serait pas fausse dans sa base, et irréalisable ; comme l'accroissement des richesses a sa source dans l'énergie, l'aptitude, et autres inégalités naturelles qu'on ne peut niveler, il s'ensuit que l'égalité ne tarderait pas à être de nouveau détruite.

1. La prise de possession est : 1° l'occupation immédiate ; 2° la forme donnée à la chose (*formirung*, *accessio*, *transformatio*) ; 3° la simple dénotation (*bezeichnung*).

L'occupation, en tant qu'action immédiate, est la manière la plus complète d'exprimer sa liberté ; mais par cela même, elle est temporaire, et ne s'applique qu'à un nombre d'objets très restreints.

En donnant une forme à la chose, je lui donne en même temps une existence propre ; la possession n'est plus bornée comme dans l'occupation, à un point déterminé de l'espace et de la durée. Dans ce mode de prise de possession, rentrent les modifications données aux matières premières, l'éducation des animaux, etc.

Enfin, la prise de possession par *dénotation*, n'est pas réelle, mais idéale. C'est un signe donné à une chose, et servant à indiquer que ma volonté s'identifie avec elle. Exemple : prise de possession d'un territoire par l'imposition d'un nom, la plantation d'un drapeau, etc., etc.

2. Dans l'usage, le rapport de la volonté à la chose est négatif ; la réalisation du besoin est le changement, l'anéantissement, la négation de la chose. L'usage est une prise de possession sans cesse renouvelée.

Le rapport de l'usufruit à la propriété, est celui de la substance à l'accident, de l'effet à la cause. Un champ n'a de valeur, que par ce qu'il produit, celui qui a l'usufruit (absolu) d'une chose en a la propriété, et c'est une abstraction vide de sens que de séparer ces deux choses. On ne peut distinguer de la propriété réelle, qu'une nue propriété, ou un usufruit temporaires (1).

La chose a une qualité déterminée, et peut être comparée avec les choses servant au même usage; d'un autre côté le besoin particulier que la chose est destinée à satisfaire, peut être comparé aux autres besoins : il en résulte, qu'un objet peut être comparé aux autres objets servant à satisfaire des besoins divers. La généralité qui reste lorsqu'on a fait abstraction de la qualité spécifique, constitue la *valeur* de la chose.

Le signe, la forme donnée à la possession, ne sont que des circonstances extérieures, qui n'ont de valeur, qu'autant qu'elles manifestent la présence de la volonté; si la volonté cesse de s'attacher à la chose, la chose n'est plus possédée. La propriété s'acquiert ou se perd par *prescription* (*verjarung*). La prescription repose sur la conjecture que j'ai cessé de regarder la chose comme

---

(1) A ce point de vue, Hégel fait la critique du tit. IV, liv. II des Institutes. « *Ususfructus est jus, alienis rebus utendi, fruendi, salvâ rerum substantiâ... Ne tamen in universum inutiles essent proprietates, PLACUIT, certis modis extingui usumfructum, et ad proprietatem reverti.* » Le placuit, dit Hégel, semble désigner une pure velléité, une mesure contingente; or, une propriété qui serait toujours séparée de l'usufruit, ne serait pas seulement inutile, mais ce ne serait plus une propriété.

mienne, car il faut que la continuité de ma volonté s'exprime par l'usufruit ou la conservation.

3. Je puis me dépouiller de ma propriété, puisqu'elle n'est mienne qu'autant que je le veux. *L'aliénation* peut être indirecte par abandon (la prescription), ou directe par transmission à un autre ; mais, dans tous les cas, l'aliénation ne peut avoir lieu que pour une chose *extérieure de sa nature*.

Sont inaliénables et imprescriptibles, les choses qui constituent ma personnalité ou qui en sont inséparables, telles que la liberté, la moralité, la religion, etc.

Je puis aliéner, pour un temps limité, les productions de mes facultés physiques ou intellectuelles, parce que cette limite leur donne un rapport externe, par rapport à la généralité, à la totalité; au contraire, par l'aliénation absolue de mon activité générale, ma personnalité deviendrait la propriété d'un autre; c'est le même rapport, que nous avons signalé plus haut, entre la substance d'une chose et son usufruit. L'aliénation partielle ou totale des facultés, est ce qui distingue le serviteur de l'esclave. La vie n'est pas quelque chose d'extérieur à la personnalité, mais ne fait qu'un avec elle ; je n'ai donc pas le droit de m'en dépouiller. Cela seul qui est au dessus de la personnalité, l'état, une idée morale, peut en demander le sacrifice.

La transmission (*vermittelung*) de la propriété par le concours de deux volontés qui n'en forment qu'une, constitue le *contrat*. L'objet du contrat ne peut être qu'une chose particulière extérieure ; on ne peut, par conséquent, faire rentrer le mariage dans la catégorie de contrat ; il en est de même de l'état, que l'on considère quelquefois comme un compromis de chacun avec tous, ou des gouvernants avec les gouvernés.

Le contrat est *formel* ou *réel*: il est formel, lorsqu'une partie se borne à donner et l'autre à recevoir : la donation (*schenkungsvertrag*) ; il est réel lorsque ces deux moments se trouvent réunis dans chacune des parties contractantes, qui toutes les deux abandonnent et acquièrent une propriété : *l'échange* (*tauschvertrag*). Dans le contrat réel, les parties demeurent identiques, puisqu'en abandonnant leur propriété, elles en conservent la valeur ; elles ne se distinguent que par les qualités spécifiques des choses échangées. La disposition qui annule l'engagement contracté, lorsqu'il y a *læsio enormis*, a donc sa source dans l'essence même du contrat.

La différence qu'il y a entre une simple promesse et un contrat, c'est que la promesse dont la réalisation est renvoyée à l'avenir, n'est qu'une détermination subjective, contingente de ma volonté ; au contraire, dans la stipulation du contrat, ma volonté est présente, objective ; la chose a cessé de m'appartenir dès à présent, et dès à présent aussi, je la considère comme la propriété d'un autre.

Après avoir ainsi déterminé la nature du contrat, et

indiqué ses grandes divisions, Hégel en donne une classification détaillée que nous ne reproduirons pas, vu qu'elle coïncide parfaitement avec celle donnée par Kant dans les *principes métaphysiques du droit* (p. 120 et suiv.).

La velléité subjective de l'individu en opposition avec la volonté libre, substantielle, donne naissance au délit (*unrecht*).

1. Dans le délit par ignorance (*unbefangenes unrecht*, *injustice civile*), le principe même du droit est respecté, il s'agit seulement de savoir si tel ou tel fait particulier est ou n'est pas renfermé dans l'idée générale. Par exemple, le principe de la propriété restant intact, il s'agit seulement de savoir si cette maison appartient à Pierre ou à Paul (le procès civil).

2. Dans la fraude ou dol (*betrug*), au contraire, le droit est lésé dans son idée générale, tandis que la volonté particulière est respectée. En effet, on ne peut tromper quelqu'un qu'à la condition de lui faire accroire qu'on agit avec lui selon les lois de l'équité.

3. Enfin dans la contrainte et la violence (*zwang verbrechen*), le droit est lésé à la fois objectivement et subjectivement, en lui-même, et dans la volonté de l'individu.

L'acte de violence n'est pas quelque chose d'immédiat, de positif par rapport à la peine, au châtiment qui serait la négation ; mais la violence étant déjà la négation du droit qui, en tant qu'absolu, est indestructible, la peine est la négation de la négation. Le châtiment attaché à l'infraction du droit, n'est pas seulement juste en soi, c'est encore un *droit pour le coupable*, qui, en tant qu'être raisonnable, a posé par son action, un principe général, en vertu duquel il veut être jugé. Les *représailles* qui doivent se trouver avec le délit dans un rapport quantitatif, ne sont qu'une manifestation de cette dialectique du délit lui-même. Mais comme ici, la volonté qui inflige le châtiment, n'a encore chez celui qui est lésé qu'une valeur subjective (*la vengeance*), le jugement abandonné à son arbitraire, est une injustice nouvelle, qui appelle à son tour la vengeance, et ainsi de suite à l'infini.

§ II. — *La moralité.*

Jusqu'à présent, le droit n'avait pas d'existence objective, il restait concentré dans le sujet ; la sphère dans laquelle l'existence de la liberté devient adéquate à son idée est la sphère de la *moralité*. Hégel en distingue deux espèces : la *moralité individuelle subjective*, qui se résume dans l'intention et a pour criterium le témoignage de la conscience (*moralität*); la *moralité générale objective*, qui est l'identification de la conscience individuelle avec la moralité absolue (*sittlichkeit*) (1). La moralité est la sphère de l'antinomie; la volonté subjective qui domine dans la moralité, n'est infinie que dans sa forme, et la volonté objective, n'est pas encore identique avec elle.

Les trois moments de la moralité sont : 1° le droit du sujet, — l'intention et l'imputation ; 2° la valeur objective de l'acte par opposition au dessein particulier du sujet; 3° le contenu de l'acte généralisé et posé comme but absolu du sujet, — le bien.

Toute action suppose un objet sur lequel elle s'exerce ; de plus, une notion générale de cet objet et des conséquences principales auxquelles l'acte peut donner lieu. Il est cependant une foule de circonstances, qui sont un pur résultat de la nécessité externe, et c'est le droit de la volonté de ne se reconnaître responsable que de ce qui était sciemment renfermé dans l'esprit, sous forme d'intention (2) (*l'imputabilité des actions humaines*).

Ne reconnaître comme juste que ce qui me paraît rationnel, est le droit le plus élevé du sujet, mais par

---

(1) Comme nous n'avons pas d'équivalent pour les mots de *moralitat* et de *sittlickeit*, nous appellerons l'une de ces sphères, morale individuelle, ou moralité, et l'autre, morale sociale, ou sociabilité.

(2) OEdipe, qui a assassiné son père sans le savoir, ne peut être taxé de parricide; mais, dans les législations antiques, on n'a pas donné au moment subjectif de l'acte, à l'intention, une aussi grande valeur que nous lui donnons aujourd'hui.

cela seul qu'elle est subjective, cette détermination est en même temps *formelle*. L'opinion peut être vraie ou fausse, et la raison objective conserve toujours sa valeur indépendante de la conviction individuelle. L'état qui n'est que l'objectification de la raison, ne peut s'arrêter à l'opinion des individus sur ce qui est légal ou illégal, bon ou mauvais; d'ailleurs, par la promulgation des lois, et les mœurs générales, l'état fait disparaître l'opposition entre le droit substantiel et le droit formel. L'impossibilité d'apprécier ce que l'acte a de conforme ou de non conforme au bien, à la légalité, diminue ou même détruit complètement l'imputabilité chez les enfans, les fous, les idiots, sans que cependant, même dans ces cas, il soit possible de tracer une limite rigoureuse. Faire de l'entraînement de la passion, de la violence des appétits, la mesure du délit et de la pénalité, c'est mettre à néant le droit et la dignité de l'homme. La nature humaine est quelque chose d'essentiellement général, ce n'est pas un moment abstrait de fureur ou de vengeance, car alors le criminel ne serait qu'un animal féroce dont il serait légitime de se délivrer; c'est dans une autre sphère que celle du droit (celle de la grâce, de la clémence), que ces considérations sur l'influence des passions peuvent trouver leur place.

Ce en vue de quoi l'acte humain est accompli, est l'intention matérielle de cet acte. L'activité veut se satisfaire elle-même, et cette satisfaction a pour fin le bien-être de l'individu ; mais en tant qu'être rationnel participant au général, à la volonté objective, l'individu en poursuivant son but particulier, concourt au bien-être de tous.

Ici se présente la contradiction. Le caractère d'universalité qui appartient au droit, manque au bien-être, et réciproquement, le droit n'a pas le but déterminé, donné dans le bien-être quelquefois lésé par la loi rigoureuse du droit : ces deux termes contradictoires doivent être absorbés dans une unité plus élevée : *le bien*.

Le bien est la réalisation de la liberté, le but final du monde ; mais l'idée du bien est d'abord abstraite, en dehors du sujet, qui doit le connaître pour s'y conformer.

Le bien étant l'essence même de la volonté, est pour la volonté particulière le *devoir*. Mais le devoir en soi, n'est que la généralité vide, l'abstraction absolue, et l'acte demande un but déterminé ; le bien en tant que général ne saurait être réalisé, il faut qu'il renferme l'élément de la particularisation, qu'il descende dans la sphère de la subjectivité.

La subjectivité qui, l'identifiant avec le bien absolu, le détermine et le réalise dans l'acte, est la *conscience morale*.

L'acte n'est en soi, ni bon ni mauvais, et c'est à la

conscience du sujet de décider, dans quel cas, il peut ou ne peut pas être mis en harmonie avec le bien; mais, comme cette harmonie doit être une création de la liberté, elle présuppose une lutte, un combat, qui implique la nécessité du mal.

§ III. — *La sociabilité.*

Les deux principes que nous avons examinés jusqu'à présent, le bien en soi, et la conscience, sont deux abstractions qui ne peuvent avoir de vérité absolue voy. *logique et introd. gén.*). Le bien abstrait devient une sorte d'enveloppe dans laquelle on peut faire entrer tout ce qu'on veut, et la conscience n'est pas moins vide, dépouillée qu'elle est de toute valeur objective; aucun de ces deux termes n'a de réalité parce qu'il manque de son contraire; et ce n'est que l'idée infinie, la MORALE SOCIALE (*sittlichkeit*), qui a une existence absolue. Objective comme le droit, la loi morale, ce lien commun des hommes, est en même temps l'essence des individus, qui, dépouillant leur personnalité exclusive, ont conscience de leur identité substantielle avec les autres esprits; c'est ainsi que la subjectivité n'est que la forme de l'idée morale. A ce point de vue, les devoirs et les droits sont identiques.

Le concept de moralité qui constitue un peuple, ne

se réalise, qu'en développant les moments qu'il contient en lui. Ces moments sont : 1° la famille, 2° la société civile, 3° l'état.

Encore liée à la nature dans laquelle elle a sa source, la première unité est la *famille*.

Le mariage est la volonté de deux personnes, s'identifiant dans un même but, c'est une communauté qui embrasse la vie tout entière. L'identité des personnes n'est d'abord d'une part que matérielle, externe dans le rapport des sexes, et d'autre part interne et subjective dans le sentiment de l'amour (1).

Comme toute unité concrète, le mariage est la fusion de deux termes contraires. L'homme représente l'énergie et l'action, la femme, la passivité et la subjectivité; l'homme a sa vie réelle, substantielle, dans l'état, la science, dans la lutte avec le monde extérieur et avec lui-même; la destination essentielle de la femme, c'est la piété de famille (2).

---

(1) C'est enlever au mariage sa valeur essentiellement morale, que de le considérer comme un rapport uniquement physique, de le ranger, comme Kant, dans la catégorie des contrats, ou enfin, de le baser sur un sentiment, une inclination contingente et variable.

(2) Les femmes peuvent avoir du goût, de la délicatesse, de l'imagination, mais, comme le sens de l'idéal leur manque complètement, les sciences élevées, la philosophie, et certaines productions de l'art, qui demandent une vue synthétique, ne sont pas de leur ressort. Quand les femmes se trouvent à la tête du gouver-

L'existence objective de l'unité de famille (1), la fusion non plus idéale mais réelle des deux personnalités, est *l'enfant*. Absorbé dans la personnalité des parents, l'enfant n'est pas lui-même une personne (fondement de la *puissance paternelle*). Le développement dialectique de la famille, consiste à nier cette négation, et à former l'enfant à la liberté, par *l'éducation*. A ce résultat se trouve liée la dissolution de la famille. Dans la famille ainsi dissoute, le rapport de *fraternité* n'est pas un empêchement à l'indépendance des personnes. Grâce à cette indépendance, les personnes deviennent susceptibles de former de nouvelles familles qui, représentées par les pères, se trouvent dans un rapport externe : *la société civile*.

2. La société civile est le moyen terme qui vient se placer entre la famille et l'état. Dans la société civile, chacun est à lui-même sa fin, et se préoccupe exclusivement de son existence; cependant, comme ce n'est que par ses rapports avec les autres hommes, que l'in-

---

nement, l'Etat est en danger, parce que leurs actes sont dirigés, non par des principes généraux, mais par des inclinations et des opinions.

(1) La famille, en tant que personne, a sa réalité extérieure dans la propriété; et comme c'est une personne durable, permanente, il faut aussi que la propriété soit sûre et permanente (*le patrimoine*). Dans les antiques traditions qui ont pour objet la fondation des Etats, l'institution du patrimoine se trouve liée à celle du mariage.

dividu peut atteindre son but, il les fait entrer comme moyens dans sa sphère d'action. Le particulier ayant ainsi pour condition le général, le bien-être de chacun est lié au bien-être de tous, et c'est ainsi que l'égoïsme tourne au profit de la sociabilité. La société civile est la sphère de la médiation ; en elle, se font jour tous les hasards de la naissance et de la fortune, en elle toutes les passions entrent en jeu, et sont dirigées à leur insu par une raison latente.

Les trois moments de la société civile sont : le *système des besoins*, le *droit positif*, la *police* et les *corporations*.

La particularité a son expression dans un besoin subjectif, qui doit trouver sa satisfaction dans des objets extérieurs; mais, comme ces objets eux-mêmes sont la propriété d'un autre individu, ce n'est que par l'activité, le travail, que le besoin peut arriver à se satisfaire. Les besoins et les moyens de les satisfaire se subdivisent à l'infini; cependant, il est certains besoins généraux, tels que le boire, le manger, etc., et leur satisfaction paraît dépendre de circonstances purement contingentes. Le sol est plus ou moins fertile, l'année plus ou moins productive, tel individu est laborieux, tel autre ne l'est pas, etc. ; tous ces faits, sans connexion apparente, sont cependant soumis à des lois invariables, qui sont l'objet de *l'économie politique*. Cet élément de généralité se montre aussi dans la division du travail qui répond au système des besoins et constitue la différence des états.

L'acquisition des produits bruts de la nature est l'objet du travail des *agriculteurs*. La mise en œuvre de ces produits, leur transformation et leur échange, est le fait des *industriels*, qui se subdivisent en une multitude de classes; enfin, *l'état général* (professions libérales) pourvoit, non aux besoins du corps, mais à ceux de l'esprit.

Maintenant, à quelle classe doit appartenir tel ou tel individu? Cela dépend du caractère, de la naissance, des circonstances extérieures; mais la détermination dernière et essentielle, gît dans l'opinion subjective, la volonté individuelle. Cette liberté laissée à l'individu, est un des caractères fondamentaux qui distinguent la vie politique de l'Orient de celle de l'Occident, le monde antique du monde moderne.

La conscience du lien commun qui unit les hommes, mis en saillie au sein de la limitation réciproque des différentes classes et de leur hiérarchie, constitue le droit positif, l'administration de la justice, dont la garantie est la publicité, et le complément, l'institution du jury.

Une des conditions essentielles de la loi, c'est d'être connue. Le droit positif implique la codification. Placer les lois si haut que nul citoyen ne puisse les lire, comme le voulait Denys-le-Tyran, ou les entourer d'un appareil d'érudition, les enterrer sous une langue étrangère, de manière à ce qu'elles ne soient accessibles qu'aux savants, c'est une seule et même injustice. Ceux qui, comme Justinien, ont codifié les lois de leurs pays, n'ont pas été seulement les bienfaiteurs de leurs peuples, ils ont encore accompli un grand acte de justice.

La force publique ne doit pas se borner à agir négativement, en punissant les infractions à la loi (ce qui d'ailleurs est parfois impossible), mais elle doit autant qu'il est en elle, prévenir ces infractions, et veiller au bien-être des individus, en allant au-devant des dangers qu'ils peuvent courir, soit dans leurs personnes, soit dans leurs propriétés : c'est la tâche qui est dévolue à la police. Les rapports des hommes et des choses s'enchaînant dans une progression indéfinie, il est impossible de déterminer, d'une manière absolue, ce qui est dommageable ou suspect. Par exemple, un acte indifférent en temps de paix, peut être regardé comme coupable en temps de guerre, etc., etc. Ce caractère d'arbitraire donne à la police quelque chose d'odieux, et d'un autre côté, un esprit, même cultivé, peut être entraîné à tout faire rentrer dans son domaine, car, à toute chose, on peut trouver un côté dangereux pour l'ordre public. Arrivée à cette exagération, la police peut entraver la liberté individuelle; mais, quelque grave que soit cet inconvénient, il est cependant impossible de tracer des limites rigoureuses.

La police n'est qu'un ordre général extérieur, une institution destinée à protéger les intérêts individuels. Cet ordre général, non plus externe, mais immanent aux individus, constitue la *corporation*.

Les agriculteurs trouvent dans le sol, dans la vie de famille, l'élément général qui les réunit; le général lui-même est l'objet de l'activité des professions libérales; mais l'industrie est le moment de la particularité par excellence, et c'est à elle surtout qu'appartient la corporation. La corporation est une unité dont les individus sont les membres; c'est une famille agrandie, la seconde racine morale de l'état. Mais, comme le but de la corporation est encore particulier, il doit se résoudre dans le but général par excellence.

3. La société civile qui, du morcellement des familles et des corporations, s'est élevée à la conscience du but moral absolu, est l'*état*.

L'état est la substance du peuple, la réalisation de la liberté, la manifestation de l'idée morale, la volonté substantielle qui se pense, se sait et se réalise en tant qu'elle se sait.

La catégorie logique de vie, qui dominait dans l'organisme physique, est aussi le fondement de l'organisme de l'état. C'est un *complexus* de fonctions qui, dans la constitution la plus parfaite : le gouvernement représentatif, sont à la fois distinctes les unes des autres, et en parfaite harmonie.

L'idée de l'état peut être considérée : 1° dans sa réalisation immédiate : — constitution d'un état, droit public interne ; 2° dans le rapport des états entre eux : — droit des gens ; 3° dans le rapport de l'espèce au genre, d'un état particulier à l'esprit de l'humanité : —philosophie de l'histoire.

L'état est l'identification de la volonté générale et de la volonté individuelle ; les individus réalisent l'idée absolue de l'état, et trouvent en même temps dans cette réalisation, la satisfaction de leurs intérêts particuliers.

Le côté subjectif de l'idée de l'état est le sentiment national, le *patriotisme* ; le côté objectif est la *constitution politique*.

La constitution politique renferme *l'organisation intérieure*, et l'organisation s'exprimant au dehors : — *la force militaire*.

Les moments de l'organisation interne de l'état sont : 1° le pouvoir législatif, 2° le pouvoir administratif (*regierungs gewalt*), 3° le pouvoir royal (*fürstliche gewalt*).

1. Nous commençons par le *pouvoir royal*, parce qu'il résume en lui les trois moments de la constitution. Le moi, l'individu, est à la fois ce qu'il y a de plus particulier et de plus général ; le monarque concentre en un seul point les institutions de l'état, et en même temps, il est le principe de la détermination, l'essence de la volonté, car il n'y a que l'individu qui puisse

vouloir. Ce n'est pas à dire pour cela, que le monarque puisse agir arbitrairement, une fois la constitution établie, il n'a souvent qu'à signer son nom ; mais ce nom est important, il est la clef de voûte de tout l'édifice. Le monarque est donc essentiellement individu, ou plutôt l'individualité elle-même dégagée de tout élément particulier. Les arguments contre l'ordre naturel de succession par droit de naissance, n'ont aucune portée, car, dans un état bien organisé, le rôle du monarque se borne à dire *oui*, à mettre le point sur l'*i*.

2. Le *pouvoir administratif*, qui comprend le pouvoir judiciaire et la police, a pour objet la mise en pratique des décisions du monarque. Les corporations ont bien leur hiérarchie, leur administration particulière, mais comme elles doivent être subordonnées à l'état, il faut aussi une administration générale, qui relève du souverain. Le fondement de toute bonne administration, est une sage division du travail entre les fonctionnaires publics, et une harmonie si intime entre le centre et la circonférence, que le mouvement puisse se transmettre facilement et avec rapidité de l'un à l'autre.

3. *Le pouvoir législatif* est un élément de la constitution que cependant il suppose, et qu'il ne fait que développer et perfectionner. Il a pour objet de régler les obligations réciproques de l'état et des particuliers, surtout pour ce qui regarde l'impôt. Le pouvoir légis-

latif représenté par les *états*, sert de moyen terme entre le peuple et le monarque. Les états se divisent en deux chambres; l'une qui représente la propriété foncière, l'élément immobile de la société; l'autre qui représente l'industrie, les corporations, les capacités : l'élément mobile. Comme les délibérations des chambres sont l'expression de la volonté des masses, elles doivent être publiques, et cette publicité donne naissance à *l'opinion publique* dont l'organe est la *presse*. Les excès de la presse sont neutralisés par des mesures de police, et surtout par le mépris qui s'attache toujours à un langage ridicule ou odieux.

C'est se faire une idée fausse des trois pouvoirs, que de leur donner une valeur purement négative, de les considérer comme destinés seulement à se limiter les uns les autres; ce n'est pas à un équilibre général de forces opposées auquel ils doivent donner lieu, mais à une unité vivante, un organisme dans lequel tous les membres concourent à une même fin.

La monarchie constitutionnelle, conquête des temps modernes, est la forme la plus élevée d'organisation politique: la monarchie pure, l'aristocratie, la démocratie, sont des formes exclusives, abstraites, qui, dans le gouvernement représentatif, deviennent autant d'éléments partiels de l'unité concrète.

En tant qu'individu, l'état est en rapport avec les autres états *le droit international*. Les états doivent réciproquement respecter leur liberté générale (*principe de la non-intervention*). Leurs droits particuliers sont l'objet de *traités*, et comme ils ne reconnaissent pas de pouvoir au dessus d'eux, lorsqu'ils croient leurs droits lésés, ils n'ont d'autre moyen de vider leurs différents que la guerre. Cependant comme les états se *reconnaissent* mutuellement, la guerre ne brise pas entre eux toute espèce de liens, et cette situation violente est considérée comme quelque chose de passager; de là, le droit de gens, le respect pour les ambassadeurs et la propriété privée, etc., etc.

L'intérêt élevé qu'a l'esprit du monde dans la guerre, c'est la dissolution des peuples dont les institutions sociales ne sont pas fondées sur la raison, ou n'ont pas développé et réalisé le principe rationnel. Cette dialectique de l'esprit des peuples qui met en relief l'idée de l'état, est l'histoire de l'humanité, le tribunal où l'esprit du monde prononce ses arrêts suprêmes (1).

---

1 Voyez *Philosophie de l'histoire.*

L'ESTHÉTIQUE.

§ 1.

L'Esthétique est la philosophie de l'art.

L'exclusion du beau naturel, qui résulte de cette définition, est loin d'être arbitraire. A la vérité, dans les rapports ordinaires de la vie, on dit bien : une belle couleur, un beau ciel, un beau fleuve, etc. Mais, sans vouloir discuter pour le moment, si le prédicat de beauté convient réellement à de tels objets, nous nous bornerons à affirmer que, la beauté de l'art est placée plus haut que celle de la nature, de toute la distance qui sépare la nature de l'esprit ; et cette expression, plus haut, est encore insuffisante, car elle ne désigne qu'une différence quantitative, et la prédominance de l'esprit sur la nature a un caractère absolu. L'esprit est seul la vérité, il renferme tout en lui, le beau est son patrimoine exclusif, et la nature n'est qu'un pâle reflet de cette beauté infinie.

Mais, à peine avons-nous fait le premier pas, en déterminant l'objet de nos recherches, que nous venons nous heurter contre des difficultés sans nombre.

1° L'art est-il bien susceptible d'être traité scientifiquement ? N'est il pas ridicule et pédantesque, de vouloir faire une chose sérieuse, de ce qui, au contraire, est destiné à nous délasser du sérieux de la vie?

2° En admettant que l'art puisse avoir un but pratique, et servir en quelque sorte d'intermédiaire entre les sens et la raison, il peut s'associer à l'immoralité, à la frivolité, comme à la sagesse, à la religion ; ce n'est qu'un moyen, et dès-lors, il devient indigne d'une étude sérieuse.

3° La beauté des œuvres d'art se révèle au sens, au sentiment, à l'intuition ; elle demande un autre organe que la pensée scientifique. Par leur liberté, leur richesse inépuisable, qui rend impossible une synthèse totale, les produits de l'imagination échappent aux formules générales, dans lesquelles la philosophie voudrait les enchaîner. Le beau de la nature que nous avons écarté, pourrait peut-être à la rigueur, être ramené à des lois nécessaires, invariables, mais l'esprit, l'imagination, est le domaine de l'arbitraire et du bon plaisir.

Par toutes ces considérations, l'art ne saurait être l'objet d'une théorie scientifique.

Avant d'entrer en matière, nous avons à répondre, en quelques mots, à ces objections.

Pour ce qui tient à la dignité de l'art, il est vrai qu'il peut devenir un instrument de plaisir, un voile brillant jeté sur quelques objets, etc, mais, ce que nous avons à considérer, c'est l'art en lui-même, l'art libre dans son but comme dans ses moyens. La pensée, elle aussi, peut être rabaissée à un rôle subordonné, extérieur, mais cela ne l'empêche pas d'avoir aussi une existence propre, de s'élever à la vérité par elle-même, d'être à elle-même son but.

Ce n'est que dans sa liberté que l'art est véritablement digne de ce nom; sa destination la plus élevée, c'est de prendre place à côté de la philosophie et de la religion, et, comme elles, d'amener, sous la forme qui lui est propre, le divin à l'état de conscience. C'est dans les œuvres d'art, que les nations nous ont transmis leurs conceptions les plus nobles et les plus intimes, et ces monuments sont pour nous un moyen quelquefois le seul de comprendre la civilisation des anciens peuples.

Si nous donnons à l'art une si haute portée, il faut bien se souvenir aussi, qu'il n'exprime pas l'idée sous sa forme la plus élevée, absolue. Ce n'est qu'une certaine sphère de la vérité, qui est susceptible d'être manifestée ainsi ; pour qu'une pensée puisse recevoir dans l'art son objectification complète, il faut qu'elle reste adéquate à elle-même, dans la forme sensible qu'elle revêt : c'est le cas pour la mythologie grecque, par opposition à la religion chrétienne. Dans sa religion, son développement intellectuel, l'esprit du monde moderne paraît avoir dépassé la limite, en deçà de laquelle l'art est l'expression la plus élevée de l'absolu ; l'art ne suffit plus pour satisfaire nos besoins les plus intimes ; nous ne pouvons plus adorer ses chefs-d'œuvre, et l'impression qu'ils produisent sur nous est d'une nature plus calme : les beaux jours de l'art grec, et l'âge d'or du moyen-âge, sont passés sans retour. A part le plaisir immédiat qu'une œuvre d'art nous fait éprouver, ce qu'elle réveille en nous maintenant, c'est un jugement comparatif entre l'idée que l'artiste voulait exprimer, et l'exécution ; aussi, le besoin d'une science de l'art, se fait-il plus vivement sentir à notre époque, que dans les temps anciens, où l'art se suffisait à lui-même, sans appeler la réflexion.

Pour ce qui est de cette objection spécieuse, que les œuvres d'art se dérobent à la forme scientifique parce qu'elles ont leur origine dans l'imagination qui ne connaît pas de frein, nous pouvons dire d'hors et déjà, que l'esprit ayant la faculté de se replier sur lui-même, de penser tout ce qu'il produit, et les œuvres d'art étant de nature spirituelle, bien qu'elles revêtent une forme sensible, l'art, est sous ce rapport, bien plus près de l'esprit que la nature extérieure. En s'occupant des œuvres d'art, l'esprit ne sort pas de son domaine, il se borne à dégager de son enveloppe matérielle la pensée qu'il y a renfermée. Par la même raison, on ne peut pas dire que la liberté de l'art soit un obstacle à une théorie philosophique, car les lois absolues de l'esprit se retrouvent au fond de cette variété infinie de formes.

Si, maintenant, nous supposons que toutes les objections sont écartées, et que l'on accorde la possibilité d'une philosophie de l'art, il reste encore à savoir quelle est la route à suivre pour réaliser cette possibilité, et ici, nous nous trouvons en présence de deux méthodes qui paraissent s'exclure mutuellement, et n'arriver, isolément prises, à aucun vrai résultat.

A. Absolument indispensable à ceux qui veulent acquérir des connaissances techniques, la première de ces méthodes a son point de départ dans l'observation, qui, pour être réellement profitable, devrait embrasser tous les chefs-d'œuvre anciens et modernes. Or, ces chefs-d'œuvre ont été dévorés par le temps, ou sont dispersés çà et là dans des contrées lointaines; de plus, chaque œuvre d'art appartient à un peuple, à une époque, à des circonstances déterminées, et il devient impossible de l'apprécier, sans posséder une immense quantité de connaissances spéciales.

Au sein même de cette méthode que l'on pourrait nommer historique, on trouve des points de vue différents qui donnent lieu à autant de principes, de criterium; il s'agit de savoir quel est celui qui doit être considéré comme essentiel, et alors commencent des discussions interminables.

Dans ces derniers temps, le génie a fait valoir ses droits, et on a fait justice de ce fatras de théories. Une foule de chefs-d'œuvre appartenant au moyen-âge ou à des peuples tout-à-fait étrangers (la littérature indienne), ont été admirés comme ils le méritaient, et la juste appréciation de ces monuments qui échappaient par leur forme aux barrières dans lesquelles on avait voulu parquer toutes les productions de l'esprit, a préparé la reconnaissance d'une espèce particulière d'art : *l'art romantique.*

B. La seconde méthode qui est le pôle opposé de la première, consisterait à connaître le beau en lui-même, dans son essence.

Il est certain que si le beau doit être connu dans sa nature, on ne peut employer d'autre procédé, que celui que nous avons mis en usage pour l'idée métaphysique en général, c'est-à-dire, la méthode spéculative. Mais, cette étude du beau en soi, dans son idée, court le risque de tomber dans une métaphysique abstraite. Tout en prenant Platon pour guide, il faut avouer, que l'abstraction platonicienne ne satisfait plus les besoins philosophiques de notre époque ; dans la philosophie de l'art, nous devons bien prendre pour point de départ le concept de beau, mais non nous arrêter à cette abstraction.

Pour indiquer en peu de mots la vraie nature du concept philosophique de beauté, nous dirons qu'il doit reunir dans son sein les deux extrêmes : la généralité métaphysique, et la particularité empirique : de telle sorte, que l'idée se développant en une série de manifestations nécessaires, à travers ces manifestations particulières, on aperçoive l'idée générale. C'est cette totalité qui manquait aux deux principes que nous avons successivement examinés.

Mais nous n'avons pas triomphé de toutes les difficultés, car on peut nous dire : Où prenez-vous ce concept de beauté ? comment le légitimez-vous ? Si vous en faites le début de la science, c'est un postulat, une pure hypothèse, dont la philosophie ne saurait s'accommoder.

Pour montrer la nécessité de notre objet, il faudrait prouver qu'il est un résultat déduit scientifiquement de ce qui précède ; or, comme nous voulons traiter spécialement de l'esthétique et non de la philosophie, il ne nous reste d'autre parti à prendre, que de procéder *lemmatiquement*, et c'est ce qui arrive toutes les fois qu'on veut considérer à part, un membre du système organique de la science.

Nous ne sommes donc pas en possession du concept scientifique de beauté, mais bien des notions vulgaires que l'on a du beau. Ce sont ces opinions, que nous allons prendre pour point de départ afin d'arriver par la critique à des déterminations plus élevées.

Ces notions vulgaires peuvent se réduire aux trois suivantes :

1° L'œuvre d'art n'est pas un produit naturel; elle est le résultat de l'activité humaine.

2° Elle est créée essentiellement pour l'homme, et en tant que destinée à affecter sa sensibilité, elle renferme plus ou moins d'éléments sensibles.

3° Elle a un but.

1. De ce que l'art est un résultat de l'activité humaine, on est arrivé à cette conclusion, qu'en suivant des règles tracées d'avance, chacun pouvait devenir artiste; et cette opinion a donné naissance à de nombreuses théories, qu'il ne s'agissait que de mettre en pratique pour produire des chefs-d'œuvre. Mais en réalité, ces règles qui ont une valeur quand elles ont pour objet la partie mécanique de l'art, deviennent tout-à-fait impuissantes, quand elles veulent s'appliquer à la conception artistique. Dans ce domaine, elles ne sont plus que de vagues généralités, par exemple : « on doit choisir un sujet intéressant. » « Il faut que le langage de chaque personne soit en rapport avec son âge, son sexe, sa position, etc., etc. »

Pour échapper à l'insuffisance de ce point de vue, on est tombé dans l'excès contraire. L'œuvre d'art n'a plus été considérée comme le résultat de l'activité humaine en général, mais comme le produit d'un esprit spécialement doué, qui n'a qu'à s'abandonner à sa nature spécifique, à son *génie*, sans chercher à se rendre raison de son œuvre, et surtout, sans s'inquiéter des règles qui ne peuvent avoir sur elle, qu'une influence fâcheuse.

Il y a dans cette opinion quelque chose de vrai, mais elle pèche, en ce qu'elle considère la production artistique, comme le résultat exclusif d'un état particulier d'enthousiasme, dans lequel l'artiste se trouve jeté, soit par un objet qui le frappe, soit par des moyens factices. Les erreurs nombreuses dans lesquelles on est tombé sur ce point, rendent très utile de remarquer, que, si le génie de l'artiste renferme un élément de spontanéité, d'inspiration, cet élément ne peut se passer de la culture de la pensée, d'une instruction solide, de connaissances techniques, qui, dans l'architecture et la sculpture surtout, s'étendent jusqu'à l'adresse mécanique. Or, il est évident, que ces connaissances techniques ne peuvent pas être un produit de la spontanéité, mais du travail et de la réflexion.

Enfin, en tant que produit de l'activité humaine, l'art est encore considéré dans ses rapports avec la nature et placé par le vulgaire dans une sphère subordonnée ; car, dit-on, la nature et ses productions sont l'œuvre de la sagesse et de la bonté divines, tandis que l'œuvre d'art a son origine dans l'intelligence et la main de l'homme. La conséquence de cette opinion, c'est que la sphère d'action de la divinité s'arrêterait à la nature, et que Dieu n'agirait pas dans l'homme, et par l'homme ; c'est là une erreur qu'il faut écarter, si l'on veut arriver à une idée vraie de l'art. Dieu se manifeste, et dans la nature, et dans l'art, mais, l'esprit infini trouve dans l'esprit humain, un milieu bien plus approprié à son essence, que la matière inerte.

Pour tirer un résultat de ce qui précède, nous avons à nous demander, en dernier lieu, quel besoin de l'homme l'art est destiné à satisfaire, et sur ce point aussi nous nous trouvons en présence des opinions les plus divergentes; les uns, considérant l'art comme quelque chose de tout-à-fait frivole, un jeu de l'imagination et du hasard; les autres, au contraire, lui donnant une position bien plus élevée, en le voyant intimement lié à la civilisation générale des peuples, à leur religion, etc.

Le besoin absolu de l'art a ses racines au plus profond de la conscience humaine. L'homme arrive de deux manières à la conscience de soi-même; d'abord, *théoriquement*, en fesant passer à l'état de connaissance claire, tout ce qui s'agite vaguement, confusément, dans l'intimité de son être; ensuite, *pratiquement*, en imprimant pour ainsi dire le cachet de son esprit à tout ce qui l'entoure, de manière à se reconnaître dans ce qui n'est pas lui. C'est ainsi que l'homme enlève au monde son hétérogénéité, et qu'il s'objectifie dans la réalité extérieure.

2. Nous avons considéré l'art comme produit de l'activité humaine; nous avons maintenant à l'envisager

en tant que destiné à agir sur l'homme, et renfermant à ce titre plus ou moins d'éléments sensibles.

A ce point de vue, on a dit que l'art était destiné à nous procurer des impressions agréables, et les recherches esthétiques sont venues se résoudre dans la psychologie. On s'est demandé, par exemple, comment nous pouvions trouver du plaisir dans la crainte, la pitié, le spectacle d'une infortune, etc., etc. Mais ces recherches ne pouvaient mener bien loin, car le sentiment est quelque chose de tout-à-fait subjectif, une forme qui ne nous apprend rien sur son contenu; d'ailleurs, borné à la sphère du sentiment, l'art ne présente plus de différence spécifique avec l'histoire, la religion, etc.

Repoussé sur ce terrain, on a eu recours à une impression *sui generis* produite par le beau, et à un organe particulier : le *goût*, qui sans doute devait être exercé, perfectionné, mais qui cependant percevait le beau immédiatement, intuitivement. Nous avons déjà parlé des théories abstraites destinées à former le goût, et tout ce que nous venons de dire du sentiment en général, s'applique à ce sens particulier.

Aussi a-t-on renoncé à prendre le goût pour *criterium* exclusif, et le *connaisseur* a pris la place de l'homme de goût : nous avons déjà fait ressortir le côté positif de ces connaissances qui ont pour objet, le temps, le lieu, les circonstances historiques dans lesquelles une œuvre d'art se trouve placée, l'individualité de l'artiste, etc. Mais nous répéterons que, bien que ces connaissances soient essentielles, on peut très bien en rester avec elles à l'appréciation purement externe d'un chef-d'œuvre, sans pénétrer jusqu'à son essence, sa véritable nature.

Après ces observations critiques sur l'art dans son rapport avec la sensibilité, nous allons indiquer, en quelques mots, les points de vue principaux auquels ce rapport peut donner lieu.

La relation dans laquelle l'homme se trouve avec les objets extérieurs est de plusieurs ordres : le degré inférieur est une relation purement sensible ; c'est un appétit, un intérêt tout individuel, qui entraine l'homme vers des objets qui n'ont aussi pour lui qu'une valeur individuelle, et qu'il sacrifie à ses besoins. Ici, le désir a pour objet, non l'apparence, la superficie des choses, mais les choses elles-mêmes dans leur existence concrète.

Au contraire, ce rapport de l'homme aux objets extérieurs, peut être purement théorique, intellectuel. Ce ne sont point des objets isolés que l'individu désire pour satisfaire un besoin physique, mais il veut les connaître dans leur *généralité*, pénétrer jusqu'à leur essence, découvrir les lois qui les régissent.

L'art se distingue de l'appétit, en ce qu'il est pur de tout désir de possession ; et de l'intérêt théorique, scientifique, en ce qu'il ne sépare pas la forme sensible individuelle, de l'idée qui l'anime, tandis que pour la science, le particulier, l'individu, n'est qu'un point de départ pour arriver au général.

Ainsi donc, l'art tient le milieu entre la sensibilité et l'intelligence pure; il spiritualise la matière, et matérialise l'esprit.

Cette union intime de la pensée et de la forme sensible que nous avons trouvée dans l'œuvre d'art objective, doit aussi exister subjectivement dans le génie de l'artiste. La conception artistique ne gît ni dans une habileté mécanique, ni dans la pensée pure, mais bien dans leur pénétration réciproque. Si, dans une œuvre poétique, par exemple, on cherchait d'abord prosaïquement les pensées, pour les enfermer ensuite dans des métaphores, des rimes, etc., on ne ferait que de la mauvaise poésie.

3. La troisième question que nous avons à examiner est celle-ci : quel est le but de l'art ?

La première opinion qui se présente, c'est que *l'art est l'imitation de la nature*. A ce point de vue, le triomphe de l'art serait de produire une seconde fois ce qui existe, et l'on pourrait déjà considérer cela comme une peine inutile. De plus, la copie est condamnée à rester au-dessous du modèle, car, les moyens dont l'homme dispose sont limités; l'illusion qu'il peut produire est partielle, bornée à un seul sens, par exemple.

Comme le principe d'imitation est tout-à-fait formel,

si on en fait le but de l'art, le beau objectif disparaît; en effet, il ne s'agit plus de savoir ce qu'on doit imiter, mais seulement si c'est bien imité. Cette distinction de beau et de laid, qu'on établit entre les hommes, les animaux, les actions, les caractères, s'évanouit, et ne laisse subsister que le principe abstrait d'imitation ; or, ce principe lui-même ne conserve pas la valeur absolue qu'on veut lui donner, car, si la peinture et la sculpture représentent des objets naturels, ou du moins empruntent leurs types à la nature, on sera bien forcé d'avouer, que l'architecture et la poésie, en tant qu'elle n'est pas exclusivement descriptive, ne sont pas de pures imitations.

Le but de l'art, dit-on encore, c'est de réaliser cette maxime connue :

Nihil humani a me alienum puto;

C'est-à-dire, d'éveiller toutes les passions, de mettre à nu les derniers replis du cœur humain, de montrer sa noblesse, sa sublimité, et aussi sa méchanceté et sa bassesse, de faire comprendre tout ce que la joie, le bonheur ont de magique, d'entraînant, tout ce que le vice et le crime ont de repoussant et de terrible.

Mais, si l'art doit ainsi imprimer dans notre âme et le bon et le mauvais, fortifier en nous les sentiments les plus nobles, et développer nos instincts les plus sensuels et les plus égoïstes, il est évident que son but est encore formel, et, au milieu de tous ces éléments hétérogènes, la raison demande l'unité, un but substantiel. On a cru satisfaire à ses exigences, en donnant pour mission à l'art, d'adoucir les mœurs, de dompter les passions. Cela est vrai, il s'agit seulement de montrer dans quel sens.

La passion est d'autant plus violente, qu'elle s'empare de l'homme tout entier, et l'enlève à la conscience de lui-même. En traçant le tableau des passions, l'art objectifie ce qui était concentré dans les profondeurs de l'âme; il fait du moi et de la passion deux choses distinctes, et rend ainsi à l'homme sa liberté. La croyance générale que le meilleur moyen d'alléger son cœur, est d'exprimer son chagrin par des larmes, des plaintes, etc., se fonde sur l'observation d'un phénomène analogue.

« Le cœur humain doit être purifié par l'art, et le moyen d'arriver à ce résultat, c'est *d'instruire*. Ainsi donc, l'art consiste d'une part, dans la mise en jeu des sentiments, des émotions, et d'autre part, dans l'utilité qu'on peut retirer de ce spectacle, dans le *fabula docet*. C'est là ce qu'exprime brièvement le vers d'Horace :

Et *prodesse* volunt et *delectare* poetæ.

Si l'on veut dire que l'instruction se trouve renfermée *implicitement* dans une œuvre d'art, dans ce sens que la pensée qui l'anime est amenée à l'état de conscience, il n'y a rien à objecter à cela, et cette instruction sera d'autant plus grande que l'art sera plus élevé. Mais on est dans l'erreur si l'on prétend que la mission de l'art est de développer des maximes abstraites, des réflexions prosaïques, etc. Dans ce cas, la forme sensible ne devient plus qu'un accessoire, une pure enveloppe, le général et le particulier sont en dehors l'un de l'autre, et nous sommes arrivés à la limite, où l'art cesse d'avoir son but en lui-même, et où il est rabaissé à n'être plus qu'un moyen de distraction ou d'enseignement.

§ II.

Après ces éclaircissements, ces observations critiques, nous pouvons dire maintenant, que le *but de l'art, c'est de manifester l'idée, l'absolu, sous une forme sensible individuelle*, et la grandeur, la perfection de l'art, résultera de l'unité plus ou moins intime de l'idée et de la forme extérieure.

Cette définition sert de fondement aux divisions que devra subir l'esthétique.

Le concept de beauté doit être considéré : 1° en lui-même ; 2° dans le moment de la particularisation, ou dans les différentes phases qu'il traverse avant d'arriver à la conscience de lui-même ; 3° dans le moment de l'individualité, c'est-à-dire, dans sa réalisation par les arts spéciaux.

1. Le beau est l'idée apparaissant sous une forme individuelle : *l'idéal*. Dans la logique, la pensée trouvait en elle-même sa forme ; devenue finie dans la nature, elle avait perdu sa liberté ; dans la sphère de l'art, l'idée conserve encore un élément sensible de manifestation, mais, au sein de cet élément, elle reste infinie et libre. Si l'art emprunte ses formes à la nature, ce n'est qu'à la condition de les transfigurer, de leur donner une signification qu'elles n'ont pas par elles-mêmes, d'en faire un symbole de l'absolu.

2. L'art nous offre donc le spectacle d'une lutte entre la pensée et la forme, et le mode d'association de ces deux éléments donne naissance aux formes générales historiques de l'art, qui sont au nombre de trois : la période symbolique, la période classique, et la période romantique.

1. Dans la *période symbolique*, la manifestation de l'idée est encore incomplète et voilée par la forme. L'esprit fait des êtres tels qu'il les trouve immédiatement dans la nature, le signe de ses pensées. Bientôt, il se sent à l'étroit dans cette sphère ; alors, il torture les formes, les agrandit outre-mesure, et réunit les éléments les plus hétérogènes, comme le prouvent suffisamment les sculptures égyptiennes, les prophéties de Daniel, etc. Mais ces combinaisons deviennent elles-mêmes impuissantes,

quand il s'agit de manifester l'esprit dans toute son étendue et sa profondeur. C'est ce que peut seulement la figure humaine, qui donne une symbolique beaucoup plus riche que tous les objets de la nature pris ensemble. La position des membres, la tension ou l'affaissement des muscles, les plus petites modifications de l'œil ou de la bouche, tout acquiert une signification, et dévoile les derniers replis de l'âme.

2. Cette révélation complète de l'interne dans l'externe, est ce qui constitue *la période classique*. Dans l'art symbolique, le rapport de la pensée à la forme matérielle est vague, obscur, souvent arbitraire, et le même objet peut avoir pour différents individus des significations symboliques bien diverses. C'est ainsi que la forme du triangle, est pour les Indiens le symbole de l'Ioni, du phallus féminin, et pour les chrétiens le symbole de la trinité. Dans l'art classique, au contraire, la forme extérieure est une enveloppe transparente, qui laisse voir la pensée de manière à ce qu'on ne puisse s'y méprendre.

3. Enfin, dans la période *romantique*, l'esprit domine et déborde de toute part la matière qui n'est plus qu'un signe, une apparence.

L'unité de la pensée et de la forme que *cherche* l'art symbolique, est *trouvée* par l'art classique, et *dépassée* par l'art romantique.

Dans l'art symbolique, c'est la *nature*, dans l'art classique, la *figure humaine*, dans l'art romantique, le *moi*, *la conscience*, qui est le point central. Le principe du romantisme coïncide avec le commencement de l'histoire moderne, et se rattache à l'idée de la conciliation absolue, entre la nature divine et humaine.

La diversité des formes sensibles sous lesquelles le beau peut se manifester constitue les différents arts.

Si le beau se manifeste dans l'espace et ses dimensions, nous aurons les arts *plastiques*.

Dans *l'architecture*, la matière domine, et le rôle de l'esprit se borne à lui donner de la régularité, de la symétrie. L'architecture est symbolique par excellence, cependant comme tous les arts, elle traverse la totalité des périodes que nous avons signalées.

L'architecture des Egyptiens est spécialement symbolique, elle révèle obscurément une idée plus élevée; ainsi, le Labyrinthe, les Pyramides, les Obélisques sont destinés à représenter le cours de la vie humaine, les rayons du soleil en tant que force productrice, etc.

L'architecture des Grecs est spécialement destinée à bâtir des temples aux dieux; elle ne va pas au-delà de son but; l'idée est adéquate à la forme.

L'architecture gothique est romantique. Ces voûtes mystérieuses, ces tours qui s'élèvent vers le ciel, détachent l'âme des choses terrestres, et la transportent dans la sphère du suprasensible.

Le second art plastique est la *sculpture*, dans laquelle

la matière est complètement pénétrée par l'idéal. Quoique la sculpture orientale ait un caractère symbolique, par la difformité, la bizarrerie qu'elle prête à la figure humaine, et que les groupes, les bas-reliefs qui ont suivi la période classique, appartiennent au romantisme par les actions, les situations compliquées qu'ils sont destinés à représenter, on peut dire que la sculpture est essentiellement classique.

La *peinture*, au contraire, qui est le troisième des arts plastiques, appartient surtout à la période romantique. Dans la peinture, la matière est réduite à deux dimensions; la surface colorée n'est que l'apparence du corps. L'éclat de l'œil qui manquait encore à la sculpture, laisse rayonner l'esprit de tous côtés. Les actions, les pensées les sentiments les plus intimes de l'âme, sont exprimés par la peinture.

Dans la *musique*, l'art n'a plus aucun rapport avec l'espace; la manifestation de l'esprit cesse d'être une forme extérieure.

Le son est en quelque sorte l'idéal rompant les liens qui l'attachaient à la matière. De la même manière que la sculpture est un anneau intermédiaire, entre l'art plastique et l'art romantique, ainsi, au sein même des arts romantiques, la musique forme le point de transition entre les formes visibles de la peinture, et la spiritualité abstraite de la poésie.

Le caractère propre de la *poésie* gît dans la puissance avec laquelle elle asservit à l'esprit l'élément sensible, dont la peinture et la musique avaient déjà commencé à se délivrer. Dans la poésie, le signe et l'idée n'ont plus une valeur indépendante, ils sont inséparables. L'élément de manifestation est la langue, qui est un système de signes adéquat à nos pensées, mais la langue elle-même n'est qu'un instrument abstrait, et l'expression vraie de la poésie est ce qu'on appelle la langue poétique: la métaphore, la comparaison, etc. Le rhythme et la versification ne sont que des moyens empruntés à la musique, pour donner plus de charme à la poésie. D'un côté la poésie est le plus riche et le plus compréhensif de tous les arts, et d'un autre côté c'est l'art total, parce que, sans sortir de son domaine, elle reproduit le mode d'exposition de tous les autres arts. — 1° Comme poésie *épique*, elle donne à son contenu la forme objective, non seulement en représentant les actions des individus, mais les actions et les destinées des peuples. 2° Comme poésie *lyrique*, elle met à nu le cœur de l'homme, et appelle à son secours la musique, pour pénétrer dans l'âme plus profondément. Au lieu d'un événement, d'une action objective, nous avons une peinture de l'état subjectif du poète, de ses sentiments, ses émotions. 3° Enfin, la *poésie dramatique*, qui est la synthèse de la poésie épique et de la poésie lyrique, emprunte aussi dans la représentation théâtrale, le concours de tous les autres arts. Le drame renferme l'élément épique, car il donne une réalité objective à une action de l'esprit ; il renferme aussi l'élément lyrique, en ce que cette action est exprimée non par la narration, comme dans l'épopée, mais par des individus vivants.

Les formes que revêt la poésie dramatique, sont : 1° la *tragédie*, dans laquelle se montre la prédominance de l'absolu, du principe divin; 2° la *comédie*, qui exprime surtout le moment subjectif : la contradiction, l'ironie; 3° le *drame moderne*, qui est la fusion de ces deux genres.

PHILOSOPHIE DE LA RELIGION.

§ I.

Tout ce qui mérite de la part de l'homme estime, respect, vénération, tout ce qui fait son bonheur, sa gloire, son légitime orgueil, vient en dernière analyse se résumer dans la religion ; la pensée, la conscience, le sentiment de Dieu, est le commencement et la fin de toutes choses. La religion est à elle-même son but, le centre absolu, dans lequel viennent s'absorber les buts particuliers, qui jusque-là avaient été considérés comme ayant une valeur indépendante. Dans la religion, l'esprit achève de se débarrasser des entraves du fini ; en elle, il trouve la délivrance et le calme parfait. Connaissance, la religion est la conscience de la vérité absolue ; sentiment, elle est cette pure jouissance que nous nommons béatitude ; activité, elle est la manifestation de la grandeur et de la majesté divines.

L'essence de la religion et de la philosophie est une et identique. Toutes les deux ont pour objet la vérité éternelle dans son objectivité, Dieu, et son développe ment (*explikation*) (1). La philosophie et la religion sont, pour ainsi dire, toutes deux un culte; mais chacune sert Dieu à sa manière, et c'est dans cette différence, dont on se préoccupe exclusivement, que prennent leur source toutes les difficultés que l'on élève contre l'union de la philosophie et de la théologie. Cependant cette union n'a rien d'étrange ni de neuf; elle a déjà eu lieu chez les pères de l'église, et les plus remarquables d'entre eux, ont étudié à fond Pythagore, Platon, Aristote, et les alexandrins. Après avoir puisé dans la philosophie de puissants motifs pour se convertir au christianisme, ils ont appliqué à la doctrine chrétienne, la profondeur d'esprit qu'ils avaient acquis dans cette étude, et c'est à la philosophie que le christianisme doit les commencements de sa dogmatique. Cette même alliance, nous la retrouvons dans le moyen-âge; Abélard, Anselme, etc., sont les grands hommes qui représentent cette direction.

Si, de nos jours, l'opposition que, naguère encore, on considérait comme irréductible, ne revêt plus un caractère aussi tranché, cela tient à deux circonstances, dont l'une a rapport au fond même de la religion, l'autre à la forme.

Le grand reproche que l'on fesait à la philosophie était de corrompre et de détruire le dogme; or, ce re-

---

1) Voyez *Histoire de la philosophie*, pag. 110 et suiv.

proche n'a plus de portée, depuis que la théologie est tombée sur ce point dans un indifférentisme complet, et que, tout en conservant la lettre, elle a fait disparaître de la doctrine chrétienne, ce qu'elle a de vie et de substance. Pour ne citer qu'un seul exemple, le Christ est toujours, il est vrai, considéré comme le point central de la foi chrétienne, mais la rédemption est rabaissée à une explication purement psychologique : on dit de J.-C., « qu'il avait une grande énergie de caractère, des convictions si fortes, que la vie n'entrait pas pour lui en ligne de compte, etc., etc., (1). » Par là, J.-C. rentre dans la sphère des actions et de la moralité humaines, il est placé sur la même ligne que Socrate, et la trinité, qui était considérée par les alexandrins et les pères de l'église comme la clef de voûte de la doctrine chrétienne, n'a plus aucune valeur.

Le signe auquel on peut surtout reconnaître que l'importance de ces dogmes s'est évanouie, c'est qu'ils sont devenus quelque chose d'historique : or, en les traitant ainsi, on met de côté la vérité, la nécessité, l'existence absolue de ces dogmes ; les rôles sont changés, et le reproche que la théologie pourrait faire maintenant à la philosophie, c'est d'avoir trop conservé les doctrines de l'église. En réalité, c'est de la philoso-

---

(1) Tout cela s'applique aux théologiens rationalistes de l'Allemagne.

phie qu'on doit attendre aujourd'hui le rétablissement de la vraie dogmatique. — Voilà ce qui regarde le fond de la religion.

Pour ce qui tient à sa forme, la conviction générale de notre temps, c'est que Dieu se révèle immédiatement à la conscience de l'homme, et que la religion n'est pas autre chose que cette révélation immédiate de Dieu. Cette croyance, loin d'être opposée à la philosophie, est parfaitement en harmonie avec elle; car, par cela seul que la foi a ses racines dans les profondeurs les plus intimes de mon être, toute autorité extérieure, de quelque part qu'elle vienne, est rejetée, s'il n'y a pas adhésion de ma conscience. Mais les partisans du savoir immédiat ne se bornent pas à constater un rapport immédiat entre Dieu et la conscience humaine, ils affirment encore qu'il ne saurait y en avoir d'autre; or, comme la conscience nous dit bien immédiatement que Dieu est, mais qu'elle ne nous dit pas ce qu'il est, on en reste à une idée vide, un Dieu abstrait, *l'être suprême*. Pour la philosophie spéculative, au contraire, Dieu est esprit, c'est-à-dire, qu'il est concret par excellence, et la religion n'est que le développement, la manifestation de ce principe absolu (1).

Ainsi on voit que l'antagonisme prétendu de la religion et de la philosophie se réduit à l'opposition de ces

---

(1) Voyez l'exposition du système de Jacobi.

deux déterminations abstraites d'immédiat et de médiat. Posée dans ces termes, cette question rentre dans le domaine de la logique, et nous y renvoyons.

La philosophie étant la science de l'absolu, de l'immuable, de l'éternel, ne peut différer essentiellement de la théodicée; cependant il y a entre elles une différence qu'il est bon de faire remarquer. Dans la théodicée, l'absolu n'est pas seulement pensée, idée pure, mais aussi manifestation : c'est l'absolu sous la forme la plus concrète.

La philosophie est d'abord l'idée logique dans ses déterminations abstraites; ensuite, elle est l'activité de l'absolu qui revient sur lui-même, en traversant la nature et l'esprit fini. Dieu est ainsi le résultat de la philosophie, et c'est la philosophie qui nous apprend que Dieu est le principe en même temps que le résultat; qu'il se produit éternellement lui-même.

La nature, l'esprit fini, sont des incarnations de l'idée, des modes particuliers de manifestation; dans la théodicée, nous n'envisageons l'idée, ni sous sa forme logique, ni dans ses déterminations finies, mais nous la considérons comme esprit infini se manifestant d'une manière infinie. Voilà donc la position de la théodicée par rapport à la science philosophique en général. Pour les autres parties Dieu est le résultat, ici au contraire ce résultat devient le point de départ.

Voyons maintenant en quelques mots de quelle manière la théologie moderne a envisagé l'objet qui nous occupe. Sa manière de procéder peut se ranger sous trois chefs principaux : la méthode *historique*, la méthode *exégétique* et enfin la méthode *positive* qui consiste dans l'admission pure et simple de la doctrine de l'église.

Nous avons déjà dit quelque chose de la méthode historique, qui consiste à rechercher ce que les autres ont cru ou pensé ; Hégel, dans son langage quelquefois aussi incisif que trivial, compare les théologiens de cette catégorie aux commis d'une maison de banque, dont l'occupation est d'additionner et d'enregistrer le bien des autres sans en devenir plus riches pour cela.

La méthode exégétique consiste à prendre pour point de départ quelque chose d'extérieur : la lettre de la Bible, et à l'interpréter. Cependant, en réalité, ce n'est pas l'écriture qui est le point de départ, mais une opinion préconçue à laquelle on essaie ensuite d'accommoder des textes. Du reste, il ne saurait en être autrement si l'interprétation ne se borne pas à remplacer un mot par un mot d'une égale compréhension, mais qu'elle veuille encore dégager le sens; car, dans ce dernier cas, l'interprétation n'est qu'un développement de l'idée, la mise au jour d'éléments nouveaux. Envisagés ainsi les commentaires sur la Bible ne sont que les idées d'une époque appliquées à la Bible, c'est une enveloppe élastique dans laquelle on peut faire entrer tout ce qu'on veut.

Enfin, la théologie positive a pour contenu la doctrine, la dogmatique de l'église, et, malgré son hostilité prétendue, la philosophie est bien plus près de cette doctrine que les deux espèces de théologies dont nous venons de parler. « En effet, ajoute Hégel, et cette pensée il la reproduit sous toutes les formes dans ses ouvrages, il n'y a pas deux raisons, une raison divine et une raison humaine séparées par un abîme infranchissable ; la raison humaine, c'est ce qu'il y a de divin dans l'homme. L'esprit de Dieu n'est pas au-delà du monde, au-delà des étoiles, il est en tout et partout ; ce n'est pas un Dieu abstrait, un Dieu mort, mais un Dieu vivant et agissant ; la religion n'est pas une invention des hommes, mais une création de Dieu agissant dans l'homme. »

Avant d'entrer en matière, il est bon d'aller au-devant de quelques objections qui ne peuvent trouver leur solution que dans l'entier développement de la science qui nous occupe, et que, pour cette raison, nous nous contenterons d'indiquer.

1º La religion est immédiatement révélée de Dieu, et par conséquent élevée au-dessus de la raison humaine. Ces deux sphères sont séparées, et ne doivent avoir aucun point de contact, ou du moins, les résultats obtenus par la raison doivent être subordonnés à la religion positive... Donc, une philosophie de la religion n'est pas possible. Pour le moment, nous nous bornerons à nier que la foi et la philosophie puissent ainsi exister tranquillement l'une à côté de l'autre; il est impossible que la foi en la religion positive soit conservée, si la raison nous donne une conviction contraire. On ne peut pas faire deux parts de l'esprit humain, et l'église a été conséquente en ne voulant pas admettre que la raison pût être en contradiction flagrante avec la foi, et cependant s'incliner devant elle, et se soumettre.

2° Et cette objection se rattache à la première : « La raison peut bien connaître des vérités particulières, mais son impuissance se révèle dès qu'elle veut s'élever à la vérité absolue; si elle prend pour sujet de ses recherches l'esprit, la vie, l'infini, elle n'enfante plus que des chimères. Avant de se lancer dans ces investigations, la raison devrait d'abord s'assurer qu'elle est capable de connaître Dieu. » Tout cela se résout dans l'étrange paralogisme popularisé par Kant. Il faut d'abord étudier la raison; mais, par quel moyen? Sans doute, au moyen de la raison; c'est, dit Hégel, qui affectionne beaucoup cet exemple, ne vouloir se mettre à l'eau que lorsqu'on sait nager.

3° Dieu n'est pas donné par la raison, la connaissance, mais par le sentiment. Nous avons déjà dit quelque chose de la valeur de cette objection, et nous aurons occasion d'y revenir encore.

§ II.

Il ne peut y avoir qu'une méthode pour toutes les sciences, puisque la méthode n'est autre chose que la loi de développement de l'idée. Nous avons donc à considérer : 1° le concept religieux dans sa généralité abstraite ; 2° les déterminations diverses de l'idée religieuse qui donnent naissance aux différentes religions ; 3° l'idée religieuse concrète, absolue : la vraie religion.

Nous avons déjà signalé une difficulté particulière à la philosophie, c'est de n'avoir pas, à proprement parler, de point de départ, puisqu'elle est obligée de prouver la proposition par laquelle elle commence ; mais ici nous nous trouvons dans une position différente. La théodicée n'est qu'une partie de la philosophie générale, un anneau qui se rattache au reste de la chaîne, et son principe est prouvé par ce qui précède. Ce principe de la théodicée, c'est Dieu qui est la vérité de tout ce qui existe. Ce mot de Dieu réveille une idée bien familière à tous, mais le plus souvent cette notion est vague, abstraite, ou bien, elle est puisée dans l'imagination ; c'est à la philosophie de la religion à la développer d'une manière scientifique.

Considéré dans sa généralité, son universalité, comme la source de ce qui est ou peut être, Dieu est la pensée pure, la substance absolue.

Sans doute, la théodicée ne doit pas s'en tenir à cette notion abstraite, mais c'est par elle qu'elle doit débuter. Maintenant, le moi est concret; il est sentiment, imagination, pensée. Sous laquelle de ces formes Dieu sera-t-il pour nous? En écartant toutes les réponses qu'on pourrait faire à cette question, demandons-nous tout simplement quelle est la faculté de notre esprit, qui nous met en possession de ce concept de substance, une, absolue, identique à elle-même. Il est évident que c'est la pensée, et nous ne pouvons arriver à cette notion, qu'après nous être élevés au dessus du sensible, de l'individuel. La pensée est donc la forme subjective, dans laquelle nous est donnée la substance. Nous avons encore une différence entre la pensée, et l'absolu que nous avons appelé Dieu, mais cette différence ne peut venir que de notre réflexion et non de l'objet; car, Dieu étant toute réalité, la pensée ne saurait en être exclue, et conséquemment la pensée, le lieu de l'absolu, se trouve elle-même absorbée dans l'absolu, l'éternel. Voilà, dit Hégel, la conception fondamentale, le néant fécond, d'où tout sort, et où tout retourne. Nous ne suivrons pas Hégel dans une longue apologie, destinée à montrer que si la philosophie spéculative a été accusée de panthéisme et par suite de fatalisme, cela vient de ce qu'on a cru, ou feint de croire, que, pour elle, Dieu n'était que substance, tandis qu'il est aussi sujet. Nous nous réservons de traiter cette question à la fin de notre travail.

Du sein de cette identité absolue qui serait la mort, de cet être universel qui serait la négation des êtres, jaillit la différence; et c'est avec cette différence que commence la religion. Nous avons maintenant la substance abstraite, indéterminée, et la conscience, la connaissance : l'objet et le sujet. Dieu se manifeste, il est pour l'esprit, et cette manifestation est en même temps création de l'esprit. Il suit de là, comme conséquence immédiate, que Dieu peut être connu, car il est dans son essence de se manifester. Ceux qui prétendent qu'on ne peut rien savoir de Dieu, ne sont pas au point de vue du christianisme, qui se nomme lui-même la religion révélée.

La religion étant le rapport de l'homme à Dieu, ce rapport peut être envisagé dans ses deux termes : 1° au point de vue subjectif: la conscience que l'homme a de Dieu ; 2° au point de vue objectif: Dieu considéré en lui-même. La conscience que l'homme a de Dieu se présente sous trois formes : sous la forme du sentiment, de la représentation, et de la pensée.

1. Nous avons de Dieu une conscience immédiate, mais il ne saurait être l'objet de la connaissance, du

raisonnement : voilà le principe général qui constitue cette forme religieuse, que nous avons appelée *forme du sentiment*. La conséquence à tirer de ce principe, c'est que la conscience immédiate se borne à savoir qu'il existe un objet, et qu'il y a un rapport abstrait entre moi et cet objet déterminé. Tout ce qu'on affirme de Dieu, c'est l'être ; or, l'être abstrait, qui exclut toute détermination, est la plus pauvre des catégories. D'ailleurs, le sentiment est contingent de sa nature. C'est au sentiment qu'on en appelle quand on n'a plus de bonnes raisons à donner, et cela coupe court à toute discussion, car le lien commun qui se trouve entre les hommes se trouve rompu, dès que nous nous retranchons dans la sphère de notre personnalité. Le sentiment nous est commun avec la bête, et cependant les animaux n'ont pas de religion ; cela seul devrait nous faire soupçonner que c'est par la pensée que nous arrivons à Dieu. Sans doute, tout peut revêtir cette forme subordonnée du sentiment, mais malgré cela, ou plutôt à cause de cela, le sentiment n'est pas un *criterium* sur lequel on puisse s'appuyer. L'homme civilisé a un sentiment vrai du droit de la liberté, de la moralité, mais cela, il le doit à la culture de la pensée, dont le sentiment n'est qu'un écho.

2. Le sentiment donne la certitude subjective de l'existence de Dieu, mais cette certitude a un contenu, un

objet, et cet objet se montre d'abord sous le mode de représentation, d'image (1).

Le propre de la représentation, c'est d'exprimer autre chose que ce qu'elle est immédiatement, d'être signe par rapport à une chose signifiée. Il y a dans la religion une foule d'expressions, que tout le monde s'accorde à regarder comme métaphoriques : Dieu se venge, se met en colère, se repent, etc.

L'histoire, par les éléments sensibles qu'elle renferme, rentre dans la forme représentative. Toute histoire contient une succession externe d'actions, d'événements, mais il y a aussi des lois générales de liberté, de moralité, qui forment son essence, et ne sont pas données immédiatement dans le fait sensible.

Appliquant ces prémisses à l'histoire de la religion en général, et du christianisme en particulier, Hégel formule cette idée, qui renferme en germe tout le livre de

---

(1) Nous préférons, pour rendre *vorstellung*, le mot de *représentation* à celui *d'image*. Dans l'image, tous les éléments sont essentiellement matériels, tandis que, dans la représentation, des notions pures peuvent se trouver mêlées aux éléments sensibles. Une expression qui aurait rendu à merveille le mot *vorstellung*, sans recourir au néologisme, eût été le mot *idée*, dans son acception vulgaire; mais, outre que ce mot ferait double emploi dans la terminologie de Hégel, et signifierait tour-à-tour, et un degré inférieur, et le terme le plus élevé de la connaissance, nous croyons qu'il est de la dignité de la philosophie de conserver à l'idée toute la noblesse qu'elle a dans la langue de Platon.

Strauss, savoir : que l'histoire religieuse est la forme sous laquelle la religion existe pour tous les hommes, mais que ces faits empiriques, successifs dans le temps, ne sont que l'enveloppe du dogme rationnel, qui seul a une valeur absolue (1).

3. La forme de la pensée, c'est le savoir raisonné, réfléchi, *médiatisé*, par rapport au savoir immédiat, et ici se présente la question déjà résolue négativement dans ce qui précède : la religion est-elle une connaissance médiate ou immédiate de Dieu ? Elle est l'un et l'autre, car, isolément pris, ces deux termes ne sont que des abstractions. A vrai dire, il n'y a pas de savoir immédiat, seulement nous pouvons ne pas avoir conscience de la médiation : ainsi, par exemple, dans toute perception, qui, au premier abord, pourrait paraître simple, il y a le sujet qui perçoit, et l'objet perçu. La notion de Dieu

---

(1) Fichte avait déjà dit : « Si les anciens symboles religieux, et notamment ceux du christianisme, n'ont pas encore été exactement et complètement compris, comme je le crois, le prophète à venir (der künftige lehrer), par une interprétation nouvelle, dévoilera leur véritable contenu. La philosophie a le même objet que la religion, mais sa forme est l'observation interne et non le sentiment... La philosophie doit oser arracher l'homme à cette sphère du sentiment... Comme elle (la philosophie) renferme le contenu de toutes les révélations possibles, dans leur totalité organique et leur clarté génétique, elle a le droit de juger, sans appel, que tout ce qui est en contradiction avec elle est faux. Avec le progrès du temps, toute croyance religieuse, positive, tout symbole, doit s'élever jusqu'à la philosophie. » (Fichte. *OEuvres posth.*, 3e vol. pass.).

ne saurait être immédiate, par cela seul qu'elle suppose d'une part le moi, et de l'autre Dieu. Pour réunir ces deux extrêmes, l'identité et la différence, il faut un terme moyen, et de la nature de ce moyen terme, résultent les différentes preuves de l'existence de Dieu. La critique s'est élevée avec force contre les preuves de l'existence de Dieu; elle a dit, non sans quelque apparence de raison, qu'en partant du fini pour arriver à l'infini, Dieu n'est plus principe, mais conséquence; qu'il est déduit, et par conséquent dans un état de dépendance par rapport au fini. Cette objection suppose tout juste le contraire de ce qui est. L'homme contemple le monde, et ne pouvant trouver sa satisfaction dans les choses contingentes, il s'élève au dessus d'elles; il se dit: puisque le fini est transitoire, il doit y avoir quelque chose de nécessaire qui est le fondement du contingent. Voilà la marche de l'esprit humain; on arrive à Dieu par la négation du fini, et non en s'appuyant sur lui.

Nous approchons du résultat de nos recherches, puisque nous voilà sur le terrain de la pensée, où nous devons trouver l'idée religieuse dans sa vérité. Mais la pensée elle-même a plusieurs degrés; demandons d'abord à l'observation psychologique, comment la notion de Dieu se forme dans la conscience.

En fait, par cela seul que je perçois un objet, je sais que cet objet est autre que moi, je finis là où il commence, je suis limité par lui, je suis fini. L'infini, au contraire, c'est ce qui est inconditionnel, illimité. Ces deux termes sont corrélatifs, et il s'agit de voir la nature du rapport qui peut exister entre eux. 1° Le fini est placé dans un rapport de servitude, de négation, par rapport à l'infini, qui pèse sur lui de tout son poids. Ce rapport exprimé comme sentiment, c'est la crainte (la justice de Dieu). 2° Tout en ayant conscience de mon néant, par rapport à l'infini, je sens que l'infini me laisse vivre; je ne suis pas seulement la négation de l'infini, mais j'ai une valeur positive (la bonté de Dieu).

Voilà où on est obligé de s'arrêter, si l'on reste sur le terrain de l'observation. Dieu est toujours en dehors du moi, de la conscience, et le désir est condamné à le poursuivre éternellement, sans jamais l'atteindre. C'est à la spéculation à remédier à l'insuffisance de la marche empirique, et à donner le vrai rapport du fini à l'infini.

La réflexion opposant le fini à l'infini, se contente par là de doubler le fini; mais il n'en est pas de même de la raison. Pour elle, il n'y a de vérité que dans la synthèse de l'infini et du fini; le fini est un moment essentiel, nécessaire de la nature de Dieu, et l'on peut dire, que c'est Dieu lui-même qui se limite. Au premier abord, cela peut paraître impie, et cependant ce n'est pas autre chose, que la traduction philosophique de la croyance générale en Dieu créateur du monde. Dieu crée le monde; sa détermination ne peut porter sur rien autre que lui, puisque seul il est ; Dieu, donc, se détermine lui-même en se pensant, et sa pensée projetée au dehors, devient le monde. Dieu et le monde sont deux, ils se limitent reciproquement, voilà le moment fini ; mais ce fini n'a qu'une existence phénoménale, et l'infini, à l'étroit dans cette enveloppe, fait des efforts pour la briser et remonter à sa source. C'est ce double mouvement d'expansion et de concentration qui constitue la vie divine. Dans le moi qui a conscience du fini et qui s'en dépouille, Dieu retourne vers lui-même ; *sans le monde, Dieu n'est plus Dieu.* Voilà la notion abstraite de la religion. Dans chaque religion, la partie essentielle du culte consiste à établir une médiation entre le fini et l'infini, sous la forme particulière que revêt cette antinomie ; mais cette médiation n'est jamais absolue, et Dieu, l'esprit infini, apparaît toujours en dehors de l'homme.

Nous ne suivrons pas Hégel dans l'analyse qu'il donne des moments abstraits du culte, parce que, d'une part, on peut les déduire des différentes phases que nous avons montrées dans l'idée religieuse, et que, d'un autre côté, la diversité des cultes forme le caractère extérieur des différentes religions, dont nous allons tout-à-l'heure donner le tableau.

§ III.

Les religions déterminées sont le développement des éléments divers qui se trouvaient en germe dans le concept religieux ; c'est le concept religieux sous la forme historique, soumis aux conditions du temps et de l'espace. Nous aurons à examiner successivement : 1° la religion de la nature ; 2° la religion de l'individualité spirituelle ; 3° la religion absolue : la vraie religion.

La religion de la nature, qui est aussi la religion naturelle, car c'est par elle que l'homme débute, occupe chez nous la première place, et nous avons à nous expliquer sur ce point. Nous la plaçons la première, non parce qu'elle est la plus vraie, mais parce qu'elle est la plus imparfaite, la moins développée. Il y a, au contraire, une opinion qui considère la religion naturelle comme la religion vraie, divine, par excellence. « En elle, l'homme est dans une union intime avec la nature, et par conséquent dans un état d'innocence ; car le mal ne peut naître que d'un mauvais usage de la liberté, et la liberté suppose des motifs d'ordre différents ; or, ces motifs ne peuvent pas exister, tant qu'il n'y a pas eu scission entre l'homme et la nature. Dans cet état d'innocence primitive, l'homme connaît immédiatement l'essence des choses, il se trouve en possession de toutes les sciences, de tous les arts, enfin il voit Dieu non comme une abstraction de la pensée, mais comme un être déterminé (1). »

Voilà l'image qu'on se fait de la religion primitive, et on cherche à la légitimer par des témoignages puisés dans la religion chrétienne. La Bible, conforme en cela au témoignage d'un grand nombre de peuples, raconte l'histoire d'un paradis qui a été perdu, et qui doit être recouvré. Hâtons-nous de dire que cette opinion est au fond vraie, nécessaire; l'union avec Dieu et la nature, dans un sens général, est sans aucun doute le caractère essentiel de l'homme; mais l'erreur consiste à faire de cette disposition virtuelle de la nature humaine, un mode particulier d'existence dans un temps passé ou à venir.

L'homme est esprit; or, il est dans l'essence de l'esprit d'avoir conscience, d'être libre, de se détacher de la nature, pour se réconcilier avec elle et avec soi-même. Cette dernière unité est la seule vraie, la seule digne de l'homme.

Quand on appelle état d'innocence, cet état où l'esprit est encore absorbé dans la nature, il peut sembler condamnable de dire que l'homme doit abandonner son innocence et pécher, mais en réalité cet état d'innocence, c'est l'état de l'animal, celui de la plante immédiatement liée au sol; c'est la négation de la conscience, et par

---

1 Voyez Novalis, Schlegel, et l'école mystique allemande.

conséquent du bien et du mal. Cette innocence prétendue n'est que de la barbarie, de la sauvagerie, et c'est ce qu'on exprime en disant que l'homme est naturellement mauvais. Le véritable état de l'homme, c'est la liberté et l'imputabilité. On parle de l'innocence des enfants, et l'on se prend quelquefois à regretter de voir disparaître cette spontanéité, cet amour naïf; mais cette impeccabilité de l'enfant est bien au-dessous de la libre moralité de l'homme.

Le récit du péché originel renferme, sous une forme mythique, l'histoire éternelle et nécessaire de l'humanité; sans doute, par cela seul que la forme est historique, l'inconséquence était inévitable, mais les éléments essentiels de l'idée sont conservés. L'homme se sépare de la nature, alors seulement il connaît le bien et le mal, et la conscience est le théâtre de cette lutte. Comme la conscience, la réflexion, la liberté, renferme la possibilité du mal, la Bible exprime cela en disant que l'homme a péché; mais la liberté est en même temps le principe, la source du bien, de la rédemption, et cela est renfermé dans ces mots de Dieu : « Voilà Adam devenu comme l'un de nous... (1). »

---

(1) Comme la christologie de Hégel et de l'école spéculative n'est qu'un résultat de la méthode mythique, appliquée ici à la Génèse, cette explication du récit biblique, qui, du reste, est en grande partie empruntée à Kant, devient très importante, et nous la donnons en entier dans la note A, à la fin du volume.

Que l'homme, dans son état primitif d'innocence, ait eu la connaissance la plus parfaite de Dieu et de la nature, qu'il ait possédé la science la plus complète, c'est là une opinion extravagante dont l'histoire elle-même montre la vanité.

Dans la science de la nature, il faut distinguer deux choses : 1° les phénomènes sensibles, les qualités spécifiques des corps; 2° les lois générales de la nature, ce qu'il y a en elle de rationnel. Il est possible et même probable, que dans l'état primitif, l'homme connût mieux que dans l'état de civilisation, le rapport de ces qualités spécifiques des corps avec son organisme, et qu'en cela, il ressemblât à l'animal qui sait très bien distinguer les plantes qui sont propres à sa nourriture quand il est en santé, à sa guérison quand il est malade; mais, loin d'être une connaissance profonde de la nature, ce n'est là que le degré le plus superficiel. L'essence de la nature, c'est son idée générale, les lois qui la régissent. Avoir une connaissance réelle d'une planète, c'est savoir quel est son rapport avec le soleil, le temps et le mode de sa révolution, etc. ; or, cette connaissance n'est possible que pour l'homme qui a reçu une culture scientifique, qui s'est rendu indépendant des données immédiates des sens, et saisit son objet par la pensée.

Pour ce qui tient à cette intuition pure de Dieu, dont l'homme jouissait avant sa déchéance, nous renvoyons à ce que nous avons déjà dit du savoir immédiat. Dieu est esprit, et l'esprit dans sa vérité ne peut exister que pour l'esprit.

Enfin, on a essayé de légitimer historiquement cet idéal de perfection attribué aux commencements de l'humanité. On a trouvé chez quelques peuples des débris de connaissances scientifiques qui semblaient peu en harmonie avec leur civilisation actuelle; et de là, on a conclu à un état de perfection antérieure. C'est ce qui est arrivé notamment pour les connaissances astronomiques et mathématiques des Indiens et des Egyptiens; mais, une observation plus attentive n'a pas tardé à montrer que leur science était bien au-dessous de celle des Grecs et par conséquent de la nôtre; et les préjugés dont l'Orient avait été l'objet perdent chaque jour de leur force.

Maintenant que nous avons montré comment Hégel légitime son point de départ, nous allons donner un tableau des différentes formes que l'idée religieuse revêt dans l'histoire.

1. Le premier mode d'unité de l'homme et de Dieu est une unité naturelle. Dieu, l'infini, apparait sous une forme finie. Dans cette première catégorie rentrent toutes les *religions de la nature*, et elles reposent sur la *preuve cosmologique de l'existence de Dieu*. Le caractère des premières religions naturelles, c'est que Dieu n'a pas encore d'objectivité absolue.

a. Dans la religion de la *magie*, l'homme, en tant que conscience individuelle, tient la nature sous sa dépendance. La magie se glisse dans les cultes les plus développés, mais ici, elle est le point culminant de la religion, si on peut donner ce nom à un rudiment encore informe. La religion ne commence réellement qu'avec une objectification du principe divin en regard de la conscience individuelle, quelque imparfaite que soit d'ailleurs la forme de cette objectification; or ici, il n'y a pas un Dieu dans le magicien, mais le magicien lui-même, et sans intermédiaire, plie la nature à ses caprices. Cependant, dans ce rudiment grossier de l'idée religieuse, il y a déjà une distinction entre la conscience vulgaire, habituelle, et celle qui produit les enchantements.

Dans les phases suivantes, la religion de la magie vient se fondre dans le *fétichisme*. (1).

b. Les choses sont dans un état constant d'action et de réaction, l'idividu n'agit plus directement sur la nature, mais indirectement et par l'entremise de certains objets sensibles qu'il investit de la dignité divine, à la condition de les en dépouiller à son bon plaisir, et de les remplacer par d'autres.

c. La lune, le soleil, les montagnes, sont considérés comme des êtres indépendants, et en tant que tels de-

---

(1) Autant qu'on peut juger par quelques relations, souvent incohérentes, il paraîtrait que cette fusion de la magie et du fétichisme constitue la religion des Iles Marquises, sur lesquelles la France vient d'étendre naguère son protectorat.

viennent l'objet d'une adoration plus ou moins mêlée de conjurations et d'enchantements.

d. L'homme voit au dehors de lui dans la vitalité une force absolue. Les animaux ont été adorés chez une foule de peuples, et cela parait au premier abord, le dernier degré de l'abrutissement; toutefois, entre l'adoration de la lune, d'un fleuve, d'une montagne, et l'adoration des animaux, il y a toute la différence qui se trouve entre l'organisme et la matière inerte. Il ne faut pas cependant donner à ce culte des animaux, la signification qu'il acquiert plus tard avec la doctrine de la métempsycose.

e. Enfin la dernière forme d'objectification du principe divin, est l'homme lui-même. On pourrait croire que nous sommes revenus au point de départ de la religion de la magie, mais il y a cette différence, que maintenant ce n'est plus chaque conscience, chaque individu qui exerce une influence sur la nature; ce pouvoir est le partage d'un homme ou de quelques hommes, qui, à ce titre, sont l'objet de la vénération du peuple. Cette dernière forme de la religion de la magie forme le point de transition à une religion plus élevée.

2. Avec la religion de la *concentration* (*die religion des insichsein*) commence le véritable mode d'objectification de l'esprit absolu. La pensée se replie sur elle-même et se reconnaît comme l'essence, l'éternel, l'immuable. Mais cette unité du fini et de l'infini est encore pure-

ment négative. Les religions qui appartiennent à cette catégorie, sont le lamaïsme, le foëisme, et le buddhisme. Les différences qu'elles présentent entre elles sont peu importantes; elles ont toutes ce caractère commun, que Dieu est conçu comme la substance abstraite, la négation de toute existence particulière, et le culte est dans un rapport nécessaire avec cette conception. Le but le plus élevé que l'homme puisse atteindre, c'est de s'abstenir de toute action, soit corporelle, soit spirituelle, de s'absorber dans l'unité, le repos éternel, le néant, et d'arriver ainsi à l'identité avec Dieu.

Le dieu de Foë et de Buddha est la substance abstraite indéterminée; or, il faut que l'abstraction devienne la vie, que l'absolu devienne concret. Ici, ces deux moments sont tenus séparés; il n'y a pas de catégorie de relation entre l'infini et sa manifestation, Dieu et la nature; tout est abandonné à l'arbitraire, à l'imagination. De là la multitude de formes quelquefois repoussantes, le plus souvent bizarres, que revêt le principe spirituel dans les religions de l'Inde; la substance divine n'est pour ainsi dire qu'un espace rempli par le polythéisme le plus grossier et le plus extravagant.

3. La plus pure de toutes les religions naturelles, est celle de Zoroastre et des anciens Perses. L'opposition du fini et de l'infini est ramenée au simple dualisme de la lumière et des ténèbres. On aperçoit même dans cette

religion du *Zend*, la transition du point de vue sensible au point de vue moral, puisque l'opposition de la lumière et des ténèbres est aussi caractérisée comme la lutte du bon et du mauvais principe. Dieu n'est plus une matière inerte, c'est un procès spirituel qui doit finir par le triomphe remporté sur Ahrimane, le royaume des ténèbres.

Dans la religion égyptienne, ce dualisme commence même à disparaître. Le mal, la négation, n'est pas quelque chose d'extérieur à Dieu, mais un moment de sa propre nature. Non seulement Tiphon est en lutte avec Oziris, mais il lui fait sentir directement son influence; Oziris meurt, mais il ressuscite pour régner dans l'empire du suprasensible. Ainsi donc, ici, Dieu est la force spirituelle qui arrive à son but en triomphant de la négation, du fini, de la nature.

2. Aux religions de la nature, succèdent les religions de *l'individualité spirituelle*, qui ont pour base les *preuves téléologiques de l'existence de Dieu*. L'ordre et l'harmonie que les peuples aperçoivent dans la nature où leur propre destinée devient une hypostase, une personnification du principe divin; mais cet ordre, cette harmonie, est d'abord bornée à une sphère plus ou moins étroite, et la réalité n'est pas encore adéquate à l'idée de Dieu.

a. Pour le judaïsme (*la religion du sublime*), Dieu est un être spirituel qui seul apparaît comme positif par rapport au néant de l'homme et du monde. Mais cette généralité abstraite est en même temps bien restreinte, elle a en dehors d'elle la pluralité; le Dieu de Moïse n'est pas le seul Dieu, c'est seulement le vrai Dieu, le Dieu le plus puissant; de plus, son but est particulier: c'est de donner à un peuple élu par lui, la terre de Chanaan.

La création qui fait de Dieu un être actif, est un progrès par rapport aux émanations des religions de l'Inde, mais Dieu ne crée pas encore en lui-même et sans sortir de lui-même (1); la matière de la création est encore considérée comme en dehors de Dieu, c'est l'action de Dieu sur quelque chose qui n'est pas lui.

b. Au but unique de la religion juive, succèdent les buts divers du polythéisme. Ces buts nombreux sont les forces morales qui gouvernent la vie de l'individu. Ce sont leurs sentiments, leurs affections, leurs rapports sociaux, l'état, l'art, la science, le courage, etc., que les Grecs ont divinisé et personnifié; et c'est à cause de cette identification du divin et de l'humain, que le polythéisme grec est la *religion de la beauté.*

c. Dans la religion du sublime, Dieu reste unité, sagesse abstraite; dans la religion de la beauté, au contraire, nous avons une aristocratie céleste qui représente des tendances multiples, isolées les unes des

---

(1) Allusion à la génération du λόγος dans le christianisme.

autres ; ce que nous rencontrons maintenant, c'est une totalité relative de ces deux éléments où chaque religion se dépouille de ce qu'elle a d'exclusif, mais cela, par la corruption de son principe. La religion du sublime perd sa direction vers l'un, l'éternel, le suprasensible, et d'un autre côté, les dieux de la Grèce sont dépouillés de leur personnalité, et rabaissés au rôle d'instruments destinés à étendre la domination romaine (1).

Le caractère commun des religions de l'individualité spirituelle, c'est qu'en elles, la nature, séparée de la substance, n'est plus qu'un moyen de manifestation, subordonné au principe spirituel. Dieu est personnel, moral, mais il n'est pas à lui-même sa fin : le but que poursuit la sagesse infinie et encore un but fini. Dans la religion juive, ce but est unique, exclusif ; il est multiple dans la religion grecque ; général, abstrait (2) dans la religion romaine.

---

(1) Il est à remarquer que Hégel a toujours eu une sorte d'aversion pour les Romains. Il ne laisse jamais passer l'occasion de montrer sous un jour défavorable, « ce peuple qui n'a été qu'imitateur en religion, en littérature, en philosophie ; » et certes, il faut que cette antipathie soit bien forte, puisqu'elle va jusqu'à mettre en question la vérité de la méthode dialectique. En effet, la religion romaine, qui est la synthèse du principe juif et du principe grec, devrait être plus élevée que l'un et l'autre isolément pris ; or, ici il n'en est rien, et la religion romaine n'est qu'une espèce de *caput mortuum* des deux.

(2) La réunion de tous les peuples sous la domination romaine, sans tenir compte de leur individualité.

§ IV.

Après avoir traversé la série de ses manifestations particulières, le concept religieux a conscience de lui-même, se sait en tant qu'absolu, et devient la vraie religion, la religion chrétienne, qui repose sur les *preuves ontologiques de l'existence de Dieu.*

La religion absolue est évidente, car elle est la conscience de l'objet identique avec l'objet lui-même;

Elle est vraie et libre, car elle ne relève de rien d'extérieur, ne laisse en dehors d'elle aucun élément du concept religieux absolu, mais les absorbe tous dans l'unité;

Enfin, elle est positive révélée : ceci a besoin de quelques explications.

Par ce mot de révélation, on entend ordinairement : 1° que Dieu lui-même s'est fait connaître aux hommes; 2° que cette connaissance leur ayant été donnée extérieurement, le christianisme est une religion positive.

Examinons un peu la valeur qu'il faut donner à ce mot.

La religion absolue est positive dans ce sens, que tout ce qui est pour la conscience, affecte une forme objective. Les lois de liberté, de moralité, qui constituent l'essence même de l'esprit, nous sont d'abord communiquées par l'enseignement, et il en est de même des lois de l'état; mais ce n'est pas à dire pour cela qu'elles doivent conserver ce mode d'existence externe; en tant qu'elles sont rationnelles, nous devons nous les assimiler, en faire notre propre nature.

Il en est de même de la religion chrétienne. Toute sa doctrine est d'abord positive, extérieure, historique, mais elle ne doit pas en rester là, être seulement une affaire d'imagination, de mémoire.

La valeur que l'on donne à la partie positive de la religion (les miracles, l'histoire d'un individu), c'est de prouver la vérité de la doctrine, et de servir ainsi de fondement à la foi. Mais, à part les objections qu'on peut accumuler contre les miracles, les explications naturelles plus ou moins vraisemblables qu'on en peut donner, l'esprit est placé trop au-dessus des faits sensibles, pour qu'il puisse se légitimer par eux, et c'est ce dont fait foi l'histoire de la religion. Les magiciens de Pharaon opèrent les mêmes miracles que Moïse, et le Christ lui-même rejette les miracles comme criterium de vérité. C'est à l'esprit seul à rendre témoignage de l'esprit, mais ce témoignage a plusieurs degrés; il peut être une vague sympathie, une adhésion instinctive, comme il peut s'appuyer sur des opinions préconçues, des raisonnements, etc. La forme la plus élevée du témoignage de l'esprit, est la forme philosophique, dans laquelle l'idée pure, écartant toute hypothèse, fait sortir la vérité de son propre sein, et prouve la nécessité de son développement par ce développement lui-même. Mais on ne saurait raisonnablement espérer que tous les hommes possèdent la vérité sous forme philosophique ; il est des degrés de culture intellectuelle qui nécessitent la confiance en l'autorité. Les miracles même ne sont pas sans utilité pour les hommes charnels, qui ne se fient qu'au témoignage de leurs sens, et il est intéressant de les voir réduits à ce minimum.

1. En tant qu'il est l'idée absolue se réalisant elle-même, Dieu est nécessairement *trinaire*.

1° Dieu est la substance universelle, l'être qui ne sort pas de lui-même, la pensée pure qui est l'essence de toutes choses : — LE PÈRE.

2° Mais cette pensée, en tant qu'elle est toute réalité, n'est pas une généralité abstraite ; elle se pense elle-même, se double et se développe en une multiplicité d'idées : c'est l'éternelle naissance du λόγος. — LE FILS.

3° De cette différence qu'il a posée dans son sein, Dieu revient éternellement sur lui-même, et comme ESPRIT, il est la personnalité absolue, dans laquelle, malgré la pluralité des personnes, il n'y a cependant qu'une personnalité (1).

---

(1) Dieu est le syllogisme par excellence, qui se reproduit jusqu'aux dernières limites de la nature et l'esprit fini, c'est le noyau qui impose au cristal sa forme invariable. Les termes de ce syllo-

Par rapport à l'espace, on pourrait distinguer ainsi ces trois moments, qui se passent pour ainsi dire en différents lieux : dans le premier moment, Dieu est en dehors de l'espace, du monde, du fini (le royaume du Père); dans le second, Dieu est la nature et l'esprit fini (le royaume du Fils); dans le troisième, il est l'église qui, à la fois sur la terre et dans le ciel, jouit dans le monde de toute la plénitude de la grâce divine (le royaume de l'Esprit).

2. Comme Dieu est esprit, il s'oppose sans cesse ce qui n'est pas lui, non-seulement comme monde intelligible, mais comme monde sensible, phénoménal, pour arriver, par une antinomie réelle, à une conciliation réelle avec lui-même : l'éternelle *création* (1).

Dans la création ou la distinction des moments en Dieu, gît la déchéance, le *péché originel.* La nature en soi n'est pas le mal, mais elle est la possibilité du mal, en tant que l'esprit individuel, ayant conscience de

---

gisme divin sont : l'identité, la forme du général; la différence, la forme du particulier; l'unité concrète, la fusion des deux termes : la forme de la personnalité.

(1) On dit que Dieu a créé le monde, et on considère cela comme un fait contingent, qui a eu lieu, mais qui aurait pu aussi ne pas avoir lieu, un acte accompli une fois pour toutes, une détermination qui n'est pas essentielle à l'idée de Dieu. Dieu, en tant qu'esprit, se révèle nécessairement : sans le monde, Dieu ne serait pas Dieu.

l'opposition qui existe entre lui et la substance divine, peut persister dans cette opposition, et faire de la nature son but. L'homme seul est capable d'opérer cette scission, comme aussi, de reconquérir l'unité avec Dieu; aussi, si la nature est tombée en l'homme, c'est en l'homme qu'elle a été rachetée. Dans *l'analyse du Fils*, l'imagination tient ces deux moments isolés l'un de l'autre; la création et le péché originel, ayant été présentés comme un fait particulier, la rédemption a été liée également à l'histoire d'un individu qui, divinement engendré, est remonté au ciel, après avoir triomphé du monde terrestre. Comme tous les hommes se sont séparés de Dieu, dans la personne d'un seul, tous aussi ont été rachetés en un seul homme identique avec Dieu. Ce que l'imagination divise ainsi dans le temps, est l'histoire éternelle qui se répète dans chaque individu. Si on donne un passé à l'histoire divine, on lui donne aussi un avenir; comme après la création, la race humaine est déchue, le monde doit un jour disparaître; le jugement dernier fera justice de tout ce qui n'est pas divin, et dans le royaume de l'éternelle béatitude, Dieu sera tout dans tous (1).

---

(1) Nous avons emprunté presque textuellement à M. Michelet, op. cit., cet exposé des idées de Hégel sur la rédemption et la divinité du Christ. Dans une note-supplément (B), on trouvera réunis tous les passages de Hégel qui nous ont paru propres à en faire ressortir l'exactitude

3. L'église prend naissance avec ce qu'on a appelé *l'effusion du Saint-Esprit*. L'objet de la foi est d'abord la manifestation de Dieu dans un être tombant sous les sens, un individu vivant dans un temps et un lieu déterminés. Mais, par cela seul que c'est une manifestation isolée, elle doit s'évanouir, et passer dans le domaine de la mémoire et de l'imagination. L'église change la forme sensible en un élément spirituel; l'externe devient interne, le passé et l'avenir se concentrent dans le présent. Cette conversion (*umkerung*) de la conscience, qui commence déjà avec la résurrection du Christ, est définitivement accomplie par l'ascension. L'esprit ne pouvait se répandre que lorsqu'il aurait dépouillé la chair, c'est-à-dire, lorsqu'il aurait cessé d'être quelque chose de sensible, de présent, d'immédiat. Toutes les discussions qui ont pour objet la vérité de la religion chrétienne, peuvent se ramener à ces deux questions : 1° Est-il vrai que Dieu ait un fils, et qu'il l'ait envoyé dans le monde ? 2° Jésus de Nazareth, le fils du charpentier, a-t-il été le fils de Dieu, le Christ ? Ordinairement, on confond ces deux questions, ou on subordonne la solution de la première à la solution de la seconde, tandis que c'est le contraire qui devrait avoir lieu. La rédemption découle nécessairement de la nature de Dieu, et c'est là le point essentiel auquel il faut s'attacher ; pour ce qui regarde le fait historique, externe, bien qu'il serve de point de départ à la foi,

il est exposé à d'innombrables objections, et devient inutile, quand on s'est élevé jusqu'à l'idée pure.

Né au sein de l'église, l'individu est destiné à participer à la vérité qu'elle possède, et qui se résume dans la doctrine de la rédemption. Cette adoption de l'enfant par l'église, a lieu dans le *sacrement du baptême.*

L'homme doit naître deux fois; d'abord, naturellement; ensuite, spirituellement, comme le brahmine. L'esprit n'est pas immédiat, il est ce qu'il se fait lui-même.

Sans doute, cette régénération n'est pas exempte de douleur; l'homme doit lutter contre ses passions, son égoïsme, ses instincts; mais, si la tristesse infinie qui résulte de la conscience de la scission entre Dieu et l'homme, n'est pas complètement détruite, elle est du moins bien adoucie; l'individu ne se trouve plus en présence d'un monde ennemi, n'a plus à recommencer le combat réel d'où est sortie l'église.

Dans le *sacrement de l'eucharistie,* l'homme a conscience de son union *actuelle* avec Dieu, et en vertu de cette union mystique, tous les fidèles en tant qu'ils sont pénétrés du Saint-Esprit, ne forment plus qu'un cœur et qu'une âme. Mais cette union n'est que momentanée, car le caractère distinctif du point de vue religieux est de donner aux phases nécessaires de l'esprit la forme du temps et de l'espace. C'est à la philosophie à opérer par la voie scientifique l'union indissoluble de l'individu et de la substance divine. Que si l'on s'étayait de ces mots pour reprocher à la philosophie de vouloir s'élever orgueilleusement au-dessus de la religion, nous répondrions, dit Hégel, que ce reproche n'est pas fondé. Comme nous l'avons déjà dit, la philosophie a le même objet que la religion; elle ne se place au-dessus d'elle que sous le rapport de la forme. Ce que la conscience commune *sent* et *imagine*, la philosophie le *pense*; et, loin de repousser l'imagination et le sentiment, elle essaie de montrer la vérité que recèle cette forme religieuse; mais si la réflexion s'éveille, si le doute commence, il faut que la crise s'opère jusqu'au bout, et alors il n'y a de remède que dans la philosophie.

PHILOSOPHIE DE L'HISTOIRE.

Si la logique de Hégel est la base sur laquelle repose toute sa doctrine, la philosophie de l'histoire en est le dernier résultat. La logique commence par la détermination la plus abstraite : *l'être*, et la philosophie de l'histoire nous montre l'esprit dans sa détermination la plus concrète : l'humanité ; l'humanité qui développe dans le temps toutes les formes de l'esprit que nous avons successivement examinées, et qui resplendit sous la triple auréole de l'art, de la religion, et de la philosophie. La philosophie de l'histoire de Hégel est donc la partie la plus substantielle de sa doctrine, mais c'est en même temps la plus populaire, d'abord parce qu'elle procède aphoristiquement, et se borne à constater des résultats qui ont déjà trouvé autre part leurs développements et leurs preuves, ensuite et surtout, parce que se liant à des faits qui tombent dans le domaine de la conscience commune, elle se matérialise pour ainsi dire, et n'a plus besoin pour être saisie de cette puissance de concentration qu'exige la spéculation abstraite.

Parmi toutes les applications de la philosophie spéculative, l'application à l'histoire est celle qui est venue en dernier lieu, et cela devait être ainsi. L'homme a vécu long-temps au sein de la nature avant d'arriver à réfléchir sur la nature ; long-temps aussi il a appartenu à l'histoire avant de se demander ce que c'est que l'histoire. Entre un état donné et la conscience de cet état, il y a une route immense à parcourir, un abîme profond à combler, et les premières lueurs de ce retour de l'histoire sur elle-même, ne se montrent qu'avec Vico, au commencement du XVIIIe siècle. Si depuis Vico, la *scienza nuova* n'a pas fait tous les progrès qu'on en attendait, il ne faut pas s'en étonner ; une science aussi complexe et qui exige une si prodigieuse quantité de connaissances, ne peut être créée de toute pièce par quelques hommes, s'appelassent-ils Montesquieu, Bossuet, Herder, Schlegel, Hégel. C'est surtout du temps et de sa marche tranquille qu'il faut attendre ses développements.

C'est déjà cependant un notable progrès que d'être arrivé à considérer l'histoire, non comme le résultat exclusif des velléités mesquines de quelques individus, mais encore comme la manifestation la plus élevée de l'intelligence infinie. Poser ce principe et développer quelques-unes de ses conséquences, c'est un résultat immense dont l'époque à laquelle nous appartenons peut justement s'enorgueillir ; mais, hâtons-nous de l'avouer, c'est là tout ce que nous avons atteint jusqu'à présent, et Hégel lui-même, a plutôt écrit une méthode de la philosophie de l'histoire, que la philosophie de l'histoire elle-même. Il est vrai de dire que ses disciples se sont faits les architectes d'un édifice dont il n'avait laissé que les matériaux épars dans des notes destinées à ses leçons, et malgré tout le talent du professeur Ganz, il était bien difficile que, dans un travail de ce genre, un peu de morcellement ne se fît pas sentir. Il est probable que si Hégel avait vécu plus long-temps, l'ouvrage qu'il regardait comme le dernier mot de sa doctrine, aurait subi d'importantes modifications ; cependant et malgré ces défauts, l'ouvrage de Hégel est sans contredit un des livres les plus remarquables que l'Allemagne ait produits dans ces dernières années.

Par philosophie de l'histoire, il ne faut pas entendre des réflexions philosophiques sur l'histoire, réflexions auxquelles la matière historique, les faits serviraient comme d'exemple, mais bien l'histoire elle-même. Et d'abord, pour qu'on voie clairement en quoi consiste l'histoire au point de vue philosophique, il paraît avant tout nécessaire, d'indiquer les autres manières de traiter l'histoire. L'histoire peut être envisagée, 1° comme primitive, 2° comme réfléchie, 3° comme philosophique.

1. Pour attacher aux dénominations une image distincte, il faut entendre par histoire primitive celle qui a pour représentants Hérodote, Thucydide et autres historiens du même ordre, qui, s'attachant exclusivement

à décrire les faits, les événements qu'ils avaient sous les yeux, se sont bornés à faire passer dans le domaine de l'imagination ce qui existait à l'extérieur, de la même manière que le poète, par un procédé inverse, traduit ses sentimens par une forme sensible. De là il résulte que ces histoires ne peuvent pas être d'une grande étendue. Voyez, par exemple, Hérodote, Thucydide, Guicciardini, leur essence, c'est ce qui les environne, ce qui est présent et vit autour d'eux; l'esprit de l'écrivain et l'esprit des événements qu'il raconte sont une seule et même chose. Ses récits qui n'embrassent que de courtes périodes, des individus, des événements particuliers, sont l'image naïve de ce qu'il a vu ou entendu; il n'a que faire de la réflexion, car il vit dans l'essence même de la chose, et ne s'est pas encore élevé au-dessus d'elle.

Ces écrivains que l'on doit étudier à fond, si on veut vivre avec les nations de l'antiquité et s'identifier avec elles, ne sont pas aussi nombreux qu'on pourrait peut-être l'imaginer. Nous avons déjà nommé les histoires d'Hérodote et de Thucydide; nous pouvons ajouter, à ces monuments primitifs, la *Retraite des dix mille* de Xénophon, et les *Commentaires* de César qui sont dans leur simplicité l'œuvre d'un grand génie. Dans l'antiquité, les historiens étaient en même temps capitaines, hommes d'état; dans le moyen-âge, au contraire, si nous en exceptons les évêques qui se trouvaient placés au centre d'action du pouvoir, la vie des moines, ces naïfs chroniqueurs, était aussi isolée que celle des hommes de l'antiquité était publique. Dans nos temps modernes, tous les rapports sont changés ; notre civilisation est essentiellement synthétique, et les événements qui parlent au cœur ou à l'imagination sont transformés aussitôt en documents. Si les mémoires français ne roulaient pas, en général, sur des faits de mince valeur, des anecdotes, etc., on pourrait les faire rentrer dans la catégorie des histoires primitives.

2. Dans la seconde manière d'écrire l'histoire que nous avons nommée *réfléchie*, l'esprit n'est plus lié à l'époque qu'il retrace, mais il s'est élevé au-dessus du présent. Dans ce genre d'histoire, on peut distinguer plusieurs espèces.

La première espèce est celle qui embrasse, non plus une courte période, mais un pays, une nation, ou même le monde tout entier : *l'histoire générale*. Ici, la mise en œuvre des matériaux historiques est la chose principale ; la subjectivité de l'historien intervient dans la manière dont il groupe et organise les faits ; et la façon dont il envisage l'histoire, l'idée qu'il se fait de la nature et du but des actes et des événements qu'il décrit, acquiert maintenant une grande importance. Des compilations, telles que les histoires de Tite-Live, de Diodore de Sicile, de Jean de Muller, sont très méritoires, si elles sont bien faites, c'est-à-dire, si elles se rapprochent des histoires primitives, et sont écrites d'une manière si vivante, si animée, que l'on croie entendre des contemporains, des témoins oculaires des événements. Mais souvent l'écrivain ne sait pas modifier le ton qu'il donne à ses personnages, eu égard aux différentes périodes que son histoire parcourt; c'est ainsi que Tite-Live fait tenir aux anciens rois de Rome, aux consuls, etc., des discours tels que pouvait en faire de son temps un avocat exercé, et qui contrastent de la manière la plus frappante avec les traditions authentiques de l'antiquité qu'il a conservées, par exemple, la fable de Ménénius-Agrippa. Une histoire qui veut parcourir de longues périodes ou même embrasser l'histoire universelle, doit s'abréger par l'abstraction ; non pas seulement dans ce sens qu'il faut mettre de côté de petites circonstances, des actions individuelles, mais aussi et surtout, en ce que la pensée qui est le plus puissant abréviateur, doit aller chercher au fond des événements, ce qu'ils ont de réellement essentiel.

L'histoire pragmatique, par des réflexions sur les événements du passé, cherche à le ranimer pour ainsi dire, et en tire des enseignements pour le présent. Ainsi envisagée, l'histoire devient un texte d'où on espère faire sortir l'instruction morale. Mais s'il est vrai que les exemples du bien élèvent l'âme et trouvent surtout leur application dans l'éducation des enfants, en fesant pénétrer dans leur intelligence l'idée du devoir, il faut dire aussi que les destinées des peuples et des états, leurs intérêts, les circonstances dans lesquelles ils se trouvent placés, appartiennent à une tout autre sphère. On renvoie les souverains, les hommes d'état, les peuples surtout, aux grands enseignements de l'histoire, mais ce que l'expérience et l'histoire nous apprennent, c'est que les peuples et les gouvernements n'ont jamais rien appris de l'histoire. Chaque époque se trouve placée dans des circonstances tellement particulières, qu'elle ne doit et ne peut décider d'elle-même que par elle-même. Au milieu des événements qui se pressent de toutes parts, de quoi sert un principe général, le souvenir de faits analogues ? Un souvenir peut-il avoir quelque force par rapport à la vie, à l'entraînement du présent ? Y a-t-il rien de plus ridicule, par exemple, que de se modeler sur les Grecs et les Romains, comme cela est arrivé fréquemment en France pendant la Révolution ?

La troisième espèce d'histoire réfléchie est l'histoire *critique* ; il est bon de la mentionner, parce que c'est surtout de cette manière que l'histoire est traitée aujourd'hui en Allemagne. C'est beaucoup moins l'histoire qu'on écrit, qu'une histoire de l'histoire, une appréciation des récits historiques, des recherches sur leur vérité et leur authenticité. L'intérêt que peuvent présenter de pareils travaux gît bien moins dans les faits, que dans l'adresse, la pénétration avec laquelle l'écrivain sait les modifier pour les accommoder à ses opinions.

La dernière espèce d'histoire réfléchie est celle qui

étudie dans leur généralité les différentes sphères de la vie d'un peuple : l'art, le droit, la religion ; elle forme le point de transition à la philosophie de l'histoire.

3. On pourrait définir la *philosophie de l'histoire :* l'histoire se repliant sur elle-même, se pensant elle-même. Mais déjà cet appel à la pensée éveille la méfiance. Dans l'histoire, dit-on, la pensée est subordonnée à ce qui est, à la matière historique, aux faits; au contraire, la philosophie a des pensées qui lui appartiennent en propre, et que la spéculation tire de son propre fonds sans avoir égard à la réalité. Quand la philosophie s'empare de l'histoire, elle la pétrit comme une cire molle, elle la *construit a priori*, et le plus souvent en contradiction avec les faits. Nous allons examiner avec Hégel ce qu'il faut penser de ce reproche.

La seule pensée que la philosophie apporte toujours avec elle et dont elle ne se sépare pas en abordant l'histoire, c'est que la raison gouverne le monde, et a, par conséquent, dirigé la marche de l'humanité. Considérée par rapport à l'histoire isolément prise, cette conviction est une hypothèse, mais, par rapport à la philosophie, ce n'est rien moins qu'une supposition. Cette science démontre que la raison est la puissance infinie, la substance de toute vie physique et spirituelle. La raison est *substance*, c'est-à-dire, ce en quoi toute réalité a son être ; elle est la *puissance infinie*, car elle n'est pas bornée à l'idéal, au virtuel, exilée en dehors de la réalité, dans le cerveau de quelques hommes, mais elle se manifeste éternellement dans le monde physique et spirituel : l'humanité pas plus que la nature n'est abandonnée au hasard. Ces propositions, qui ont une forme axiomatique pour ceux qui ne sont pas familiarisés avec la philosophie, doivent sortir comme résultat d'une étude sérieuse de l'histoire.

Anaxagore a dit, le premier, que le νοῦς gouverne le monde, et je fais mention de cette circonstance historique, dit Hégel, pour montrer que ce qui peut nous paraître aujourd'hui trivial a fait époque dans l'histoire de l'esprit humain. Socrate emprunta à Anaxagore ce principe qui dès-lors devint dominant en philosophie. « Je me réjouissais de cette pensée, lui fait dire Platon, et j'espérais enfin avoir trouvé un maître qui me montrerait dans le particulier un but particulier, et dans le tout un but général. Je n'aurais pas donné cette espérance pour beaucoup; mais combien je fus détrompé, lorsque, lisant avec ardeur les écrits d'Anaxagore, je trouvai qu'au lieu de la raison il emploie des causes matérielles, telles que l'air, l'éther, l'eau, et choses semblables. » On voit que l'insuffisance que Socrate reprochait au principe d'Anaxagore n'avait pas rapport au principe lui-même, mais à son défaut d'application. J'appelle dès le début l'attention sur cette différence, savoir : si un principe, une vérité reste abstraite, ou bien si elle marche vers une détermination nouvelle, un développement concret. Cette différence traverse tout, et nous y reviendrons. La forme religieuse que revêt le principe d'Anaxagore, c'est la foi en la providence. La *providence divine* est la sagesse et la puissance infinie qui réalise son but, c'est-à-dire, le but final rationnel et absolu du monde. Cette foi en la providence paraît d'abord satisfaire à toutes les exigences scientifiques, mais en l'examinant de plus près, on s'aperçoit que les objections de Socrate conservent encore ici toute leur valeur. En effet, la foi en la providence reste dans le vague de l'abstraction, et ne veut point s'appliquer à la marche générale de l'histoire; le *plan* de la providence doit toujours rester caché à nos yeux, et il y aurait même une témérité impie à vouloir soulever le voile qui le couvre. L'ignorance d'Anaxagore était toute naïve, la conscience de la pensée n'allait pas plus loin chez lui, et dans la Grèce en général; il ne pouvait voir dans la réalité concrète, la manifestation du νοῦς, et à plus forte raison, faire de la polémique contre l'application de son principe; or, c'est ce que fait précisément cette foi en la providence, du moins (qu'on nous passe l'expression), pour l'application en gros, car, dans les cas particuliers, on lui laisse bien quelque valeur, et les âmes pieuses voient dans les événements individuels, non pas le hasard, mais le doigt de Dieu. Mais, dans l'histoire générale, nous avons à faire avec des individus qui sont des peuples, avec des totalités qui sont des états ; nous ne pouvons donc pas nous arrêter à ces applications minutieuses, et nous pouvons tout aussi peu nous contenter d'une croyance indéterminée qui ne descend pas dans le domaine des faits : notre tâche est de les déduire de notre principe général, et de reconnaître dans l'histoire les voies de la providence et ses moyens de manifestation.

Pendant un temps, il a été à la mode de renvoyer à la nature pour y faire admirer la sagesse de Dieu dans les animaux et les plantes, « dans les cèdres du Liban et leur magnificence, » etc.; mais Dieu n'est-il pas le seigneur de l'esprit comme celui de la nature, ou bien l'un de ces titres serait-il plus élevé que l'autre ? Si déjà il y a quelque chose de divin dans la vie et les actions des animaux, la vie et les actions des hommes ne doivent-elles pas être appelées divines dans un sens bien plus élevé. « Voyez les oiseaux du ciel, dit J.-C., n'êtes-vous pas bien au dessus-d'eux... Dieu habille l'herbe des champs qui vit aujourd'hui, et demain doit être jetée dans le four, ne fera-t-il pas pour vous bien davantage (1)?» La connaissance à laquelle doivent nous

---

(1) *Histoire de la Philosophie*, 70-83. *Philos. de l'hist.*, pass. Nous ferons observer, que lorsque nous rapprochons des phrases prises çà et là dans les différents ouvrages de Hégel, nous conservons, avec la plus scrupuleuse exactitude, le sens déterminé par la totalité du passage.

amener nos recherches, c'est que les fins de l'éternelle sagesse se réalisent dans l'histoire comme dans la nature, dans le monde des esprits comme dans celui des corps.

Nous avons reproché à la foi en la providence de rester dans l'abstraction, mais on pourrait, à bon droit, nous faire le même reproche, si nous nous arrêtions à la notion vague de raison, sans la déterminer et en montrer l'essence.

Demander comment la raison se détermine, c'est en tant que la raison est prise dans son rapport avec le monde, demander quel est le but final du monde, et de quelle manière ce but est réalisé. Sur le théâtre de l'histoire générale, l'esprit paraît dans sa réalisation la plus concrète, et on ne peut le comprendre sous cette forme, qu'après avoir assisté à ses développements successifs, en commençant par ses déterminations les plus abstraites. Comme ce n'est point ici le lieu de développer spéculativement l'idée de l'esprit, nous nous bornerons à quelques mots, et nous renverrons pour plus de détails, à tout ce qui précède, et notamment à la logique.

1. Nous connaissons la nature de l'esprit, par son contraire le plus absolu : comme l'essence de la matière est la pesanteur, l'essence de l'esprit est la liberté. Chacun sait que, parmi les facultés que possède l'esprit, il en est une que l'on appelle la liberté, mais c'est la philo-

sophie qui nous apprend que toutes les facultés de l'esprit ne subsistent que par la liberté, qu'elles ne sont que des moyens pour la développer et la manifester. La matière n'est pesante que parce qu'elle tend vers un centre commun ; elle est essentiellement multiple, et cherche son contraire, l'unité. Si elle l'atteignait, il n'y aurait plus de matière, elle s'évanouirait, s'idéaliserait. L'esprit, au contraire, a son centre, son unité, non pas au dehors, mais au dedans de lui-même ; et c'est précisément en cela que consiste la liberté. On peut dire de l'histoire générale, qu'elle nous montre l'esprit mettant en œuvre la connaissance de ce qu'il est en soi ; et, comme on retrouve dans le germe la nature tout entière de l'arbre auquel il donne naissance, le goût et la forme de ses fruits, les premiers rudiments de l'esprit contiennent virtuellement toute l'histoire.

Les Orientaux ne savent pas encore que l'essence de l'homme est la liberté, et parce qu'ils ne le savent pas ils ne sont pas libres ; ils savent seulement *qu'un* homme est libre, mais par cela seul, une telle liberté n'est qu'arbitraire, passion féroce et brutale, ou bien, c'est une bonté, une douceur, due au tempérament ou au caprice. C'est chez les Grecs que s'est éveillée la conscience de la liberté, mais pour eux comme pour les Romains, c'était seulement *quelques-uns* qui étaient libres et non l'homme en tant que tel : aussi, cette liberté qui s'appuyait sur l'esclavage, ne pouvait être durable. Avec le christianisme, les nations germaniques sont arrivées à savoir, que la liberté constitue la nature même de l'homme, et cette conscience s'est montrée d'abord dans la religion, la sphère la plus intime de l'esprit; mais, pour faire passer ce principe dans le monde, il fallait un long travail de la civilisation; avec l'adoption de la religion chrétienne, l'esclavage n'a pas cessé immédiatement pour faire place à une liberté absolue.

Nous avons déjà appelé l'attention sur la différence qui existe entre un principe et sa réalisation dans la vie, c'est là une détermination fondamentale de la science dont nous nous occupons, et qu'il importe de ne pas perdre de vue. *L'histoire est le progrès dans la conscience de la liberté.* Ce but final de l'humanité, auquel ont été faits tant de sacrifices, dans la longue série des temps, et sur le vaste autel de la terre, est la seule chose permanente, au milieu des vicissitudes auxquelles sont soumis les événements et les situations.

2. Si la liberté est l'essence de l'histoire, sa nature intime, les moyens par lesquels elle se réalise, sont au contraire ce qui apparaît, ce qui tombe sous les sens. Il suffit d'un coup-d'œil jeté sur l'histoire, pour nous convaincre que les actions des hommes sont le résultat de leurs besoins, de leurs passions, de leurs intérêts, de telle sorte que, dans ce champ ouvert à l'activité,

ces besoins, ces passions, ces intérêts, nous apparaissent comme les mobiles par excellence. Il y a bien aussi des buts généraux, le désir de faire le bien, l'amour de la patrie, etc.; mais ces principes généraux sont dans un rapport insignifiant avec la marche du monde. Sans doute, ils peuvent avoir une grande valeur dans la sphère d'action de tel ou de tel individu, mais cette valeur est très circonscrite relativement à la masse du genre humain.

Il y a deux moments dans l'objet qui nous occupe, l'idée d'une part, les passions humaines de l'autre; l'un forme la chaîne, l'autre la trame de cette vaste tapisserie de l'histoire, étendue devant nous. La synthèse des deux est la liberté morale dans l'état.

En général, on regarde les passions comme quelque chose de plus ou de moins condamnable, et l'on dit assez volontiers que l'homme n'en doit point avoir. Il est vrai, dit Hégel, que ce mot de passion n'est pas une expression tout-à-fait convenable pour ce que nous voulons exprimer; ce que nous entendons par là, c'est l'homme agissant en vertu de motifs particuliers, de buts spéciaux, ou bien si l'on veut, d'intentions égoïstes (1), de telle sorte que toute l'énergie de la vo-

---

(1) Il ne faut pas voir là-dedans une apologie de l'égoïsme, qui serait complètement en désaccord avec la doctrine générale de Hégel. Hégel distingue deux espèces d'égoïsmes, l'un, justement flétri, ne tient aucun compte du but général, ou même le sacrifie

lonté, du caractère, se trouve concentrée sur un point auquel tout le reste est sacrifié. Dans ce sens, on peut dire que *rien de grand dans le monde n'a été accompli sans passion*. Mais, la passion comme la conviction, est quelque chose de formel, de subjectif; il s'agit encore de savoir sur quel objet porte ma conviction, quel est le but de ma passion ; et réciproquement, le but, l'idée étant posée, il faut pour la réaliser une détermination subjective.

Si, en passant, nous appliquons à l'état ces éclaircissements sur le second moment essentiel à la réalisation historique d'un but, la conséquence infiniment importante à laquelle nous arriverons, c'est qu'un état sera bien organisé et plein de force, s'il identifie le but général et les intérêts privés des citoyens, de telle sorte que les intérêts privés trouvent leur satisfaction dans le but général, et le but général, sa réalisation dans l'activité particulière, les passions. Mais il faut beaucoup de temps et de travail, avant qu'un peuple arrive à la conscience de son but rationnel, et ce résultat obtenu, il doit soutenir de bien longues luttes avec les intérêts particuliers et les passions, avant de se les assimiler.

à l'intérêt particulier; l'autre, légitime, est inséparable de la *personnalité*. « Pour que j'accomplisse un acte quelconque, il faut que j'y sois intéressé, il faut que, d'une manière ou d'autre, le but pour lequel j'agis soit aussi mon but, lors même que, sous une foule d'autres points, ce but général puisse ne me toucher en rien. »

Le point de la durée où cette identification a lieu, est pour un état la période de sa puissance et de sa prospérité.

Mais l'histoire ne commence pas à avoir un but connu, déterminé à l'avance; l'esprit se montre d'abord sous la forme instinctive du besoin, de l'inclination. Cette masse énorme de volontés, d'intérêts, sont les instruments, les moyens que l'esprit du monde emploie pour arriver à ses fins. Des actions des hommes, il résulte autre chose que le but immédiat qu'ils poursuivent; ils agissent en vertu de leur intérêt, mais dans ce but tout personnel se cache un autre but dont il n'ont pas conscience et qu'ils réalisent en même temps et sans s'en douter. Nous allons emprunter à Hégel un exemple qui nous fera mieux comprendre. César est sur le point de perdre, sinon la prépondérance qu'il n'avait pas encore, du moins l'égalité de pouvoir qu'il partageait avec les hommes qui se trouvaient à la tête de la république, et qui sont devenus ses ennemis. En poursuivant leur but particulier, Pompée et ses partisans ont pour eux la légalité, la constitution, la puissance d'un droit apparent; César combat pour sa position, son honneur, sa vie, et la victoire remportée sur ses rivaux devient en même temps la conquête de tout le royaume; la forme de la constitution est changée, et César devient le seul arbitre de l'état. Mais cette puissance souveraine que lui procura l'accomplissement d'un but d'abord tout négatif, était en même temps une phase nécessaire de l'existence de Rome et de l'histoire du monde. Non-seulement il satisfit son ambition personnelle, mais, poussé par une sorte d'instinct, il accomplit ce qui devait être accompli parce que le temps était venu. Les grands hommes dans l'histoire sont ceux dont le but particulier renferme la volonté providentielle. Ils n'ont pas puisé leur mission dans le système existant, la marche tranquille et ordinaire des choses, mais à une source cachée pour le siècle dans lequel ils vivent, dans les profondeurs de l'esprit. Il y a dans l'âme de tous les hommes un pressentiment intime, mais confus, de la phase prochaine de développement; ce sont les grands hommes qui amènent ce sentiment à l'état de conscience, et alors tout le monde suit les pas de ces conducteurs d'âmes, car chacun se sent attiré vers eux par la tendance irrésistible de son propre esprit. Que, si nous jetons un regard sur la destinée de ces hommes historiques, qui avaient pour mission d'être pour ainsi dire les plénipotentiaires de l'esprit du monde, nous verrons que cette destinée est loin d'avoir été heureuse. Ils n'arrivèrent jamais à jouir paisiblement du résultat de leurs travaux; leur vie tout entière ne fut qu'un long effort, comme leur personnalité ne fut qu'une passion. Leur but est-il atteint, ils tombent comme un fruit mûr; ils meurent prématurément comme Alexandre, ils sont assassinés comme César, ou exilés à Sainte-Hélène comme Napoléon. Si ces hommes historiques n'ont pas joui de ce bonheur qui peut exister pour la vie privée dans un si grand nombre de positions et de circonstances, c'est là une affreuse consolation pour l'envie qui s'efforce de rapetisser tout ce qui est noble et grand, tout ce qui s'élève au-dessus d'elle. De notre temps, on a démontré que les rois ne sont pas heureux, et c'est pour cela qu'on leur pardonne ce qu'on ne leur pardonnerait pas autrement : d'être assis sur un trône.

Cette manière de considérer les grands hommes comme les instruments d'une puissance supérieure, exclut la prétendue méthode psychologique qui, s'efforçant d'expliquer les plus grands événements par les causes les plus mesquines, des motifs secrets du cœur humain, etc., s'attache surtout à rechercher, dans ces grandes figures historiques les particularités inséparables de l'individu. « Il n'est pas de héros pour son valet de chambre, est un proverbe bien connu. Ce n'est pas que l'un ne soit un héros, mais c'est parce que l'autre est un valet de chambre. Les grands hommes servis dans l'histoire par ces valets de chambre psychologues n'en sont pas quittes à bon marché. Le Thersite d'Homère, détracteur des rois, est un type existant à toutes les époques; à la vérité, il n'est pas toujours comme dans Homère châtié par le bâton, mais son envie et son orgueil est le dard empoisonné qu'il porte toujours avec lui, le ver immortel qui le ronge. »

Tout entier à son but, un homme historique n'a ni assez de sang-froid ni assez de loisir pour s'arrêter à d'autres considérations; aussi arrive-t-il quelquefois que des intérêts sacrés sont traités par lui avec légèreté, et alors, sans aucun doute, la morale doit réprouver une pareille conduite; mais de pareils colosses ne peuvent traverser le monde sans fouler aux pieds bien des fleurs innocentes, sans marquer leur passage par des débris (1).

L'égoïsme est donc inséparable de la réalisation du but général de l'humanité, les intérêts particuliers se combattent mutuellement, et une partie est sacrifiée; l'idée n'est point engagée dans ce conflit; elle reste intacte au fond de son sanctuaire, c'est pour ainsi dire

---

(1) Le but que nous nous sommes proposé dans ce travail, nous fait un devoir de ne nous attacher qu'à ce qu'il y a de substantiel dans les écrits de Hégel, sans nous arrêter aux digressions, aux développements plus littéraires que philosophiques; cependant, nous ne pouvons laisser passer ce qui nous paraît caractéristique dans le style de l'écrivain, et il est assez piquant de voir Hégel abandonner quelquefois la froide précision de ses formules logiques, pour l'*humour* de Jean-Paul. « Quel est le maître d'école qui, discourant sur Alexandre-le-Grand ou Jules-César, n'a pas démontré qu'ils ont été poussés par l'ambition, l'amour de la gloire, et par conséquent n'ont pas été des hommes moraux? D'où il suit rigoureusement, que lui, le maître d'école, vaut beaucoup mieux que ces deux grands hommes, car il n'a pas leurs passions; et la preuve qu'il pourrait en donner, c'est qu'il n'a pas conquis l'Asie, qu'il n'a pas vaincu Porus et Darius, mais qu'il vit et laisse vivre. »

une ruse de la raison que de laisser les passions agir pour elle, et d'abandonner au néant ce qui leur doit exclusivement l'existence. C'est avec les individus qui sont d'une mince valeur, par rapport à l'absolu, que l'idée paie son tribut à l'existence phénoménale.

Si nous consentons à voir le bonheur des individus rentrer dans la sphère du contingent, et les individus eux-mêmes brisés comme des instruments devenus inutiles, il est cependant en eux quelque chose d'éternel et de divin qui se dérobe à ce point de vue; nous voulons parler de la *moralité* et de la *religiosité*. Nous nous représentons ordinairement un moyen comme quelque chose d'extérieur au but, et n'ayant rien de commun avec lui; dans le fait, cependant, la matière inerte, les choses inanimées, doivent, pour concorder avec la fin à laquelle on les emploie, avoir quelque chose de commun avec elle; mais, dans tous les cas, l'homme ne peut être un moyen externe par rapport au but rationnel. Non-seulement à l'occasion de ce but général, il satisfait ses désirs particuliers qui en diffèrent dans le fond, mais encore il participe à la fin rationelle elle-même, et dans ce sens il est à lui-même son but. C'est dans cette sphère que vient se ranger ce qui se dérobe à la catégorie de moyen. L'homme ne peut être à lui-même son but que par ce qu'il a en lui de divin, c'est-à-dire, la raison, la liberté. Sans entrer ici dans de plus longs développements, nous nous contenterons de dire que c'est de cette source que découlent la moralité et la religiosité, et que par là, elles sont élevées au-dessus du contingent et de la nécessité extérieure (1).

En considérant la destinée qu'ont dans l'histoire les hommes vertueux, moraux, religieux, il faut se garder de tomber dans ces redites éternelles, ce concert de plaintes sur le malheur des bons et le bonheur des méchants. Par ce mot de bonheur, on a coutume d'entendre des choses bien hétérogènes, telles que la richesse, les honneurs, etc.; et il est certain que ce prétendu bonheur ou malheur d'un individu isolé, ne peut être tenu en ligne de compte lorsqu'il s'agit de l'ordre rationnel de l'univers.

« Ce qui donne aux hommes une sorte d'inquiétude morale, à laquelle du reste ils s'abandonnent avec quelque complaisance, c'est que ce qu'ils tiennent pour le bon et le juste (et c'est surtout aujourd'hui d'un idéal d'organisation sociale qu'il s'agit), ne s'accommode pas avec le présent, et alors ils oppposent à ce qui est

---

(1) Dans ce qu'elles ont d'interne, de substantiel, la moralité et la religiosité sont infinies; mais, en tant que bornées dans leur forme et liées aux circonstances extérieures, elles sont transitoires et exposées aux attaques. Comme les autres essences générales, la morale et la religion ont la propriété d'exister véritablement dans l'âme humaine, elles forment le point central de la conscience, et cette pure région du droit et de la liberté subjective, qui fait le prix de l'individu en le rendant responsable de ses actions, est en dehors de toute atteinte. (Hégel, *Philosophie de l'histoire.*)

ce qui devrait être. Ici ce n'est point l'intérêt particulier qui entre en lice, la passion qui demande à se satisfaire, mais c'est la raison, le droit, la liberté, et paré de ces titres, on lève la tête bien haut, on est non-seulement peu satisfait, mais révolté de l'état du monde. Pour apprécier à leur juste valeur ces vues, ces sentiments, il faudrait entrer dans l'examen d'opinions souvent contradictoires. Aucune époque, autant que la nôtre, n'a produit sur ce sujet plus de théories affichées avec une plus grande prétention. Si d'ordinaire, l'histoire semble offrir le tableau d'une lutte entre les passions, de notre temps, elles semblent avoir fait place au combat des idées, ou tout au moins, les intérêts subjectifs prennent leur masque, et cherchent à se légitimer en empruntant leur nom. » Rien n'est donc plus commun de nos jours que de se plaindre, parce que l'idéal, qu'avait rêvé l'imagination, n'est pas réalisé. Cet *idéal*, qui vient ainsi faire naufrage sur l'écueil de la réalité, ne peut être que quelque chose d'individuel, de subjectif, et ce qui se passe dans le cerveau d'un individu isolé, ne saurait devenir une loi pour la réalité universelle. Il est au reste plus facile de voir les défauts des personnes, des états, de la marche générale du monde, que de pénétrer dans leur véritable essence. Par ce blâme tout négatif, on se donne de l'importance, on se place fièrement au-dessus de la question, sans l'avoir approfondie. En général, l'âge rend plus tolérant, la jeunesse est toujours inquiète; l'indulgence de la vieillesse résulte de la maturité du jugement. Ce n'est point par indifférence, qu'elle supporte même le mal, mais, parce qu'une expérience sérieuse de la vie lui montre ce qu'il y a dans les choses humaines de vrai et de substantiel. Le point de vue auquel doit nous amener la philosophie, c'est que *le monde réel est ce qu'il doit être*, et que le bien véritable, la raison divine, absolue, a le pouvoir de se réaliser elle-même. Tout ce qui est en dehors de la raison, n'est qu'un pâle reflet de l'existence; à la pure lumière de cette idée divine, qui n'est pas seulemenent un idéal impuissant, tout ce qui n'est qu'apparence, s'évanouit.

Nous n'en dirons pas davantage sur les moyens qu'emploie l'esprit du monde, pour réaliser son but. Ce moyen, c'est l'activité des individus, dont l'essence est la raison, mais qui d'abord n'en ont aucune conscience, ou, du moins, qu'une conscience obscure et confuse; la question se complique et devient plus difficile, si, ne nous contentant pas de considérer les individus comme actifs, nous les envisageons d'une manière plus concrète, en tenant en ligne de compte leur religion, leur moralité, qui participent de la raison générale, et trouvent en elle leur légitimation absolue. Ici le simple rapport de but et de moyen ne peut plus exister, et nous avons brièvement examiné les principaux points de vue auxquels ce rapport nouveau pouvait donner lieu.

3. Ce que nous avons à considérer maintenant, c'est le but réalisé : l'état. Dans la philosophie de l'histoire, il ne peut être question que des peuples qui forment un état, et le mérite, la gloire des grands hommes, c'est d'avoir fondé des états quelqu'imparfaits qu'ils fussent d'ailleurs. Dans l'état seulement, l'individu possède la liberté, mais en tant qu'elle s'identifie avec la foi, la connaissance, la volonté générale. Cela ne veut point dire cependant, que la volonté subjective est sous le joug de la volonté générale, et que la gêne de tous, par rapport à chacun, laisse à l'individu une petite place dans laquelle il peut agir ; c'est l'arbitraire seul qui se trouve restreint et non la liberté véritable. La loi, c'est l'esprit objectifié, et le sujet n'est libre qu'en tant qu'il la reconnaît comme l'essence de son être propre. La volonté objective et subjective sont alors conciliées.

C'est à la philosophie du droit qu'il appartient de développer cette idée de l'état ; nous nous bornerons à rappeler que, de notre temps, on tombe sur ce point dans des erreurs graves, qu'on donne pour des vérités évidentes, et qui sont même devenues des préjugés. Nous en mentionnerons seulement quelques-unes.

Nous venons d'abord nous heurter contre une opinion directement contraire au principe que nous avons posé, savoir : que l'état est la réalisation du concept de liberté. D'après cette opinion, l'homme est libre de sa nature, mais en entrant dans la société, cette liberté naturelle se trouve restreinte. Si l'on voulait dire par là, que l'homme est libre en soi, virtuellement, dans son idée, il n'y aurait pas d'objection à faire, mais ce n'est pas ainsi qu'on l'entend; on veut parler de l'homme pris dans son existence immédiate, on suppose une époque déterminée, qu'on décore du nom d'état de nature, et dans laquelle l'homme est représenté en possession de ses droits naturels, et de l'exercice de sa pleine et entière liberté. On n'ose guère cependant, donner cet état de nature pour quelque chose d'historique, car il serait assez difficile de montrer qu'il existe dans le temps présent, ou a existé quelque part dans l'antiquité. On trouve, il est vrai, des hommes qui vivent dans l'état sauvage, mais cet état se trouve toujours lié à des institutions sociales qui, quelques grossières qu'elles soient, peuvent cependant être considérées comme restrictives de la liberté. Cette hypothèse d'un état de nature doit être rangée parmi les images nuageuses de l'utopie, c'est un fantôme auquel elle veut donner l'existence, mais que l'histoire ne consent pas à légitimer. On oublie que la liberté n'est pas quelque chose de *naturel*, d'immédiat, mais qu'au contraire, elle doit être conquise par une longue éducation de l'intelligence et de la volonté. L'état de nature est bien plutôt l'état de l'injustice et de la force brutale, le règne des sentiments et des actions monstrueuses, et, sans aucun doute, ces instincts brutaux, ces sauvages appétits, sont réprimés par la société, comme le seront plus tard le bon plaisir, l'arbitraire, la passion. L'éternel malentendu qui vient s'attacher à la liberté, c'est qu'on ne la considère que sous un point de vue formel, subjectif, abstraction faite de son objet et de son but ; c'est alors que l'on prend la répression des tendances exclusivement individuelles, pour une limite imposée à la liberté, tandis que cette limitation est, au contraire, la condition de son existence.

Nous mentionnerons encore une autre opinion qui s'élève contre la forme légale donnée au droit, et considère l'état *patriarcal* comme mettant en harmonie parfaite le droit et l'élément moral, les instincts du cœur ; or, dit-on, ce n'est qu'à cette condition que la justice peut être exercée dans son essence. Le fondement de l'état patriarcal, c'est la famille qui est la forme première de toute société ; la seconde forme, c'est l'état, qui développe avec conscience ce germe primitif. L'état patriarcal est un moment de transition, dans lequel l'accroissement de la famille ayant donné lieu à une peuplade, le lien qui unissait les hommes a cessé d'être un lien de confiance et d'amour, pour devenir un rapport de soumission et de servage. L'esprit de la famille, les pénates, sont une unité substantielle comme l'esprit du peuple dans l'état ; dans l'une et dans l'autre, la moralité consiste en ce que le sentiment doit avoir pour objet non les besoins de l'individu, mais les besoins généraux de tous les membres; la différence, c'est que pour la famille cette unité est instinctive, tandis que dans l'état elle est arrivée à l'état de conscience. L'agrandissement de la famille jusqu'à l'état patriarcal, dépasse déjà les limites de la consanguinité, la parenté naturelle, en dehors de laquelle les individus doivent entrer en possession de leur personnalité.

Si nous voulions examiner l'état patriarcal dans ses principaux rapports, nous serions amenés à faire mention de la forme théocratique, car le chef d'une peuplade en est en même temps le prêtre; tant que la société civile n'est pas encore séparée de la famille, elle ne saurait l'être non plus de la religion et du culte.

C'est avec raison qu'on a divisé les formes de gouvernement en monarchie, aristocratie et démocratie. On doit remarquer seulement que la monarchie elle-même se divise en monarchie proprement dite, et en despotisme, et que cette division, comme toutes les divisions possibles, ne porte que sur les déterminations essentielles, et laisse de côté les modifications et même le mélange qu'on peut faire de ces formes primitives. La question qui se présente maintenant, c'est de savoir quelle est la meilleure constitution, c'est-à-dire, quelle est l'organisation de la force publique par laquelle on peut le plus sûrement atteindre le but de l'état. En recherchant quelle est la meilleure forme de gouvernement, il arrive maintefois qu'on n'envisage pas seulement cette question d'une manière théorique, subjective, mais qu'on veut réaliser dans la pratique la constitution qu'on a reconnue la meilleure ou la seule bonne; on croit qu'il n'y a qu'à réfléchir et à faire son choix. C'est dans cette persuasion naïve, que les grands de Perse conjurés ayant renversé le faux Smerdis, et n'ayant pas à mettre à sa place un rejeton de la famille royale, délibérèrent pour savoir quelle constitution ils introduiraient en Perse, et Hérodote nous raconte cette délibération avec la même naïveté.

On ne considère plus aujourd'hui la constitution d'un pays comme le résultat d'une préférence. Le principe de liberté qu'on lui donne pour base, fait que, très généralement, la *république* est considérée comme la forme de gouvernement la seule juste et vraie, et que même une foule d'hommes qui occupent des emplois élevés sous des constitutions monarchiques, partagent cette opinion. Ils reconnaissent seulement que, quoique cette forme de gouvernement soit la meilleure, elle ne peut cependant être réalisée en tout ni partout; qu'avec les hommes tels qu'ils sont faits, on doit se contenter d'une liberté moindre, et que cela posé, la constitution monarchique est celle qui s'accommode le mieux avec la manière d'être des masses. Cette opinion, qui fait dépendre la forme d'un gouvernement de circonstances extérieures, se fonde sur une conception abstraite, et par conséquent fausse. La religion d'un peuple, la forme de son gouvernement, son art, sa philosophie, ne forment qu'un seul esprit, qu'une seule substance, et quelqu'importante que soit, dans cette unité concrète, la constitution même de l'état, on ne peut cependant l'isoler de tout le reste. Non-seulement la forme de gouvernement est étroitement liée aux autres sphères de la vie, mais l'individualité actuelle d'un peuple avec tous les éléments qu'elle renferme, n'est qu'un moment dans l'histoire totale de ce même peuple, et ce moment est déterminé par ce qui précède. C'est là ce qui fait la nécessité de telle ou telle constitution, et qui est en même temps sa sanction la plus élevée. L'ordre dans lequel ces moments se succèdent, dans les états vraiment dignes de ce nom, est d'abord la royauté, soit patriarcale, soit militaire, ensuite la particularité, l'individualité, se fait jour dans l'aristocratie et la démocratie; enfin, la conclusion, c'est que l'individualité se soumet à un pouvoir en dehors duquel elle conserve pourtant son existence propre : le pouvoir monarchique.

Dans l'histoire, les divers moments de l'idée sont pour l'état des principes différents, et les constitutions au sein desquelles les peuples historiques ont atteint l'apogée de leur civilisation, leur sont particulières. De là vient, que l'étude des peuples anciens ne peut fournir aucun résultat applicable à nos constitutions modernes. Il n'en est pas de même de la science et de l'art; la philosophie ancienne, par exemple, est le fondement de la philosophie moderne, c'est la construction non interrompue d'un même édifice, dont les pierres principales, les murs, etc., sont encore restés les mêmes. Dans l'art, c'est encore poussé plus loin, et l'art grec est encore pour nous le type le plus élevé (1).

Nous avons considéré l'idée de liberté d'abord comme but absolu, ensuite subjectivement, dans ses moyens de réalisation, son mouvement, son activité, sa vie, et nous avons vu que l'état est la liberté réalisée, l'unité objective de ces deux moments. Nous ajouterons que le droit, la morale, la religion, la philosophie, ne sont que des formes différentes de cette identification. Si chacune de ces sphères n'avait pas été pour nous l'objet d'un examen spécial, ce serait ici le lieu de montrer leur rapport entre elles et avec leur point central, l'état ; nous nous bornerons à indiquer, en quelques mots, la place qu'occupe la religion dans l'organisation sociale.

---

(1) A propos de l'organisation de la société grecque, Hégel se livre à une longue digression sur le vote universel et le gouvernement représentatif. Comme le but que nous nous sommes proposé est moins de faire connaître les applications de la philosophie de Hégel que ses principes généraux, nous avons craint que ces détails ne fussent déplacés ici. Toutefois, comme il n'est pas sans intérêt de connaître les opinions de Hégel sur ce point, nous avons essayé de résumer dans une note tous les passages qui se rapportent à ce sujet. (Voyez note C, à la fin du volume).

Dans la religion, l'esprit individuel a conscience de l'esprit absolu, de l'être infini, et il fait acte d'abnégation de son intérêt particulier. Le sacrifice est le signe de cette abnégation. La concentration religieuse de l'âme apparaît d'abord sous la forme de sentiment ; cependant elle passe aussi à l'état de réflexion, et cette réflexion se révèle dans le culte. Quand on examine la religion d'un peuple, il importe de savoir si elle connaît le vrai, l'idée, dans sa séparation ou dans son unité. Dans sa séparation : — Si Dieu est considéré comme l'être suprême abstrait, le maître du ciel et de la terre, qui réside en dehors du monde et du sein duquel l'humanité est exclue. Dans son unité : — Si on voit en Dieu l'identité du général et du particulier, et si le particulier est conçu en lui positivement dans l'idée de l'incarnation. L'idée qu'un peuple se fait de la divinité forme la base générale sur laquelle repose sa civilisation.

Envisagée sous ce point de vue, la religion est dans la connexion la plus intime avec le principe de l'état, car, il ne peut y avoir de liberté, que là où l'individualité est conçue comme positivement renfermée dans l'essence divine. En effet, les choses du monde, en tant qu'elles rentrent dans le domaine du temps et des intérêts particuliers, sont contingentes, dénuées de sanction, et ne peuvent être légitimées qu'à la condition d'être envisagées comme une manifestation de l'essence divine ; c'est pour cela que l'état a son fondement dans la religion. Il résulte de ce qui précède que la religion d'un état étant donnée, on connaît l'état lui-même et sa constitution. La constitution d'Athènes et de Rome, par exemple, n'était possible qu'avec le polythéisme, et la constitution d'un état catholique est autre que celle d'un état protestant.

Résumons tout ce que nous avons dit jusqu'à présent sur l'état. Nous avons appelé moralité, la vie de la société dans les individus. Les lois, les institutions de la société, constituent les devoirs et les droits des citoyens; le territoire de l'état, ses montagnes, ses fleuves, etc., forment leur propriété naturelle; l'histoire de cet état, les faits accomplis par les ancêtres, leur appartiennent et vivent dans leur souvenir; ils possèdent tout et en sont pareillement possédés, car c'est là leur substance et leur être.

Nous pouvons ajouter maintenant que l'esprit déterminé d'un peuple, est lui-même un individu, par rapport à la marche de l'histoire de l'humanité, car l'histoire universelle est la manifestation de l'esprit divin, absolu, les degrés successifs par lesquels il arrive à la vérité, à la conscience de lui-même, et les personnifications de ces différents degrés constituent les peuples historiques.

Après avoir examiné les éléments abstraits de la nature de l'esprit, les moyens qu'il emploie pour réaliser son but, et la forme de sa réalisation, il nous reste à nous occuper de *la marche générale de l'histoire.*

4. Depuis long-temps déjà nous l'avons indiquée d'une manière abstraite; c'est un progrès vers quelque chose de meilleur, de plus parfait. Par opposition à la nature qui roule toujours dans un même cercle, l'homme est doué d'une véritable faculté de changement, de changement en bien, de *perfectibilité.* Mais cette notion de perfectibilité est encore presque aussi vague que celle de changement, et nous allons essayer de l'éclaircir.

Le principe de développement suppose une détermination interne, une virtualité qui passe à l'état d'existence; l'histoire est le théâtre sur lequel l'esprit réalise ce qu'il est dans sa nature. L'esprit n'est pas le jouet du contingent, il reste inébranlable au milieu des circonstances extérieures qui l'assiègent, il les domine et les fait servir à l'accomplissement de ses desseins. Pour les êtres naturels, le développement se fait sans opposition, sans empêchement, entre le germe et sa reproduction, rien ne vient s'interposer; pour l'esprit c'est autrement, entre son idée et sa réalisation, il y a la conscience et la liberté. Ces éléments sont d'abord ensevelis dans la vie de nature, et c'est ainsi que l'esprit trouve en lui-même son contraire, et qu'il a à triompher de lui-même comme du seul obstacle qui s'oppose à sa marche. Cette marche calme et tranquille dans la nature est pour l'esprit un rude combat. Ainsi envisagé, le développement de l'esprit n'est point comme celui de la vie organique, un développement purement formel, mais la réalisation d'un but déterminé, et ce but, nous l'avons indiqué dès le commencement : c'est l'esprit lui-même dans son essence, l'idée de liberté, qui seule donne une valeur à l'histoire de l'humanité. Il est dans l'histoire de grandes périodes qui sont passées sans progrès apparent, et qui même ont laissé s'évanouir les immenses conquêtes de la civilisation; il y a aussi des périodes riches d'un progrès continu, des époques où la vie d'un peuple déborde de toutes parts, et vient féconder toutes les sphères de l'intelligence. Quand on s'arrête à un point de vue purement formel, il est impossible d'assigner à un mode de développement l'avantage sur un autre, la décadence et la chute des civilisations antérieures deviennent inexplicables, et on est conduit à considérer le progrès, et surtout la marche rétrograde, comme l'effet de circonstances extérieures.

Les phases principales que l'esprit doit traverser sont au nombre de trois. Dans la première, que nous avons déjà mentionnée, l'esprit est absorbé dans la nature; dans la seconde, il s'affranchit et arrive au sentiment de sa liberté, mais cet affranchissement est encore incomplet et l'esprit traîne encore pour ainsi dire une partie des liens qui le retenaient captif; la troisième enfin est le passage de cette liberté incomplète, subjective à la liberté absolue, à la conscience pleine et entière de l'essence de l'esprit.

Le mot *histoire* réunit le sens objectif et subjectif, il signifie à la fois et *l'historia rerum gestarum* et les *res gestas* elles-mêmes. Cette double signification ne doit pas être attribuée au hasard; il est dans la nature même des choses, que le récit historique apparaisse en même temps que les faits et les événements historiques, car ils ont un fondement commun. Les souvenirs de la famille, les traditions patriarcales, ont un intérêt dans le sein de la famille ou de la peuplade, mais l'amour, le sentiment religieux, peuvent tout au plus exciter l'imagination et donner lieu à des tableaux poétiques ; avec l'état seulement, se montre la prose de l'histoire. Au lieu d'ordres subjectifs et qui ne suffisent qu'aux besoins du moment, une communauté qui s'affermit demande des lois, des dispositions générales; alors les faits, les événements deviennent rationnels, acquièrent des résultats durables, et le burin de l'histoire les conserve au souvenir de l'humanité.

Que les temps qui ont précédé l'époque où l'on a commencé d'écrire l'histoire chez un peuple, soient des centaines ou des milliers d'années, qu'ils aient été remplis par des bouleversements, des migrations, des luttes sanglantes, cela importe peu ; ce peuple n'a pas *fait d'histoire*, par cela seul qu'il n'avait pas encore des récits historiques; et on ne peut pas dire que l'histoire qui avait pour objet ces périodes a été perdue par hasard; si nous ne l'avons pas, c'est qu'elle n'a pas existé, et n'a pu exister.

Nous avons considéré comme accordé, que chaque moment du concept de liberté est, dans l'histoire, l'esprit particulier d'un peuple, et que cet esprit se réflète sous toutes les faces de son existence. C'est là ce qui doit être démontré par la voie historique; mais pour le faire il faut non-seulement savoir manier l'abstraction, mais être d'avance familiarisé avec les lois qui président au développement de l'idée, car, c'est dans l'ignorance de ces lois que prend naissance une partie des reproches qu'on adresse à la philosophie. On l'accuse de procéder *a priori* dans une science qui se considère elle-même comme empirique, de faire de la matière historique le fourreau de ses idées, et on finit par conclure que la philosophie ne doit pas se mêler de l'histoire qu'elle n'entend pas. Il faut bien avouer, en effet, qu'elle ne l'entend pas de la même manière que l'intelligence subjective (*verstand*). La philosophie et le simple bon sens s'accordent à dire, qu'il faut dans l'histoire, dégager ce qui est important de ce qui ne l'est pas; la différence est dans la méthode. La philosophie applique à la matière historique les catégories de la raison et le résultat auquel elle arrive, c'est que ce qui est réellement important dans l'histoire, ce qui en forme l'essence, est la conscience de la liberté.

En histoire naturelle, si on argumente d'un monstre, d'un avorton, contre la fixité des genres et des espèces, on répond avec raison que l'exception confirme la règle, c'est-à-dire, que c'est à la règle à montrer les conditions en vertu desquelles l'exception peut avoir lieu ; mais il n'en est pas de même dans la sphère de l'esprit, et l'on prétend renverser la loi générale de développement et de progrès, en cherchant à prouver, ce qui est incontestable d'ailleurs, que le génie, le talent, la vertu, etc., existent dans tous les temps, sous tous les climats, avec toute espèce de formes de gouvernements et d'institutions sociales. Si l'on veut affirmer par là, que ces différences n'ont rien d'important, rien d'essentiel, on se renferme dans des catégories abstraites et l'on renonce à toute espèce de détermination. Cette manière de voir ouvre, il est vrai, un champ immense à l'érudition, aux comparaisons piquantes, à des réflexions qui ont l'apparence de la profondeur ; mais ce qui est vrai aussi, c'est que tous ces efforts n'ont pas de grands résultats et qu'on n'arrive à rien de stable. A ce point de vue on peut comparer, par exemple, les épopées homériques aux épopées indiennes, et même placer ces dernières au-dessus de l'Iliade et de l'Odyssée, en disant que la grandeur de l'imagination est ce qui constitue le génie poétique, etc. Parce que la philosophie chinoise pose pour principe l'unité, ce sera la même que la philosophie éléatique et le système de

Spinosa ; des exemples de grandeur d'âme, d'abnégation, de dévouement, que l'on trouve chez les nations les plus sauvages comme chez les plus amollies, suffiront pour démontrer qu'elles ont autant et même plus de moralité que les peuples chrétiens les plus civilisés, et alors on arrivera à se demander si, avec les progrès de l'histoire, l'homme est devenu meilleur ? Le même formalisme s'applique avec le même vague aux arts libéraux, à la poésie, que l'on trouve, il est vrai, chez tous les peuples historiques, mais qui diffèrent non-seulement par le style et la direction, mais encore par leur contenu. Il ne sert à rien à la prétendue haute critique de nous dire que, dans les beaux-arts, ce n'est pas ce qu'ils ont de substantiel qui doit nous plaire, qu'un esprit éclairé, libre, apprécie la grandeur de l'imagination, la belle forme indépendamment du sujet : le bon sens ne s'accommode pas de ces abstractions. Il y a non-seulement une forme, mais un fond classique, et la forme et le fond sont si étroitement unis dans une œuvre d'art, que l'un ne peut être classique sans que l'autre le soit aussi.

Ce qu'il y a de plus élevé dans l'esprit d'un peuple, c'est de se savoir, d'arriver non-seulement au sentiment, mais à la pensée claire de lui-même ; cela, il doit l'accomplir et il l'accomplit en effet, mais l'époque de son apogée est en même temps celle de sa décadence, et alors se montre un autre esprit, un autre peuple historique, une nouvelle époque dans l'histoire. Cette succession des peuples nous amène à l'idée de l'histoire universelle.

« Si nous jetons un coup-d'œil sur l'histoire, nous voyons se dérouler un immense tableau de faits et d'événements, une variété infinie de peuples, d'états, d'individus, se succédant sans cesse et sans repos. Tout ce qui peut entrer dans le cœur de l'homme et l'intéresser, tous les sentiments du bon, du beau, du sublime, sont mis en émoi. Dans tous ces événements, toutes ces circonstances, nous voyons l'homme agir et souffrir ; c'est nous que nous retrouvons partout, c'est partout nos inclinations, nos intérêts, qui se trouvent en jeu. Tantôt nous sommes attirés par la beauté, la liberté, la puissance, tantôt par l'énergie qui donne de la grandeur au vice même ; c'est quelquefois la masse compacte des intérêts généraux qui se meut lentement, et qui vient se briser contre mille petits intérêts particuliers, ou bien, de grands événements produits par des circonstances en apparence insignifiantes ; partout, la foule la plus compacte, la plus bigarrée, qui nous entraîne dans son tourbillon. »

Au milieu de cette agitation incessante des individus et des peuples qui existent un temps pour disparaître ensuite, la pensée est d'abord amenée à saisir le changement au point de vue négatif. Quel est le voyageur qui, assis sur les ruines de Carthage, de Persépolis, de Rome, ne s'est abandonné à des réflexions sur la caducité des empires et des hommes, et n'a gémi sur la chute de ces civilisations si pleines de sève et de vie? Mais la détermination la plus prochaine qui vient se rattacher à l'idée de changement, c'est que la décadence est suivie d'une splendeur nouvelle, de telle sorte que la mort naît de la vie et la vie de la mort. C'est là une grande pensée qui domine toute la métaphysique des Orientaux. Par son rapport aux individus, elle est renfermée dans la croyance à la transmigration des âmes. Un mythe plus généralement connu est celui du Phénix; mais cette allégorie est asiatique, elle appartient à l'Orient et non à l'Occident. L'esprit, qui consume son enveloppe terrestre, ne se contente pas de sortir rajeuni de ses cendres, mais il se transfigure, il donne naissance à un esprit plus pur et plus élevé; il se tourne contre lui-même, il dévore sa propre substance, mais en la dévorant il l'élabore, et chacune de ses créations fournit à son activité des matériaux pour une civilisation nouvelle et plus parfaite. C'est ainsi que l'idée de changement se précise et devient progrès et développement.

Un peuple est moral, vertueux, puissant, en tant qu'il produit ce qu'il veut, et que, dans le travail de son objectification, il défend son œuvre contre la violence extérieure. Toute opposition entre ce qu'il est en soi et ce qu'il est en réalité a disparu; il est en harmonie complète avec lui-même. Mais alors l'activité de l'esprit n'est plus nécessaire ; elle a atteint son but. L'âme vivante, substantielle, s'engourdit pour ainsi dire, et l'intérêt le plus puissant se retire de la vie, car, il n'y a d'intérêt réel que là où il y a opposition. Comme l'individu qui passe de l'âge viril à la vieillesse, le peuple vit dans la jouissance de lui-même, dans la satisfaction d'être ce qu'il voulait ; cette habitude est ce qui amène la mort. L'habitude est une action sans opposition qui ne peut avoir qu'une durée formelle, une existence purement extérieure. C'est ainsi que meurent les individus et les peuples ; si ces derniers durent encore, c'est une existence dénuée de vie et d'intérêt, une routine politique. Pour qu'un intérêt vraiment général pût se faire jour, il faudrait que l'esprit d'un peuple pût arriver à vouloir quelque chose de nouveau ; mais d'où pourrait lui venir ce désir ? Sans doute, d'une idée plus élevée, plus générale de lui-même ; mais alors il se mettrait en dehors de son principe, et avec un nouveau principe se montre un nouvel esprit.

Un peuple n'est historique qu'autant qu'il a pour élément un principe général ; alors seulement l'œuvre que cet esprit accomplit est une organisation morale et politique. Si ce sont de simples désirs des passions qui poussent les peuples à tels ou tels actes, ces faits passent sans laisser de trace, ou plutôt ils provoquent la désorganisation et la décadence. « Saturne ou le temps a d'-

bord gouverné le monde, c'était alors l'âge d'or antérieur à toute moralité, et les enfants auxquels le temps a donné naissance ont été dévorés par lui. Mais Jupiter, le dieu politique dont la tête enfanta Minerve, et qui marche accompagné d'Apollon et des Muses, a enchaîné le temps et a assigné un but à sa marche. »

Nous l'avons déjà dit, le point le plus élevé auquel puisse arriver la civilisation d'un peuple, c'est de connaître le principe qui a présidé à son organisation, qui constitue ses lois, et qui est la raison générale de ses actes. Mais cette pensée abstraite se distingue de la vie active par laquelle l'état a été réalisé; il y a maintenant un être réel et un être idéal. Ce qui existait à l'état de spontanéité, la foi, la confiance, la morale, devient l'objet de la réflexion, et on ne tarde pas à s'affranchir des devoirs sociaux, en montrant qu'ils reposent sur une base peu solide, et qu'aucun lien ne les rattache à un principe absolu. C'est alors que les individus se séparent les uns des autres et s'isolent de la société, c'est alors que l'égoïsme et l'amour-propre font irruption, et que l'on cherche son avantage personnel aux dépens de l'intérêt général.

« La vie d'une nation amène un fruit à l'état de maturité; mais ce fruit ne retombe pas au sein du peuple qui lui a donné naissance; c'est, au contraire, pour lui un amer breuvage. Il ne peut cependant s'empêcher d'y goûter, car il en a une soif infinie; mais ce désir satisfait devient la cause de sa mort et en même temps de la naissance d'un principe nouveau et plus élevé. »

Nous nous sommes déjà expliqué sur le but final du progrès. Les principes constitutifs de l'esprit des peuples dans leur succession nécessaire ne sont eux-mêmes que les éléments d'une totalité, les moments d'un esprit général, l'esprit de l'humanité.

Il nous reste maintenant à voir en quelques mots de quelle manière Hégel, appliquant sa méthode philosophique à l'histoire, en caractérise les principales périodes.

On a divisé le monde en monde ancien, et en nouveau monde : l'Amérique est en effet un monde nouveau sous tous les rapports. Elle n'a pas eu de développement qui lui appartienne en propre, et c'est la civilisation européenne qui doit l'entraîner dans son mouvement. Nous n'avons pas à nous en occuper ici.

Dans l'ancien monde, il est aussi une vaste contrée plongée encore dans les ténèbres de la barbarie, c'est l'Afrique, qui nous offre la religion la plus grossière, l'absence de toute pensée, et le règne absolu de l'instinct. L'Afrique ne saurait par conséquent trouver place dans la philosophie de l'histoire. Le véritable terrain historique est l'Asie et l'Europe.

Les phases que traverse l'esprit humanitaire sont au nombre de quatre :

1° Le moment d'existence immédiate où le sujet est

encore absorbé dans la substance, — l'Orient ; 2° le moment de la particularité, — la Grèce ; 3° l'opposition absolue de la subjectivité et de l'objectivité, — Rome ; 4° enfin la synthèse des contraires, — les nations germaniques.

1. Dans l'*Orient*, qui représente l'enfance du monde, l'organisation sociale est la contre-partie exacte de la religion (Voyez *Phil. de la rel.*). Les individus sont encore absorbés dans l'identité de la substance divine, et cette substance divine en tant que vivante, active, est représentée par un homme avec lequel tous les autres sont dans un rapport d'obéissance, de crainte, d'esclavage : — le *despotisme* et la *théocratie*.

La vie de famille étant le fondement de toute société, l'état le plus ancien sera nécessairement calqué sur le principe patriarcal : l'*Empire chinois*. La Chine nous offre le spectacle d'une vaste société, basée non sur le droit, mais sur l'éducation morale imposée aux sujets qui sont traités comme des enfants.

Chez les *Mongoles* et les habitants du *Thibet*, se montre le gouvernement théocratique pur ; le grand Lama est le Dieu présent. Du reste l'état nomade de ces peuples, ne peut donner lieu à des institutions sociales très développées.

L'*Inde* est la synthèse de deux moments représentés par la Chine et le Thibet. La religion est toujours la base de la vie sociale, mais elle s'est constituée en organisation politique, et les différences des castes sont fondées à la fois sur la naissance et sur la religion.

Dans la *Monarchie persane*, nous commençons à voir se succéder dans le temps, les moments historiques que l'Asie orientale nous présente juxta-posés dans l'espace. En laissant à cette multitude de peuples, qui se combattent réciproquement, leurs lois, leurs mœurs, leur gouvernement, à la seule condition de reconnaître la suzeraineté de la Perse, Cyrus jette les fondements du droit international. Des peuplades de chasseurs, de nomades, vivent tranquillement à côté de nations aussi célèbres par leur commerce que par leur luxe et leur sensualité : la Lydie, la Syrie, la Babylonie. Dans la Phénicie, l'esprit rompt les liens qui le retenaient à la glèbe, et dans sa lutte avec la mer et ses tempêtes, il voit croître son énergie, et arrive à un sentiment de lui-même jusqu'alors inconnu à l'Orient. En Egypte enfin, tous ces éléments se pénètrent réciproquement, et tendent vers l'unité. Mais l'Egypte est le pays de l'énigme; le sphinx se borne à la proposer, et c'est OEdipe, la Grèce qui la résout. Le mot de cette énigme, c'est l'*homme*.

2. Le principe de la liberté subjective se montre pour la première fois en *Grèce*, et rend possibles la science et la philosophie. Mais cette liberté n'est pas complète, l'esprit grec n'est pas tout-à-fait dégagé des liens de la

nature ; la religion de l'Orient forme encore le point de départ, le substrat du polythéisme, et les dieux, en même temps qu'ils sont des êtres spirituels, sont aussi la personnification des forces naturelles.

Les hommes ne sont libres qu'autant qu'ils appartiennent à un état grec, tous les autres sont des barbares, et comme tels, condamnés à un éternel esclavage.

La sphère de manifestation de l'esprit grec est la nature ; la Grèce est surtout la patrie des beaux-arts.

Comme l'individu est encore en harmonie parfaite avec le principe général de l'état, les conditions du gouvernement démocratique se trouvent réalisées, et, dans la courte période de sa splendeur, Athènes, le type le plus pur de l'esprit grec, nous montre dans toute leur beauté ces institutions populaires. Mais cette union intime de l'individu avec la substance de l'état, ne saurait durer long-temps, la réflexion doit briser bientôt ce lien, et Socrate amène à l'état de conscience, le principe de l'individualisme qui entre en lutte avec l'organisation sociale.

3. Cette lutte remplit le monde romain. C'est dans l'histoire, le rude travail de la *virilité*, qui succède à une vie de plaisir et de poésie, à la *jeunesse* du monde.

Le but de l'état romain, c'est la généralité abstraite,

qui demande aux individus, avec une dureté inflexible, le sacrifice de leur intérêt particulier et même de leur existence. Toute dépendance du sol s'est évanouie, et Rome, qui a commencé dans une petite bourgade de l'Italie, est devenue la reine du monde. Dès que ce but a été atteint, l'état devient la proie de César, de l'individualité, et dès-lors ce principe acquiert une valeur absolue, qui se manifeste d'une part dans la déification de l'empereur, et de l'autre, dans la formation du droit personnel abstrait, qui considère les individus comme des atomes sans liaison, en dehors les uns des autres. Par une loi nécessaire, que nous avons constatée dans la logique, un principe abstrait, exclusif, se change en son contraire, et cette personnalité, poussée aux dernières limites, devient en même temps la négation de l'individu. L'empereur, qui avait été élevé sur le pavois par les prétoriens, est aussi par eux déposé et mis à mort, et ces mêmes prétoriens vont de la part de l'empereur demander aux citoyens le sacrifice volontaire de leur vie. De ce déchirement de tous les liens sociaux, de ce malheur infini, doit sortir le salut du monde.

4. C'est au peuple juif qu'appartient surtout, et la conscience de cette agonie de l'univers, et une ardente aspiration vers la délivrance. Le problème à résoudre, c'est que l'homme, tout en conservant, au principe de la personnalité, sa valeur infinie, se sache cependant

dans une unité absolue avec la substance divine, et réunisse ainsi l'esprit de l'Occident à celui de l'Orient. Cette fusion s'opère, et la croyance en l'unité de la nature divine et humaine s'objectifie sous la forme religieuse dans un type historique : le Christ. La réalisation de l'idée religieuse dans le monde, vainement tentée par Constantin et les empereurs de Byzance, est accomplie par les nations germaniques qui représentent la *vieillesse* de l'humanité, mais une vieillesse spirituelle, unie à toute l'ardeur et l'énergie de la jeunesse. La liberté devient l'attribut générique de tous les hommes, et l'esclavage est reconnu absolument illégitime.

Cependant, ces résultats ne peuvent être obtenus que progressivement, et voici les principales phases de ce progrès.

D'abord la vérité absolue, représentée par l'église et le pape, est opposée au pouvoir temporel représenté par l'empereur. La monarchie de Charlemagne est la première tentative d'union entre l'église et l'état, mais c'est l'œuvre d'un individu qui n'est pas encore passée dans la conscience générale, et, après la mort de Charlemagne, cette organisation est brisée pour faire place à l'affreuse barbarie du moyen-âge.

Le fait qui domine le moyen-âge, c'est la lutte acharnée de l'église et de l'état, qui finissent cependant par se comprendre, et constituer un ensemble harmonique (voyez *Hist. de la phil.*). A titre de gardienne exclusive de l'éternelle vérité et de dispensatrice des grâces divines, l'église prend pied de plus en plus dans le royaume terrestre ; le pape devient un souverain temporel, les ordres religieux accumulent de grandes richesses, et à l'égalité de tous, au sein de l'église succède une hiérarchie parfaitement constituée, qui forme un état au sein de l'état. La société temporelle au contraire, se dépouille peu à peu de sa barbarie, la propriété vient enchaîner l'arbitraire des individus, et la société civile s'organise sur les bases de la féodalité.

Avec le commencement des temps modernes, l'état est considéré comme l'objectification de la raison. L'église renfermée dans son sein n'est qu'un de ses moments, et la réformation fait disparaître la différence profonde qui existait entre les laïques et les ecclésiastiques. Les inégalités sociales, pétrifiées en quelque sorte dans la féodalité se dissolvent, et le pouvoir exécutif se fortifiant de plus en plus, arrive à la monarchie absolue qui ne laisse plus au droit privé aucune valeur dans la société.

La conscience de la liberté, du véritable but de l'état, qui semblait assoupie, se réveille chez Frédéric II, le roi-philosophe qui sacrifie à ce but général tous les droits de la féodalité, tous les privilèges. Ce principe, qui s'était assis sur le trône de Prusse, d'Autriche, de

Russie avec Frédéric, Joseph, Catherine, passe entre les mains du peuple avec la Révolution française, et c'est de cette lutte à laquelle nous assistons encore, que doit sortir, dans toute sa pureté, l'idée du gouvernement représentatif.

CONCLUSION.

—◆—

L'IDÉE mère de la doctrine de Hégel, le but qu'il poursuit de tous ses efforts, c'est l'unité. Son histoire de la philosophie tout entière, sa polémique si vigoureuse et si originale contre les systèmes contemporains, ne sont qu'une croisade contre le dualisme, qu'il nomme le ver rongeur de la philosophie. Presque tous les systèmes ont prétendu à l'unité, mais c'était une unité abstraite, exclusive, une moitié du dualisme, qui laissait subsister hors d'elle-même l'autre moitié. Le système de Condillac est un, mais seulement parce qu'il ne tient compte que d'un ordre de faits. Le panthéisme de Spinosa est un aussi, parce qu'il se renferme dans sa substance morte, son dieu pétrifié, sans s'inquiéter de la vie et de la variété de l'univers. Ce n'est pas ainsi que Hégel pouvait comprendre l'unité. L'unité pour lui devait être absolue, et par conséquent ne rien laisser au-dehors d'elle; pour dompter le dualisme, elle devait le renfermer dans son propre sein, et c'est là ce qui explique cette définition qui, au premier abord, peut paraître singulière et même barbare : la vérité, Dieu, est l'identité de l'identité (abstraite) et de la non identité (le dualisme, la différence). On voit que toute la valeur scientifique de la doctrine de Hégel doit dépendre du rapport proportionnel qu'il a établi entre ces deux élémens. A-t-il tenu la balance d'une main ferme? est-il arrivé à la neutralité parfaite? C'est sur ce point que nous allons essayer d'exposer nos doutes, et nous nous servons à dessein de cette expression, car, quoique nous soyons aussi peu disposés que qui que ce soit à jurer sur la parole du maître, nous croyons aussi qu'en présence de ces monuments scientifiques, qui sont le résultat d'une vie tout entière de labeur et de génie, on ne saurait trop se garder d'un jugement prématuré, surtout quand il faut arriver aux idées à travers une langue étrangère, et une terminologie hérissée de difficultés. Il est donc bien entendu que nous ne pouvons avoir la prétention de juger en dernier ressort la philosophie de Hégel, et ces réserves faites, quelle que soit la valeur de notre opinion, nous allons l'exposer franchement et sans arrière-pensée.

Le nom même d'idéalisme absolu qu'Hégel a donné à sa doctrine, semble renfermer un aveu implicite que le problème de l'identification de l'idéal et du réel, n'a pas été résolu complètement. Si l'idéal domine, si l'absolu devient le prédicat de l'un des termes à l'exclusion de l'autre, la synthèse ne peut être absolue elle-même. Cette prédominance de l'idéal sur le réel, nous la verrons se reproduire sous toutes les formes dans l'architectonique du système. Ce sera tour-à-tour : dans la logique, la prédominance de l'identité abstraite sur la différence ; dans la philosophie de la nature, la subordination de l'expérience à la synthèse *à priori* ; dans le droit naturel, l'individu disparaissant devant l'état ; dans la religion, les faits sans valeur devant l'idée, Dieu absorbant le monde, l'immortalité de l'âme admise substantiellement et non personnellement, et enfin dans l'histoire, la nécessité étouffant la liberté, et les individus condamnés au rôle presque passif d'instruments.

Dans la logique, cette inclinaison d'un des plateaux de la balance est beaucoup plus difficile à constater que partout ailleurs. Outre la difficulté qu'il y a à suivre Hégel, dans ce pur royaume des abstractions, où l'air manque à l'âme pour soutenir ses ailes, la logique est, en quelque sorte, une équerre que Hégel commence à fabriquer, pour l'appliquer ensuite à toutes les parties de son système. Or, il faut un coup-d'œil bien exercé pour apercevoir dans l'instrument une légère irrégularité ; mais prolongez les lignes, qui d'abord vous semblaient exactement parallèles, et vous aurez un angle dont les côtés vont se fuir indéfiniment. Cependant, même dans la logique, ce prodige de patience et de génie, on s'aperçoit de la lutte acharnée que Hégel a sans cesse à soutenir. A tout instant, l'identité menace d'engloutir la différence, il a beau agrandir le vase où il mêle les éléments, toujours le liquide bouillonne et déborde. L'on dirait quelquefois, que, de guerre lasse, Hégel est prêt à avouer sa défaite; deux ou trois fois il s'écrie : « Les différences ne sont qu'un jeu, l'iden» tité seule est réelle. » Mais bientôt son énergie renaît, et cet Hercule de la pensée recommence à lutter avec l'hydre, entasse chef-d'œuvre sur chef-d'œuvre, et donne au monde un spectacle plus beau peut-être que l'homme luttant contre l'infortune : l'homme luttant contre l'erreur.

Considérée comme présentant dans un ensemble organique la totalité de nos concepts, leur filiation, leur subordination réciproque, il n'y aura qu'une voix pour proclamer la logique de Hégel, un des plus beaux monuments de l'esprit philosophique, un prodige d'analyse. Cette subtilité, cette délicatesse de discernement, n'est accessible qu'à des esprits eux-mêmes profondément analytiques, et Schelling qui, malgré son immense génie, est peu compétent en fait de méthode, a commis à notre avis une grande injustice, en affirmant que la logique de Hégel, « exaltée outre-mesure par des esprits bornés, est un voyage sur des pointes d'épingle. » Mais, comme on le sait déjà, Hégel a répudié pour la logique ce rôle purement formel, et l'identifiant avec la métaphysique, il a voulu voir dans les lois de la pensée, l'essence même des choses. Ici le principe théorique, en mettant même de côté les conséquences qu'il renferme, devait soulever, et les répugnances du sens commun, et de nombreuses objections scientifiques. Nous sommes bien loin de donner aux inclinations ou aux répulsions instinctives des masses une valeur absolue; mais quand il s'agit de ces faits primitifs, qui sont la racine de l'esprit humain, le témoignage de la conscience collective doit se trouver avec la spéculation dans le rapport de l'expérimentation à la théorie.

Hégel a la prétention de tout déduire d'un principe unique, qui, se prouvant par lui-même, est en dehors de toute contestation; mais ce principe qui doit tout rendre clair, est lui-même la chose du monde la plus obscure, le mystère le plus étrange. L'être pur est identique au néant, il est l'absolu, vide de toute différence, et cependant tous les êtres doivent sortir de ce néant par une série de négations. Mais de deux choses l'une, ou l'être est une abstraction vide comme le dit Hégel, et alors la négation ne saurait en rien tirer, ou il est déjà concret, et, dans ce cas, toute la doctrine devient une hypothèse qui ne s'appuie sur rien. Cette objection, que nous croyons sans réplique, n'est pas nouvelle, elle s'applique à tous les systèmes qui cherchent leur point de départ ailleurs que dans la psychologie. C'est ce que sentit très bien Descartes, dont le bon sens égalait le génie; il aima mieux faire son admirable cercle vicieux, que de bâtir dans les nuages.

L'être-néant met à une rude épreuve la foi des adeptes de l'idéalisme absolu ; mais ce n'est pas le seul mystère du symbole de Hégel, et si l'on veut arriver à la science universelle, il faut encore accorder :

Que les deux abstractions d'être et de non être se mettent en mouvement pour produire le *devenir;*

Que les différences existent au sein de l'identité sans en altérer la pureté ;

Enfin, qu'au sein de cette identité, positif et négatif ont la même valeur.

Si on est doué d'un esprit assez spéculatif pour admettre ces quelques principes, grâce aux ressources que fournit la langue allemande pour franchir les transitions scabreuses, l'idée poursuit peut-être, sans encombre, son mouvement autonomique tant qu'elle reste dans le domaine de la logique pure ; mais quand il s'agit d'arriver à la nature, à la réalité, le fil se rompt, et une nouvelle hypothèse devient nécessaire. Je pense ce corps, mais en même temps, je le vois, je le touche, la substance m'est donnée par la raison, mais le phénomène, je ne puis le connaitre *à priori*. Mettez le phénomène aussi bas que vous voudrez, faites-en une pure négation de l'essence, toujours est-il que cette négation ne vous est pas donnée *à priori*, et suppose l'intervention d'un nouveau principe. La nature, dit Hégel, n'est autre chose que l'idée dont les différents moments acquièrent une existence indépendante, soit ; mais pourquoi l'idée qui, jusqu'alors, était restée dans l'unité, ou du moins, dont les différences n'avaient été qu'idéelles, arrive-t-elle à ce morcellement ? Pourquoi maintenant se révèle-t-elle aux sens, tandis que, précédemment, elle n'existait que pour l'esprit. Nous savons bien que cette rupture du fil dialectique n'est point particulière au système de Hégel ; un grand nombre de philosophes se perdent dans ce problème, ou se contentent de poser, comme un fait primitif, ce passage du rationnel au réel, et toutes les religions regardent le commencement de la nature comme un impénétrable mystère ; mais Hégel s'était chargé de jeter un pont sur l'abîme, et ce pont c'est un mot, une formule, qui laisse subsister le problème dans toute son intégrité. Admettons, pour un instant, qu'il soit résolu, nous aurons alors l'identité de la nature et de l'esprit, et nous ne pourrons échapper au panthéisme, accusation que Hégel considère toutefois comme infamante, et contre laquelle il se révolte avec un ton si tranchant qu'on ne peut le pardonner qu'au génie. Nous ne voudrions pas que ces accusations de panthéisme fussent une espèce de talisman destiné à évoquer la peur, un mot magique qui dispense de raisonner ; mais lorsque c'est au nom et avec les armes de la raison, qu'on attaque un système exposé dans sa totalité, et qui a déjà produit ses principales conséquences, vouloir interdire l'examen à un point de vue quel qu'il soit, c'est exclure toute liberté scientifique au nom de cette même liberté. En prononçant le mot de panthéisme, dit Hégel, on ne sait même pas ce que l'on dit ; le panthéisme serait une divinisation des êtres particuliers, collectivement pris, tandis que les systèmes qu'on flétrit de ce nom, celui de Spinosa, par exemple, sont au contraire, une négation du fini, un acosmisme. Hégel insiste si souvent sur cette distinction, qu'il semblerait, au premier abord, que c'est seulement à ce point de vue qu'il ne veut pas être panthéiste, et on pourrait le lui accorder d'autant plus facilement que, dans le sens étymologique, le panthéisme n'existe nulle part que nous sachions ; pas plus dans l'Inde que chez Spinosa. Le fétichisme est la plus grossière des religions connues, et cependant elle serait encore au-dessus du panthéisme ainsi compris, car, chez le sauvage, ce n'est pas le fétiche, en tant que tel, qui est l'objet du culte, mais le principe divin qui se révèle spécialement en lui. Ainsi donc, cette distinction pourrait être ramenée à un abus de termes, abus incontestable sans doute, mais tellement invétéré, que Hégel lui-même, dans tous ses ouvrages, ne cesse de parler du panthéisme de Spinosa. Cette discussion de mots écartée, Hégel est panthéiste, panthéiste au même titre que Spinosa et Schelling, car, chez lui, il y a une unité interne, une essence commune par rapport à laquelle les individus ne sont que des accidents. Appelez cette unité substantielle idée, appelez-la Dieu, peu importe; les mots ne changent pas la nature des choses. Le panthéisme de Schelling est poétique, celui de Hégel est logique, scientifique, voilà toute la différence; ou plutôt nous nous trompons, il en est une beaucoup plus profonde, et qui semble d'abord être toute à l'avantage de Hégel: ce sont les conséquences morales. Pour Spinosa et Schelling, le panthéisme est le point de départ, pour Hégel, il est le but du progrès. Pour Spinosa et Schelling, l'absolu concret est le principe dans lequel toutes les différences sont actuellement identifiées, pour Hégel, au contraire, cette identification est successive, et n'est jamais complète pour l'individu, qui doit dépouiller le fini, le mal, pour arriver à ne faire qu'un avec les concepts éternels du vrai, du bon, du beau ; avec l'idée absolue. On voit que cette morale présente de grandes analogies avec la morale chrétienne, mais c'est au prix d'une heureuse inconséquence, car, au point de vue de Hégel, l'existence du mal est incompréhensible. Le mal, dit-il, est la négation ; le bien consiste dans la négation de cette négation, qui donne l'affirmation absolue. Mais Hégel lui-même n'a-t-il pas montré, dans la logique, que l'affirmation et la négation sont identiques, et ne prend-il pas indifféremment comme positif, l'un des termes contradictoires du concept? Au point de vue de la théologie spéculative, cette existence du mal est encore plus inexplicable, s'il est possible. Dieu en se niant lui-même pose le fini, le mal; mais pourquoi précisément le fini sera-t-il le mal? ne vient-il pas de Dieu, n'est-il pas Dieu comme l'infini? Admettons cependant, que l'existence du mal soit rigoureusement déduite, voilà l'homme aux prises avec cet ennemi redoutable qu'il porte dans son sein; quelles sont les peines qui l'attendent, s'il succombe lâchement, où est la couronne qui doit être la récompense d'une glorieuse victoire? L'immortalité sans doute, mais l'immortalité sans conscience, l'immortalité du néant. En vouloir une autre, serait de l'égoïsme, dit Hégel; mais prenez-y garde, cet égoïsme est inséparable de la personnalité, il est la personnalité même. Quoi! vous prétendez, à juste raison, que, dans l'histoire, dans les grands événements que la providence accomplit par l'homme, l'individu a aussi ses droits; que ses inclinations, ses intérêts, doivent trouver et trouvent réellement leur satisfaction, et quand il s'agit d'une vie tout entière d'amertume et de dévouement, ma récompense, c'est de m'abimer dans la mer de l'infini, avantage que, du reste, le ruisseau limpide partage avec le ruisseau immonde, l'honnête homme avec le scélérat! Et cependant, la personnalité de Dieu et l'immortalité de l'esprit, jouent un grand rôle dans la terminologie de Hégel; mais voyons si ces mots ne ressemblent pas à ces fruits du Jourdain, dont parle M. de Châteaubriand, et qui, sous une enveloppe

brillante, ne renferment qu'une froide poussière.
Jusqu'à présent, on avait entendu, par Dieu personnel,
un Dieu distinct du monde, et surtout de l'homme qui
ne peut être libre qu'à cette condition; mais pour Hégel,
c'est bien autre chose, Dieu n'est pas une personne,
c'est la personnalité. Dieu devient personnel dans l'humanité, chez elle il *arrive* à l'état de conscience. Une
partie de l'école hégélienne distingue bien, à la vérité,
de l'esprit divin, cet esprit qui va se développant sans
cesse par une série d'évolutions, mais alors il est facile de
voir que la doctrine de Hégel perd ce caractère d'unité,
qui la rend si remarquable, et qu'elle devient même incompréhensible. A quoi bon, en effet, cette polémique
acharnée contre Kant, Jacobi et tous les représentans
du dualisme, si c'est pour revenir au dualisme par
un autre chemin? Il y a plus, c'est qu'en faussant les
idées du maître, pour le faire rentrer, bon gré, mal
gré, dans l'orthodoxie luthérienne, le côté droit de
l'école se jette à son insçu dans des conséquences plus
désastreuses encore que celles qu'il voulait éviter. Car,
si Dieu et l'homme sont distincts dans le système de
Hégel, l'homme est plus noble et plus grand que la
divinité elle-même, il domine ce Dieu néant de la logique, ce Dieu pétrifié de la nature, de toute la hauteur
de la conscience et de la liberté. Ainsi donc, Dieu et
l'homme sont identiques; séparés l'un de l'autre, ce ne
sont que des abstractions. En tant qu'il se renferme

dans sa nature finie, l'homme n'est qu'une pure négation, mais Dieu à son tour n'acquiert d'existence réelle qu'en devenant fini, qu'en se fesant homme. Signalons en passant une contradiction manifeste. De ce que la personnalité de Dieu est la conscience collective de l'humanité, il semblerait résulter que la conscience individuelle doit vaincre la mort et persister au sein de la divinité. Il n'en est rien cependant, et c'est seulement ce qu'il y a d'impersonnel, la raison, qui survit à la mort de l'individu. Ainsi, d'une part, la conscience est Dieu, Dieu à sa plus haute puissance, et d'autre part, elle est soumise aux conditions du temps, elle est ce qu'il y a de périssable dans l'homme (1). Sans nous arrêter aux conséquences de cette doctrine, que chacun peut aisément déduire, il devient évident que toute cette ontologie est en opposition directe avec le dogme chrétien, et cependant Hégel, suivant en cela les errements de Kant et de ses successeurs, a eu la singulière prétention de montrer, sous ce qu'il appelle l'enveloppe mythique du christianisme, la substance de sa philosophie; il y a plus, il veut être orthodoxe :

_____

(1) Dans son livre de la *Gnose chrétienne*, Baur reproduit sur ce point l'opinion de Hégel dans toute sa nudité : « Logiquement, par cela seul que l'esprit absolu l'individualise éternellement, il y a éternellement des individus; mais, que ces individus déterminés existent aussi éternellement (et c'est là évidemment le sens qu'on donne à la question de l'immortalité de l'âme), j'avoue que, sur ce point, la logique m'abandonne. »

« Je suis et veux mourir luthérien », s'écrie-t-il quelque part.

Pas plus que les individus, les doctrines ne peuvent vivre dans l'isolement ; cette tendance qu'ont les systèmes à s'assimiler ce qui les entoure est un des faits les plus curieux de l'esprit humain, et nous le retrouvons partout et toujours. C'est Platon qui reconnait ses *idées* dans les mythes poétiques de la Grèce, Julien qui christianise le polythéisme, Philon qui fait sortir toute la philosophie grecque des livres de Moïse, etc ; Mahomet cria à une montagne de venir, et, comme elle ne bougeait pas, il marcha vers elle ; c'est là l'histoire de Hégel et de tous les philosophes qui ont poursuivi le même but. A part toute croyance religieuse positive, le christianisme est puissant, il règne sur le monde civilisé ; encore debout après 18 siècles, il ne veut pas abdiquer en faveur d'une doctrine née d'hier ; mais il est un moyen de tout concilier, il n'y a qu'à montrer qu'on est soi-même le christianisme élevé à sa plus haute expression, le christianisme perfectionné non dans son essence, car il est la vérité absolue et par conséquent identique avec la vraie philosophie, mais dans sa forme, qui, très convenable sans doute, pour la conscience vulgaire, ne saurait satisfaire un esprit scientifique. « Le fond du christianisme reste intact, dit Hégel, mais, de même qu'Homère dit de certaines choses, qu'elles ont deux noms, un dans la langue des dieux, un autre dans celle des simples mortels, il y a aussi deux langues pour exprimer ce fond commun de vérité qui constitue le christianisme : la langue de l'imagination, du sentiment, et celle de la spéculation (1). »

Ce respect pour la religion révélée, ce langage conciliant de la part d'un homme qui était à la tête de la science et exerçait sur la classe éclairée de la nation allemande, l'influence contagieuse du génie, fit concevoir les plus hautes espérances. De toute part, on salua l'aurore du beau jour qui devait sceller l'union indissoluble de la religion et de la philosophie, de la raison et de la foi, et les avances ne manquèrent pas du côté des théologiens qui, dans cette circonstance, se signalèrent plus par leurs intentions bienveillantes, que par leur perspicacité (2). Un coup de tonnerre vint interrompre tous ces beaux rêves; l'apparition du livre de Strauss rendit l'illusion désormais impossible, et l'école se divisa en plusieurs camps. Le côté gauche reconnut dans Strauss le fidèle interprète de Hégel, tandis que le côté droit lui déniait injustement ce titre et commençait une polémique où trop souvent les

---

(1) Hégel, *Encyclopédie*, préf. de la 2ᵉ édit., p. 21.
(2) Gœschel, aujourd'hui complètement séparé de l'école hégélienne, écrivit ses *Axiomes sur l'ignorance absolue et le savoir absolu*, pour montrer l'identité substantielle de la philosophie spéculative et du christianisme.

injures remplacèrent les raisons. Nous ne donnerons pas l'histoire de cette lutte, qui eut aussi son côté politique et pour laquelle on peut consulter l'excellent ouvrage de M. Michelet, mais nous tenons à montrer que la *Vie de Jésus* est la conclusion nécessaire des prémisses posées par Hégel, et les motifs qui nous y engagent, c'est que le christianisme, étant plus connu dans son ensemble que les sciences naturelles, le droit, etc., on pourra mieux apprécier les procédés et les résultats de la méthode de construction *à priori*, et s'assurer facilement s'il est vrai, comme nous l'avons avancé, que toutes les erreurs de Hégel aient une source commune : la prédominance de l'idéal sur le réel.

Nous prenons, pour point de départ, des notions vulgaires adoptées à la fois par la science et par la conscience de tous les hommes. Si l'on demandait ce que c'est qu'un mammifère, on ne croirait pas répondre à la question en donnant la définition de l'animal, et si l'on voulait savoir en quoi consiste la monarchie, la définition de gouvernement serait tout-à-fait insuffisante. Cependant, la définition d'animal renferme ce qu'il y a de commun, d'identique dans le mammifère et les autres animaux, et le caractère général de gouvernement entre nécessairement dans la définition du gouvernement monarchique. C'est qu'on a une conscience plus ou moins claire, que l'identité pure sans la différence se réduit à une abstraction vide, et Hégel l'a reconnu lui-même en identifiant l'être et le néant.

On a dit et répété bien des fois que la religion et la philosophie avaient un fond commun, et qu'elles ne différaient que par la forme, parce que toutes les deux se posent les mêmes questions : Dieu, l'homme, et leur rapport. En admettant pour un instant que cela soit bien exact, peut-on en conclure que l'essence de la philosophie et du christianisme soit la même? Il faudrait pour cela faire ce raisonnement : le christianisme et la religion en général sont identiques; or, nous avons vu que cette identité existe déjà entre la philosophie et la religion, donc, etc... Mais il est évident pour tout le monde, que ce qui constitue telle ou telle religion, ce n'est pas les questions qu'elle se pose, mais la solution qu'elle en donne; retranchez cette solution particulière, et la religion n'existe plus en tant que religion positive.

Le christianisme est à la fois un grand fait intellectuel, et un grand événement historique; non-seulement il a des dogmes qui lui sont particuliers, mais ces dogmes sont connus par une voie spéciale : la révélation. Ici la forme se confond avec le fond, le révélateur et la vérité révélée ne sont qu'une seule et même chose. Le christianisme tout entier est dans la divinité de son fondateur, et c'est ce qui se trouve très nettement exprimé dans ces mots de l'apôtre Paul : « *si Christus non resurrexit, vana est fides vestra.* » Or, Hégel ne tient aucun compte de cette partie historique, positive, du christianisme, ou plutôt les mots sont conservés, mais ne sont plus attachés à quelque chose de réel, de vivant ; ils sont les signes de catégories logiques, d'une sorte de fantasmagorie insaisissable, si bien, qu'après avoir lu et relu les ouvrages de Hégel, il nous serait impossible de formuler son opinion sur J.-C. Nous avons bien encore, il est vrai, le vêtement sacerdotal du christianisme : pas un dogme ne manque, ni la trinité, ni l'incarnation, ni la rédemption, voire même les sacrements, mais ne vous arrêtez pas à l'enveloppe, qu'est-ce que la trinité ? le général, le particulier et l'individuel ; et l'incarnation ? l'abstrait qui devient concret, l'infini qui devient fini, etc. Cela s'appelle traduire le christianisme, transformer l'élément imaginatif en catégories rationnelles ; il faut avouer que la transformation est complète.

Cette erreur est capitale selon nous, mais la méthode de Hégel y amenait nécessairement ; pour lui l'idée, le général, étant donné *à priori*, et renfermant en soi le particulier, la différence, l'observation n'a d'autre valeur que de faire reconnaître ce qu'on sait déjà, et, pour le dire en passant, cette doctrine a la plus grande analogie avec la théorie du souvenir exposée par Platon. Donner à l'observation une plus haute portée, c'était renverser de fond en comble l'édifice élevé par

Hégel, et, avec un peu plus de courage, il aurait pu se débarrasser de cet élément parasite, comme, du reste, l'ont fait après lui bon nombre de philosophes naturalistes. Mais alors aussi on aurait coupé court à une étrange illusion.

L'idéalisme fait à l'observation une petite place bien honteuse, mais nous croyons qu'en cela il est bien peu reconnaissant. On prend une idée générale et l'on montre qu'elle cadre parfaitement avec les faits; mais, franchement, ces faits sont-ils donnés dans le concept? Un homme qui, depuis sa naissance, aura vécu au fond d'une caverne, et à qui vous aurez découvert les lois de la pesanteur, pourra-t-il en déduire l'existence du soleil, des planètes, etc.? Les catégories rationnelles s'appliquent à tous les faits, soit; mais elles n'en désignent aucun en particulier.

On comprend maintenant la position particulière dans laquelle Hégel se trouvait placé par rapport au christianisme. La raison, l'*à priori*, lui donnait ce qu'il y a en lui d'universel : le principe religieux, le concept de religion ; mais ce par quoi le christianisme est une religion particulière est donné par le fait, l'évènement. D'une part, ces faits ne pouvaient être déduits rigoureusement de l'idée générale, et, d'un autre côté, ils étaient en opposition trop violente avec la base du système pour qu'on voulût même essayer de le faire ; il ne restait donc d'autre parti à prendre que de les écarter, ou, ce qui revient au même, de les traduire en formules logiques ; pour cela Hégel s'était préparé une arme excellente dans la proposition déjà citée : « tout ce qui est rationnel est réel, tout ce qui est réel est rationnel. » L'application de cette maxime au christianisme, c'est que sa partie historique n'a pas d'existence réelle, qu'elle n'a qu'une valeur phénoménale. On sait le parti que Strauss a tiré de cette idée.

Nous croyons avoir montré que la doctrine de Hégel est inconciliable avec le christianisme, mais alors pourquoi ce langage mystique, pourquoi, en combattant un ennemi, adopter son drapeau. Pour expliquer cette anomalie, nous croyons qu'il n'est pas besoin de recourir, comme on l'a fait, à la supposition d'une doctrine ésotérique. Les Allemands pensent beaucoup, mais ils agissent peu ; tout en rêvant l'avenir, ils restent attachés au présent ; chez eux, la théorie et la pratique sont séparées par une barrière rarement franchie. Ce contraste, qui forme un des traits distinctifs du caractère national, est très bien marqué chez Hégel. Révolutionnaire par la pensée, il est en même temps scrupuleux conservateur ; à part quelques rares exceptions que nous avons signalées dans la philosophie du droit, sa doctrine est bien moins une aspiration vers l'avenir qu'une légitimation du présent. Dès-lors, on comprend que cette circonspection devait augmenter en abordant la religion qui, selon l'expression de Hégel lui-même, est la vie la plus intime du peuple, le foyer dans lequel toutes les autres sphères viennent concentrer leurs rayons. Attaquer directement le christianisme eût d'ailleurs été peu rationnel. Puisque, au point de vue de Hégel, le christianisme est la forme mythique sous laquelle la vérité existe pour tous les hommes, le repousser, à cause d'une défectuosité formelle, c'était exclure de la vérité une majorité immense, éternellement condamnée à ignorer l'existence même de la spéculation. Ce respect de Hégel pour l'ordre établi va quelquefois si loin qu'on pourrait y voir de l'hésitation, et même une tendance à retourner à la religion positive, mais, évidemment, ce sont là des inconséquences, qui n'ont aucune portée par rapport à l'ensemble de ses idées.

La solidarité qui enchaîne tous les éléments de la doctrine de Hégel est telle, que nos objections contre la *philosophie de la religion*, n'auraient guère qu'à changer de forme pour s'appliquer à une partie quelconque du système. Nous excepterons toutefois *l'histoire de la philosophie*, à laquelle l'immense érudition de Hégel donne une valeur indépendante de toute vue systématique. Hégel a été un des hommes qui ont le plus contribué à relever l'étude de la philosophie ancienne, et ses beaux travaux sur Aristote ont déjà exercé en France une influence qu'on ne peut contester. Cependant, il est deux reproches qu'on pourrait adresser à Hégel. Le premier, c'est de faire quelquefois violence aux doctrines qu'il expose, pour les faire rentrer dans des catégories tracées à l'avance ; le second, c'est de négliger complètement la philosophie du moyen-âge, ou plutôt de n'en parler qu'avec un dédain qui va jusqu'à l'injure. Cela est d'autant plus étonnant, que c'est surtout au sein de cette prétendue barbarie scolastique, que l'on trouve des systèmes offrant avec celui de Hégel la plus frappante analogie ; et si l'on ne savait qu'une basse jalousie et une grande intelligence s'associent rarement ensemble, on serait tenté de croire que Hégel ne peut pardonner à Scott Erigène, Abailard, Giordano Bruno, Campanella, etc., d'avoir fourni une grande partie des matériaux qui ont servi à la construction de l'idéalisme absolu (1).

---

(1) Ne dirait-on pas, par exemple, que ce passage du cardinal de Cusa est emprunté à Hégel lui-même ? « Ce plus grand (Dieu), est aussi l'absolu, l'un, le tout, ce qui est en tout, et a tout en lui, le plus grand et le plus petit, car rien ne peut lui être opposé, bien plus, l'être et le non-être.... Il est le principe de tout nombre en qualité de plus petit, et la fin en qualité de plus grand.... C'est enfin l'acte pur, le vrai et l'absolue nécessité, en un mot celui que nous atteignons incompréhensiblement au-dessus des sens et de la raison ; puissance infinie, en qui se confondent les contradictoires, que ne peut combiner le principe de notre raison. Ce plus grand qui existe dans l'absolu, comme unité suprême et comme Dieu, existe aussi dans l'univers comme unité *contractée* en pluralité, et qui, sans cette pluralité, ne pourrait être. Enfin, il existe comme la fin de cet univers multiple, car la fin doit être toute perfection. » Telle est la trinité qui se retrouve dans tous les développements religieux que Cusa donne à son idée première, et le dogme chrétien sert d'enveloppe à cet immense panthéisme. (Cusa, *de doct. ignor.* 1. 2. ibid. 1. 3. Renouvier, *Phil. mod.*)

Sans nous arrêter à la philosophie du droit qui, à part cette hypothèse d'une substance de l'état en dehors des individus, ne présente pas d'idées bien neuves, sans nous préoccuper de l'esthétique, dont les disciples même de Hégel font aujourd'hui bon marché, nous dirons en finissant quelques mots de l'histoire de la philosophie.

Nous avons déjà signalé ce que la *philosophie de l'histoire* nous paraissait avoir d'incomplet, et ces critiques, Hégel les a acceptées d'avance, car, s'il affirme avoir découvert la méthode absolue, jamais il n'a eu la prétention d'y couler la science d'un seul jet ; bien souvent il a répété que la science absolue étant le partage, non de l'individu, mais de l'espèce, l'application de la méthode à toutes les branches des connaissances humaines ne pouvait être que successive. Mais les attaques contre la philosophie de l'histoire ne se sont pas renfermées dans ces limites, et on a été jusqu'à lui reprocher, non seulement de manquer de cette exactitude rigoureuse que l'on admire dans l'histoire de la philosophie par exemple, mais encore de répudier complètement le progrès dialectique, en adoptant la division tetrachomique (1), et alors on argumente ainsi : ou bien la division trichotomique est vraie, essentielle, fondée sur la nature des choses, et dans ce cas la *philosophie de l'histoire* n'a plus aucune valeur scientifique ; ou bien, cet ordre

---

(1) A. de Cieszkowski, *Prolegomena zur historiographie.* Berlin, 1838.

ternaire, loi de développement de l'idée, n'est qu'une vaine formule, et dès-lors c'est le système de Hégel qui s'écroule tout entier.

La réponse à cette objection est facile. Hégel n'a pas voulu abandonner l'ordre ternaire, et mettre ainsi en question le fondement de sa doctrine, mais il ne pouvait, ni ne devait l'appliquer à l'histoire. L'histoire, c'est l'idée se développant dans le temps. Or, ce développement continue encore, et continuera jusqu'au but à atteindre : l'identification complète de l'esprit humain, et de l'esprit divin. Tant que ce but n'est pas réalisé, l'histoire est nécessairement fragmentaire, et ne saurait être adéquate à l'idée considérée dans sa totalité concrète. Appliquer à une phase quelconque de l'histoire, qui n'est qu'une totalité relative, la synthèse absolue de l'idée, c'eût été, non pas rester fidèle à la méthode, mais cacher, sous la rigueur apparente de la formule, une inconséquence flagrante, et clore l'histoire de sa propre autorité. Mais, dira-t-on, l'essence de l'avenir ne peut pas plus être cachée à la science de l'absolu que l'essence du présent, et, dans ce cas, la spéculation qui pouvait embrasser l'histoire dans sa totalité, pouvait aussi lui appliquer les catégories logiques de l'idée, et, conséquemment, la faire rentrer dans l'ordre ternaire.

La philosophie connaît ce qu'il y a d'identique dans le passé, le présent et l'avenir, mais elle ne connaît pas l'avenir en tant qu'opposé au présent, par la diversité des faits contingents qui ont lieu et dans l'un et dans l'autre. Dans le premier sens, le mot avenir est un langage inexact, et devient synonyme de l'absolu, qui, de sa nature, est en dehors du temps. Dans la seconde acception du mot, l'avenir ne serait pas de la philosophie, mais de la divination. Ce que peut faire la philosophie et ce qu'a fait Hégel, c'est d'affirmer que l'esprit a une loi de développement uniforme, qui s'exprime sans cesse par trois termes : la thèse, l'antithèse, la synthèse, ou l'unité abstraite, la différence et l'unité concrète; peu importe les mots, et que cette loi s'applique à l'histoire comme à toutes les autres sphères de la connaissance; mais aller plus loin et marquer d'avance les périodes déterminées auxquelles correspondront ces différents termes, c'est abandonner le domaine de l'essence pour empiéter sur le phénomène, c'est confondre le contingent et le nécessaire. Pour la construction totale de l'histoire, l'*à priori* ne suffit pas comme dans la logique. La construction n'est possible que pour le passé, l'idée déjà réalisée, parce que, dans le fait, nous sont donnés à la fois l'*à priori*, et l'*à posteriori*.

Nous concluons, qu'en divisant l'histoire déjà accomplie en quatre grandes périodes : le monde oriental, grec, romain et germanique, Hégel n'a pas répudié l'ordre trichotomique, qui est pour lui nécessaire, absolu; il a seulement voulu montrer les moments de l'idée qui, jusqu'à présent, ont trouvé leur réalisation en laissant libre carrière à l'avenir.

Nous avons essayé de montrer que, dans la philosophie de l'histoire, Hégel est conséquent avec le reste de son système, et ne mérite pas le reproche de contradiction qu'on lui adresse ; mais cette rigueur logique l'expose à une accusation beaucoup plus grave. Le fatalisme est un corollaire du panthéisme, et Hégel n'a reculé devant aucune des conséquences de sa doctrine. Du reste, lors même qu'il n'aurait pas été amené à ces tristes conclusions, par le principe qui domine tout son système, et qui implique l'unité substantielle de l'homme et de Dieu, une fausse analyse de la liberté devait l'y conduire. Pour Hégel, en effet, être libre, c'est ne relever que de soi, ne pas sortir de soi, et par conséquent être infini ; or, toutes les idées qui sont complètes dans leur genre et n'ont rien à emprunter aux autres, sont infinies, et par conséquent libres ; la gravitation, par exemple, est une force libre. On voit dès-lors, à quoi se réduit ce mot pompeux de liberté, et en présence des conséquences pratiques d'une pareille théorie, on ne se sent pas le courage d'en critiquer les bizarreries terminologiques. Ainsi donc, n'allez pas chercher dans l'histoire des enseignements et des exemples, car, pour les mettre en pratique, pour en retirer quelques fruits, il faudrait que ces pauvres pygmées qu'on appelle des hommes, pussent se révolter contre le bras puissant qui leur imprime le mouvement, et fait jouer leurs mille ressorts. Si, parmi ces automates, qui croient naïvement réaliser leurs petites fantaisies, il en est un plus grand que les autres, il n'aura d'autre mérite, que de recevoir immédiatement l'impulsion de l'idée absolue. A la fois, acteur et spectateur dans ce théâtre où l'humanité joue son rôle nécessaire, le sage voit sans s'émouvoir les empires s'écrouler, les révolutions, ensanglanter le monde; il se console en démontrant que la philosophie n'y peut rien, et qu'il devait en être ainsi et pas autrement. Voilà les conséquences qui résultent inévitablement de l'application des principes de Hégel à l'histoire. On pourrait, nous le savons, s'étayer de quelques passages de ses écrits pour contester la justice de notre critique, mais, sans s'arrêter à un mot, à une phrase, qu'on aille au fond même des choses, et l'on se convaincra de la vérité de ce que nous avançons (1).

En résumé, nous ne reconnaissons pas à la philoso-

---

(1) On pourrait, rapprochant de notre critique les éloges que nous donnons à Hégel (p. 238), nous accuser de contradiction, et nous allons volontiers au devant de ce reproche. Ce n'est pas le principe de Hégel que nous blâmons, mais son exagération. Sacrifier la liberté humaine à l'action providentielle, ou réciproquement, est à la fois impie et anti-scientifique. La liberté nous est donnée par la conscience, la providence par la raison, et nier des faits marqués du même caractère de certitude, parce qu'on ignore la loi qui les unit, c'est violer ouvertement la vraie méthode philosophique.

phie de Hégel une valeur absolue. A la vérité, il s'est proposé de fondre ensemble l'idée et le fait, l'*à priori* et l'*à posteriori*, mais, à notre avis, ce but n'a pas été atteint; la raison a tout envahi, est devenue le principe unique de nos connaissances, les caractères distinctifs des êtres se sont effacés devant le général, l'identique, le nécessaire, et l'idée est seule restée debout sur les ruines de la nature et de l'homme. Cela posé, il devient inutile de dire que, malgré toute notre admiration pour Hégel, nous ne pouvons ni ne voulons le suivre dans ses erreurs, et considérer son système comme le dernier mot de la science, la clôture de l'histoire de la philosophie. Il y aurait sans doute de l'injustice à méconnaître, par un esprit de patriotisme étroit, ce que la philosophie allemande en général, et celle de Hégel en particulier, renferme de vues profondes, d'aperçus remarquables, de grandes vérités désormais acquises à la science; mais ce serait se heurter contre un autre écueil, que de renier les glorieuses traditions philosophiques de la France, pour se laisser aller à une admiration exagérée, ou même à une imitation servile. Heureusement, un engouement aveugle est peu à redouter pour un peuple qui se distingue surtout par un sens droit et des tendances pratiques; ce serait plutôt l'excès contraire, qui serait à craindre. Bien souvent, on nous a reproché de ressembler un peu à l'artiste d'Horace, et de perdre de vue l'ensemble à force de spécialiser : que cette magnifique architecture du système de Hégel réveille en nous le sentiment de l'harmonie : étudions la philosophie allemande, pour nous élever au-dessus d'elle, et réalisons ainsi la pensée de Schelling qui nous sert d'épigraphe : « Partout où deux pôles opposés se touchent, il jaillit une lumière nouvelle.»

FIN.

NOTES.

NOTES.

Note A (1).

« Le simple récit de la Bible peut être ramené aux termes suivans : Poussé par un orgueil insensé (pensée qui lui est venue du dehors), l'homme transgresse les ordres de Dieu, et il est sévèrement puni pour avoir violé une défense destinée à éprouver sa soumission. — Si on en reste à ce point de vue, on n'arrive qu'à des conséquences triviales. Sans doute Dieu défend le mal ; mais cette défense a un tout autre objet que le fruit d'un arbre. Ce que Dieu veut ou ne veut pas, est éternel et absolu ; — de plus, cette défense se serait adressée à un seul individu. C'est légitimement que l'homme se révolte à la seule pensée d'être puni pour une faute qui n'est pas la sienne ; il ne veut être responsable que de ses propres actes.

» Le récit biblique cache un sens beaucoup plus profond. Adam, c'est l'homme en général, l'humanité, qui est le héros de cette histoire ; c'est de la nature même de l'homme qu'il s'agit. Ce n'est point une défense formelle, puérile, que fait Dieu ; mais l'arbre dont Adam ne doit pas manger le fruit, se nomme l'*arbre de la connaissance du bien et du mal*, qualification incompatible avec un arbre réel, sensible. — Adam mange de ce fruit, et il acquiert la connaissance du bien et du mal. — La difficulté du récit gît en cela que Dieu avait défendu à l'homme d'arriver à une connaissance qui, cependant, constitue la nature même de l'esprit ; car l'esprit

---

(1) Nous demandons grâce pour le français un peu barbare de notre traduction, qu'avant tout nous avons tâché de rendre rigoureusement littérale.

n'est tel que par la conscience. Comment donc cette défense a-t-elle pu avoir lieu ? »

« Le savoir, la connaissance, est une arme à deux tranchants, la possibilité du mal comme du bien ; c'est là le côté négatif de la liberté. L'homme, dit-on, a été d'abord dans un *état d'innocence* ; c'est l'état où l'homme est absorbé dans la nature, et cet état doit cesser aussitôt que la conscience s'éveille. L'innocence, considérée comme l'harmonie de la liberté avec le bien, est aussi le but final de l'homme, et c'est ce but final qui, dans la Bible, est représenté comme un mode primitif d'existence ; ce qu'il y a de défectueux dans ce mythe, c'est de peindre cette harmonie comme quelque chose d'immédiat, de naturel, qu'il ne fallait pas outre-passer. Dans toute l'allégorie, ce qui est interne devient externe, ce qui est nécessaire, contingent. — Le serpent promet à Adam qu'il deviendra semblable à Dieu, et Dieu confirme cette promesse en disant : « Voilà Adam devenu comme l'un de nous. » (III, 22) C'est là une idée profondément spéculative. »

« En punition de sa désobéissance, l'homme est chassé du Paradis, et Dieu dit à Adam : « A cause de ce que vous avez fait, la terre sera maudite, et vous n'en tirerez de quoi vous nourrir, pendant toute votre vie, qu'avec beaucoup de peine. Elle vous produira des épines et des ronces, et vous vous nourrirez de l'herbe de la terre. Vous mangerez votre pain à la sueur de votre front, jusqu'à ce que vous retourniez en la terre d'où vous avez été tiré, car vous êtes poussière, et vous retournerez en poussière. » (III, 17, 18, 19.)

« Il faut reconnaître que tout cela est une conséquence de la nature finie de l'homme ; mais, d'un autre côté, sa grandeur consiste précisément à travailler à la sueur de son front, à devoir sa nourriture à son activité, à son intelligence. La nature fournit immédiatement aux animaux de quoi satisfaire leurs besoins ; l'homme, au contraire, fait de la nature un instrument de sa liberté.

Pour celui qui ne connaît pas la haute destination de l'homme, c'est aussi une triste pensée que celle de la mort : le récit biblique ne renferme pas encore l'immortalité, l'éternité de l'esprit. « Dieu dit : Empêchons maintenant qu'il ne porte sa main à l'arbre de vie, et que, mangeant de son fruit, il ne vive éternellement (22). Et v. 19 : « Vous êtes poussière, et vous retournerez en poussière. » La conscience de l'immortalité de l'esprit n'existe pas encore dans la religion juive, c'est en Egypte qu'elle apparait d'abord. (Hégel, *Philosophie de la religion*, t. 2, p. 63-66.)

Note B.

Dans ses écrits polémiques, Strauss a donné une collection de tous les passages de Hégel, qui se rapportent à la divinité de J.-C. et aux fondements du christianisme. Nous n'avons pas un grand regret de ne pouvoir profiter de ce travail, que Strauss lui-même avoue avoir été pour lui sans résultat. Si nous donnons ici les fragments les plus remarquables de Hégel sur la question en litige, c'est seulement comme pièces justificatives, et parce qu'ils ont été une des causes principales de division au sein de l'école. Du reste, il n'est pas de pire méthode que celle qui veut faire sortir une doctrine tout entière d'un mot, d'une phrase isolée. Chez un philosophe qui a beaucoup écrit, il est presque toujours facile d'opposer une citation à une citation, et ce combat à coups de textes ne fait qu'accroître les ténèbres au lieu de les dissiper. Le moyen le plus court et le plus sûr d'arriver à des résultats, c'est de demander à l'ensemble du système quelles doivent être ses conséquences nécessaires, et l'enchaînement rigoureux des idées de Hégel rend ce travail assez facile.

« L'unité de la nature divine et humaine, c'est l'homme dans sa généralité, la *pensée* de l'homme. De plus, la conscience de l'idée absolue que nous avons dans la pensée pure, dans la philosophie, doit apparaître sous une forme évidente pour tous, c'est-à-dire sous une forme extérieure, sensible, individuelle : la forme humaine, car l'esprit ne saurait en prendre d'autre. »

. . . .

« L'église a nommé le Christ l'Homme-Dieu, et cette association mystérieuse, qui est en opposition manifeste avec l'intelligence (*verstand*), a cependant amené à l'état de conscience l'unité de la nature divine et humaine, en montrant que le fini, la faiblesse, la caducité de l'homme, n'étaient pas inconciliables avec l'unité de Dieu, comme dans l'idée éternelle, la différence ne compromet en rien l'unité. »

...... La vie de Dieu est l'éternel mouvement de l'unité qui revient différence, et de la différence qui s'absorbe dans l'unité, de l'infini qui se limite pour devenir de nouveau le fini...... La foi a conscience que le Christ est l'image de cette vie divine, et qu'elle est révélée par lui. (12e vol. p. 247 et pass.)

« Des progrès de l'histoire, du développement de l'esprit du monde, est né le besoin de savoir Dieu sous une forme plus générale (que dans le polythéisme). Ce besoin, ce désir ardent, cet instinct de l'esprit pour ainsi dire, a demandé la manifestation de Dieu, de l'esprit infini, sous la forme d'un individu. La foi, qui repose sur le témoignage de l'esprit, interprète ensuite la vie du Christ (explicirt sich). La doctrine, les paroles de Jésus, ne sont réellement comprises que par les croyans. L'histoire de l'Homme-Dieu est aussi racontée par ceux sur lesquels l'esprit est déjà descendu. » (12e vol., p. 248, 249.) (1)

« Pendant sa vie, le Christ n'était qu'un individu perceptible aux sens, appartenant à une époque, une nationalité déterminée ; sa mort forme la transition au point de vue religieux. Au témoignage des sens succède la foi, c'est-à-dire, la connaissance de Dieu en esprit et en vérité. Le Christ lui-même avait dit : Je vous enverrai l'Esprit, et il vous conduira à toute vérité. » (12e vol., p. 252 et pass.)

« Cette vérité, qui est ressortie de l'histoire du Christ et qui est devenu le partage des hommes, c'est que *l'homme est le Dieu présent, immédiat*; de telle sorte que, comprise par l'esprit, cette histoire apparaît comme l'image de l'évolution dialectique (*process*) de l'homme, de l'esprit lui-même. »

« L'explication de la Rédemption, c'est que Dieu est réconcilié, ou, plutôt, qu'il s'est montré réconcilié avec le monde ; que l'humanité n'est plus pour lui quelque chose d'étranger, mais que cette

---

(1) Il semblerait résulter de ce passage, que la personne du Christ ne joue, par rapport à la conscience générale au sein de laquelle s'accomplit réellement la révélation et la rédemption, que le rôle d'une excitation externe ; de la même manière, si l'on veut nous passer cet exemple psychologique, que la perception d'étendue est la cause occasionnelle de la notion absolue d'espace, que cependant elle ne peut renfermer.

aliénation, cette différence, ce fini, comme on voudra l'appeler, est un moment de sa propre nature; moment passager, sans doute, mais dans lequel toutefois il a voulu se montrer à l'église (*gemeinde*). » (12e vol., 253-254.)

« Par cela seul, que ce moment (l'incarnation de l'infini dans le fini) est un moment nécessaire de la nature de Dieu, la croyance aux faits sensibles n'a plus de valeur (fallt die sinliche beglaubigung weg). Dans cette sphère rentrent les miracles..... C'est avec raison qu'on croit que la puissance de Dieu se révèle dans la nature par des lois éternelles; le véritable miracle, c'est l'esprit lui-même. L'animal est déjà un miracle par rapport à la nature végétale, et l'esprit est plus miraculeux encore par rapport à la vie, la nature seulement sensible. » (12e vol., p. 256.)

« C'est à la philosophie et non à l'histoire à montrer la vérité de la foi chrétienne. *L'esprit ne fait pas d'histoire.* Il n'a pas à s'inquiéter du passé, mais de ce qui est en soi et pour soi, éternellement présent. » (266.)

« Le fondement de la connaissance, c'est l'absolu qui se sait lui-même; mais cette conscience n'est pas immédiate. Ce qui est l'essence même de l'esprit, apparaît d'abord comme quelque chose d'externe, de contingent, d'historique. De là naît l'illusion que la certitude de la foi religieuse repose sur quelques témoignages isolés, individuels, qui, considérés comme historiques, n'ont certainement pas le même degré de probabilité que les nouvelles données par les journaux sur un événement. Mais ce ne serait pas seulement sur ces témoignages directs que reposerait la foi, mais encore sur la loyauté, la capacité des copistes, et enfin sur la véritable manière de comprendre une lettre morte. En réalité, la véritable foi chrétienne ne subordonne pas sa certitude à ces témoignages, ces faits contingents..... Elle est l'esprit lui-même qui se rend témoignage, et dans le fort de la conscience individuelle, et dans la conscience générale de l'église. » (2e vol., p. 207 et suiv.)

« La doctrine de la Rédemption, c'est que Dieu est su comme réconcilié avec le monde. Cette réconciliation signifie, comme nous l'avons vu chez les philosophes néo-platoniciens, que Dieu se différencie (sich besondert), ne reste point abstrait; et dans la différence, rentre non-seulement la nature extérieure, mais le monde et particulièrement l'individualité humaine..... Dieu se réalise dans la conscience des individus ; mais la condition de cette rédemption, c'est que l'homme l'accomplisse en lui-même, en développant, en amenant à l'état d'existence réelle la liberté qui se trouve virtuellement en lui, c'est-à-dire en ayant conscience du ciel sur la terre, de l'élévation de l'homme. Le monde intellectuel n'est pas transcendant (jenseit), en dehors de la sphère de l'humanité; mais ce qu'on appelle le fini est un de ses élémens. Le concret par rapport à Dieu, à l'idée absolue, c'est de voir le monde, la différence au sein de Dieu, de savoir le monde divin en soi, de le faire divin spirituellement, c'est-à-dire médiatement. Dans les religions anciennes, le divin est aussi uni à la nature, à l'humanité; mais cette unité est naturelle, immédiate, et par conséquent fausse. L'esprit n'est pas naturellement ; il est ce qu'il se fait lui-même. La véritable unité est un résultat du développement dialectique. » (*Histoire de la philosophie*, 15e vol., p. 100 et suiv.)

« La théologie moderne (par opposition aux Pères de l'Eglise) veut conserver à la religion une forme positive, et se borner à un travail exégétique..... Mais se dépouiller de son esprit pour interpréter des textes.... qui ouvrent la porte aux imaginations les plus arbitraires, c'est ce qui est absolument impossible. Expliquer, c'est rendre clair, et cela seul est clair pour moi, qui est déjà en moi. L'explication doit répondre aux besoins de mon cœur, de mon intelligence, de ma culture scientifique, autrement un texte est quelque chose de mort, d'externe, qui n'existe pas pour moi. »

..... Les évangiles décrivent le mode de l'apparition première du christianisme, et cette première apparition, loin d'exprimer le principe chrétien d'une manière complète, n'en est plutôt qu'un pressentiment. L'Evangile lui-même en fait foi. Le Christ dit : Quand je serai éloigné de vous, je vous enverrai le Consolateur, et celui-ci, l'Esprit (et non la fréquentation du Christ, ses paroles, etc.), vous conduira à la vérité; on pourrait presque dire que, ramené à sa première apparition, le christianisme n'a plus aucune portée; son esprit n'existe plus (es auf den standpunct der geistlosigkeit gebracht wird).

..... Le Christ n'apparaît d'abord que comme un simple docteur. Afin qu'il devienne Dieu pour les hommes, Dieu dans le cœur des hommes, il ne doit plus être immédiatement présent, perceptible aux sens. Le Delai-Lama est un homme que les Thèbetains adorent comme un dieu ; mais il ne saurait en être de même avec le principe chrétien (1).

.....Comme individu, comme être sensible, le Christ doit disparaître, et c'est alors que s'éveille la conscience spirituelle. Où est allé le Christ ? Il est assis à la droite de Dieu. Maintenant, Dieu est compris comme concret ; il est le Dieu unique, et, en même temps, il est le fils, le λόγος, la sagesse. Mais il ne suffit pas d'avoir conscience du moment concret en Dieu, il faut encore avoir conscience de son rapport avec l'homme, il faut savoir que le Christ était un homme réel. C'est là l'idée profonde du christianisme, et cette idée n'existe pas dans sa première apparition ; elle ne pouvait se montrer dans toute sa grandeur, qu'après avoir été élaborée par l'esprit qui devait venir plus tard ;.... et c'est ce qu'ont fait les Pères de l'église. (*Histoire de la Philosophie*, 13e vol., p. 109-113.)

Aujourd'hui que Schelling s'est mis à la tête d'une réaction plus religieuse encore que scientifique contre l'école hégélienne, il ne sera pas sans intérêt de voir quelles étaient, en 1813, ses opinions sur le christianisme (2).

.....Le christianisme est historique par excellence ; ce caractère fondamental est surtout mis en relief quand on le compare à la religion grecque. Dans la mythologie grecque, l'infini ne fut conçu que dans le fini, et, de cette manière, subordonné au fini lui-même. Les dieux étaient des essences d'une nature plus élevée que celle de l'homme, des êtres durables, immuables. Le mode d'objectification d'une religion qui se plonge immédiatement au sein de l'infini, et qui ne donne pas au fini d'existence propre, ne pouvait être le même. Dans le christianisme, les formes du divin (gestalten) ne sont point permanentes, mais phénoménales ; ce ne sont pas des êtres naturels doués d'immortalité, mais des figures historiques dans lesquelles le divin se révèle en passant, et qui ne sauraient avoir d'existence permanente que par la foi. Chaque moment du temps

---

(1) Cette idée est empruntée à Hamann, qui disait un jour en confidence à Jacobi : S'en tenir à la lettre du christianisme, c'est adorer le grand Lama.

(2) *Leçons sur la méthode des études académiques :* Stuttgart, 1813

manifeste Dieu dans sa totalité, mais sous une forme particulière : ce qui était coéxistence dans le polythéisme grec est succession dans le christianisme.....

La cloture des temps anciens et le commencement des temps nouveaux, ne pouvait avoir lieu qu'à la condition que le vrai infini s'incarnât dans le fini, non pour le diviniser, mais pour le sacrifier à Dieu dans sa propre personne, et par là le racheter. La première idée du christianisme est donc le Dieu fait homme, le Christ qui vient clore et couronner l'ancienne théogonie. Comme apparition résolue de toute éternité, mais passagère dans le temps, il est la limite qui à-la-fois sépare et unit les deux mondes. En retournant dans le royaume de l'invisible, il promet d'envoyer à sa place l'esprit, le principe idéal qui doit descendre dans le fini, non pour y résider d'une manière permanente, mais pour le ramener à l'infini.

Une religion qui vit comme poésie au sein d'un peuple, n'a pas plus besoin d'un fondement historique que la nature qui se révèle sans cesse; mais là où le divin ne vit pas sous des formes permanentes, ne se montre que dans des apparitions transitoires, on a besoin d'un moyen pour lui donner de la consistance (festhalten) et l'éterniser dans la tradition. Outre ses mystères propres, le christianisme a encore nécessairement une mythologie qui est fondée sur la religion, tandis que, au contraire, la religion grecque se fondait bien plutôt sur la mythologie.........

Les théologiens présentent la révélation chrétienne comme une action de Dieu dans le temps, et par là ils se placent à un point de vue qui met hors de doute que le christianisme puisse être naturellement expliqué quant à son origine. Il faudrait connaître bien peu l'époque où le christianisme a pris naissance, pour ne pouvoir résoudre ce problème d'une manière satisfaisante. Qu'on lise les écrits des savans qui ont montré le germe du christianisme, non-seulement dans la religion juive, mais dans une communauté religieuse qui a précédé le judaïsme, ou, pour mieux dire, ces témoignages même sont inutiles; le Christ comme individu est très compréhensible, et c'était une nécessité historique que de le comprendre comme personnage symbolique, et de lui donner une haute signification......

Si l'on était tenté de considérer la propagation du christianisme comme une œuvre particulière de la providence divine, qu'on apprenne à connaître les temps dans lesquels il fit les premières conquêtes, pour reconnaître en lui l'expression de l'esprit général de l'époque. Ce n'est pas le christianisme qui a créé cet esprit général, il n'en était lui-même que la première manifestation. L'empire romain était mûr pour le christianisme, plusieurs siècles avant que Constantin eût choisi la croix pour bannière du nouvel empire du monde. L'épuisement de toutes les jouissances matérielles avait concentré le désir vers l'interne, l'invisible; la dissolution d'un royaume, dont la puissance était toute temporelle, le malheur des temps, tout concourait à faire naître une propension générale vers une religion qui ramenait à l'idéal, enseignait le renoncement à soi-même et en faisait un bonheur.

......Les premiers livres de l'histoire et de la doctrine chrétienne, ne sont qu'une manifestation encore imparfaite du christianisme; ce n'est pas dans ces livres qu'il faut chercher son idée complète, et tout leur prix consiste à se trouver dans un rapport plus ou moins intime avec cette idée. Dans l'esprit de l'apôtre des païens, Paul, le christianisme n'est déjà plus ce qu'il était chez son premier fondateur....... Les théologiens devraient rendre grâce aux siècles qui ont suivi la première apparition du christianisme, de l'avoir organisé systématiquement, et d'avoir tiré tant de substance spéculative de ses premiers livres sacrés, si pauvres de fond; mais il est plus facile de crier contre le fatras scolastique de l'ancienne dogmatique, d'écrire des dogmatiques populaires, de définir des mots, et d'éplucher des syllabes, que de saisir le christianisme et sa doctrine dans leur valeur absolue..... On ne peut se dissimuler les obstacles, que le progrès du christianisme a rencontré dans les prétendus livres bibliques qui, pour leur valeur religieuse, ne peuvent soutenir aucune comparaison avec une foule d'autres livres tant anciens que modernes, notamment ceux des Indiens...... Ces écrits qui ne sauraient servir de base à la foi, et qui en tant que documens tombent dans le domaine de la critique historique, ont continuellement mis le christianisme empirique à la place de l'idée qui doit être indépendante de ces documens (1)..... Que les livres bibliques soient authentiques ou apocryphes, que les récits qu'ils renferment soient des faits réels ou contraires, que leur contenu soit ou ne soit pas adéquat à l'idée du christianisme ; c'est ce qui importe fort peu, car le christianisme a une valeur absolue, indépendante de ces faits empiriques.

A la vérité, laisser l'ésotérique et le spirituel prendre la place de l'exotérique et du littéral, c'est se mettre en opposition avec les desseins évidens des premiers théologiens et de l'église elle-même, qui a toujours empêché qu'on introduisît dans la religion ce qui ne pouvait être compris de tous.

La précaution d'écarter, d'exclure comme hérésie tout ce qui pouvait porter atteinte à l'universalité de la religion chrétienne, prouve que les premiers fondateurs, et un peu plus tard les chefs du christianisme, avaient un sentiment droit, une conscience claire de ce qu'ils devaient vouloir. Même parmi les théologiens qui appartiennent à l'église et à l'orthodoxie, ceux qui s'attachèrent surtout à la lettre obtinrent la plus grande considération, et à vrai dire, c'est par eux que le christianisme est devenu religion universelle.

Mais le même rapport qui a donné naissance aux premières formes du christianisme, se montre de nouveau, maintenant que ces formes, soumises aux lois du fini, se sont brisées, et qu'on est arrivé à l'impossibilité de maintenir le christianisme sous sa forme exotérique. L'ésotérique doit donc déchirer son voile et briller de sa propre lumière..... En abandonnant sans ménagement à leur dissolution les formes les plus belles, mais que le principe de vie avait abandonné, l'esprit des temps nouveaux a montré ouvertement le dessein d'enfanter l'infini sous des formes éternellement nouvelles : et il a fait voir tout aussi clairement, qu'il ne voulait pas accepter

---

(1) Au dire de quelques amis, Strauss a été fort étonné de l'espèce de révolution que son livre a produit en Allemagne, et cet étonnement s'explique très bien quand on est au courant des travaux de l'école spéculative. Strauss n'a guère fait que résumer ce qui avait été dit déjà par Hégel, Schelling, Solger, etc. L'immense retentissement qu'a eu la *Vie de Jésus*, vient de ce que les idées de l'école spéculative y sont présentées sous la forme religieuse plus accessible aux masses, et ensuite, et surtout de ce que, malgré sa prétention à la forme scientifique, bon nombre de passages du livre de Strauss ont une allure tout-à-fait voltairienne.

le christianisme comme une apparition isolée, mais comme une idée éternelle. Cette tendance du christianisme à ne pas se borner au passé, mais à s'étendre dans un avenir indéfini, se révèle dans la poésie et la philosophie; l'une regarde la religion comme la condition *sine quâ non* de la rédemption poétique; et l'autre, après avoir reconquis à-la-fois le point de vue spéculatif et religieux, et triomphé complètement de l'empirisme et du naturalisme, a préparé dans son sein la régénération du christianisme ésotérique, et la prédication de l'évangile absolu. (*Vorlesungen über die methode*, etc., p. 169-210.)

Note C.

Si on pose comme condition de la liberté dans l'état, que chaque citoyen donne son consentement, la conséquence immédiate de ce principe c'est que la minorité doit céder à la majorité, et qu'ainsi le nombre décide. Mais J.-J. Rousseau a déjà remarqué qu'il n'y a plus de liberté, si la volonté de la minorité n'est comptée pour rien. Dans la diète de Pologne chacun devait donner son vote, et c'est cette liberté qui a perdu l'état. C'est, au reste, une opinion fausse et dangereuse que celle qui accorde au peuple seul la raison, un jugement sain, la conscience de ce qui est juste; car chaque faction du peuple peut se donner pour le peuple entier. *La constitution de l'état est l'affaire des capacités et non du peuple.* Faire du vote universel la condition *sine quâ non* de la liberté, c'est d'ailleurs rendre impossible un gouvernement quel qu'il soit. Tout se bornerait à un point central dénué de toute espèce de volonté, qui observerait ce qui lui paraîtrait être les besoins de l'état, ferait connaître son opinion sur ce point, et, après avoir additionné le nombre de voix pour ou contre telle ou telle proposition, proclamerait le résultat. L'état ne peut pas rester ainsi dans l'abstraction, mais il faut qu'il se réalise par la volonté et l'activité individuelle. Il faut des hommes qui tiennent les rênes de l'état, décident de ses affaires et règlent leur mode d'exécution, et il faut des citoyens qui obéissent et exécutent. Même dans les démocraties, si le peuple veut faire une guerre, il faut un général à la tête de l'armée. L'organisation de état entraîne nécessairement la distinction des gouvernements et des gouvernés. Cette opinion, que tous les citoyens doivent prendre part à la confection des lois et aux délibérations sur les affaires de l'état, est devenue générale de notre temps ; seulement on lui fait subir des modifications, et comme dans nos vastes états le nombre des citoyens est trop considérable pour qu'ils puissent donner individuellement leur vote, on veut qu'ils expriment, par des représentans, leur volonté sur les affaires publiques. Le prétendu gouvernement représentatif est devenu, pour nous, inséparable de l'idée d'une constitution libre. Présenter le peuple et le gouvernement comme séparés, ou même opposés, c'est une méchanceté, un artifice du mauvais vouloir, qui tiendrait à faire passer le peuple pour le tout. En résumé, la liberté, telle qu'elle est dans son idée, n'a pas pour principe la volonté subjective ; la volonté subjective est quelque chose de purement formel, et qui ne renferme pas du tout *ce qu'elle veut*. La volonté rationnelle seule est absolue.

FIN DES NOTES

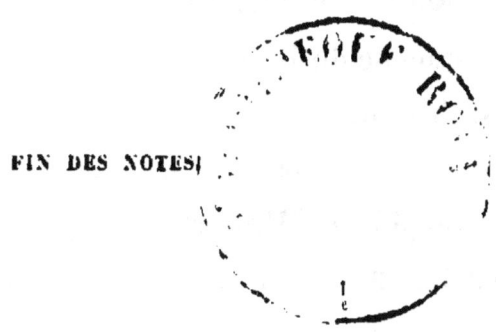

Vu par nous doyen de la Faculté des lettres,

SAUVAGE.

Toulouse, le 16 août 1844.

Vu et permis d'imprimer,

LE RECTEUR,

NOUSEILLES.

Toulouse, le 24 août 1844.

TABLE.

Introduction. . . . . pag. 1
Idée générale de la Philosophie de Hégel. . . 30
La Logique. 51
Histoire de la Philosophie. 91
Philosophie de la Nature. 119
Philosophie de l'Esprit. 143
Philosophie du Droit. 150
L'Esthétique. 179
Philosophie de la Religion. 201
Philosophie de l'Histoire. 239
Conclusion. 289

FIN DE LA TABLE DU VOLUME.

www.ingramcontent.com/pod-product-compliance
Lightning Source LLC
Chambersburg PA
CBHW050754170426
43202CB00013B/2424